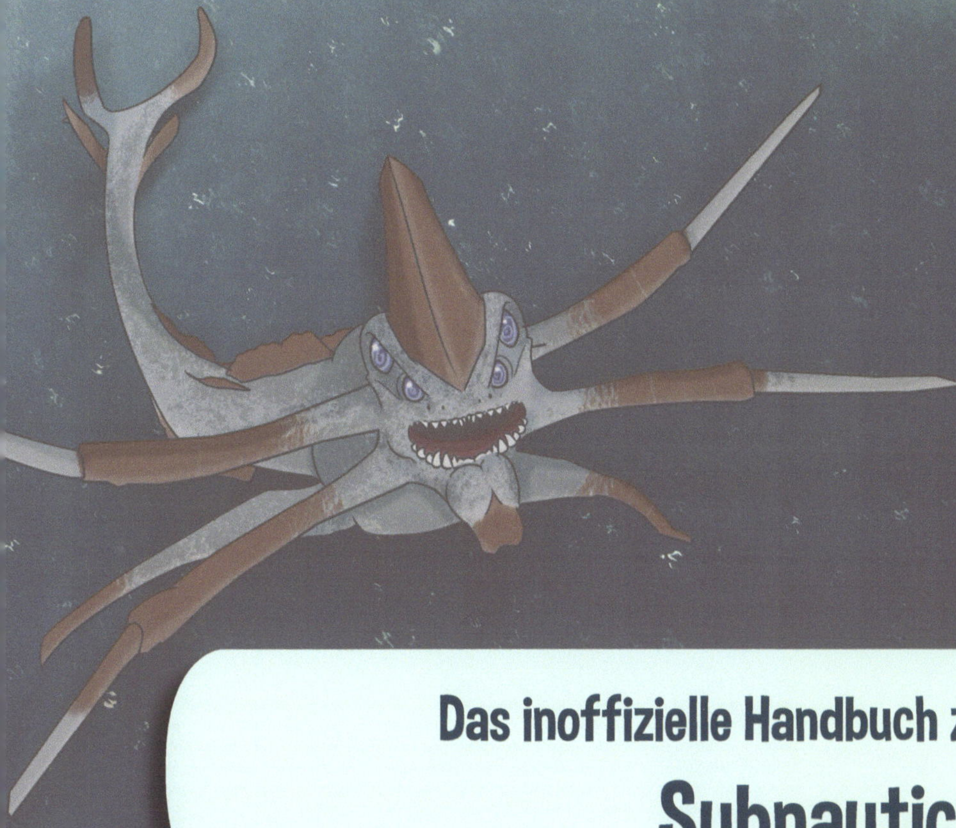

Das inoffizielle Handbuch zu

Subnautica

Verlag:
BILDNER Verlag GmbH
Bahnhofstraße 8
94032 Passau

http://www.bildner-verlag.de
info@bildner-verlag.de

Tel.: +49 851-6700
Fax: +49 851-6624

ISBN: 978-3-8328-0336-0

Covergestaltung: Aaron Kübler
Lektorat und Satz: Anja Schmid

Autor: Andreas Zintzsch

Herausgeber: Christian Bildner

Bildnachweise:
Kapitelbild 1 The Ocean Agency - stock.fotolia.com
Kapitelbilder 3 & 5 Andrew - stock.fotolia.com
Kapitelbild 4 Guillaume Meurice - Pexels.com
Kapitelbilder 6 & 7 Pexels.com

Druck: CPI Clausen & Bosse GmbH, Birkstr. 10, 25917 Leck

Kennziffer: 358_01

Vorwort

Subnautica ist ein Geheimtipp unter den Survival-Games-Spielern und wurde im Dezember 2014 als Early-Access-Spiel veröffentlicht. Zusammen mit der Community baute Unknown Worlds Entertainment eine fantastische Unterwasserwelt mit einer fesselnden Storyline. Viele Early-Access-Titel wurden nie fertiggestellt oder waren nicht besonders erfolgreich. Zusammen mit Spielen wie ARK Survival Evolved bewies Subnautica Skeptikern, dass Early-Access auch ein Erfolgsmodell sein kann.

Besonders an dem Spiel ist, dass es entgegen dem Zeitgeist auf Multiplayer vollständig verzichtet und rein auf ein spannendes Single-Player-Prinzip setzt. Diese Rechnung ging auch voll und ganz auf.

Eine weitere Besonderheit ist, das fast vollständige Fehlen von Waffen. Der Spieler hat nur Täusch- und Ablenkmittel und ein einfaches Messer zur Abwehr der teils gigantischen Gefahren. Geschicktes Manövrieren und vorausschauendes Handeln sind wichtiger als stumpfsinnige Gewalt. Daher erhielt das Spiel auch eine FSK Freigabe ab 6 Jahren. So tauchen Jung und Alt in die fantastische Welt von Subnautica ein, das Anfang 2018 als Vollversion für den PC und Weihnachten 2018 auch für Xbox One und Playstation 4 veröffentlicht wurde. Versionen für die Playstation 5 und die Nintendo Switch sollen im Mai 2021 folgen.

Im Jahr 2019 erschien dann auch das erste Addon "Subnautica Below Zero" als Stand-Alone-Variante , natürlich wieder im Early-Access-Model. Das Addon führt die Geschichte um den Wasserplaneten 4546B und seine Geheimnisse um Alterra, die Degasi Expedition und die Außerirdischen, die nun die Erbauer genannt werden, weiter fort.

Subnautica Below Zero erschien mit Version 1.0 am 14. Mai 2021.

An wen wendet sich dieses Buch?

Dieses Buch soll Anfängern den Einstieg ins Spiel erleichtern und alten Hasen die wichtigsten Informationen kompakt und gesammelt liefern, ohne lange im Internet nach den einzelnen Informationen suchen zu müssen.

Eine Beschreibung der Biome und ihrer Lebewesen geben dem Spieler eine gute Übersicht was, wo zu finden ist. Die Fundstellen interessanter Orte wie Wrackteile, Rettungskapseln, die Basen anderer Überlebender oder von Außerirdischen helfen dem Spieler sich zu orientieren und zurechtzufinden.

Die Informationen aus dem Spiel beruhen auf der PC Version von Subnautica, aber die Inhalte sind auf Xbox und Playstation identisch. Wichtige Steuerangaben sind für alle drei Systeme zu finden.

Dieses Buch beschäftigt sich hauptsächlich mit dem Hauptspiel von *Subnautica*. Die eigenständige Erweiterung *Below Zero* hat jedoch viele Elemente, die zum Hauptspiel identisch oder sehr ähnlich sind. So sind z. B. die Konsolen-Kommandos, natürlich abgesehen von den Orten, identisch. Daher haben wir uns entschlossen, auch ein extra Kapitel der Erweiterung Below Zero zu widmen und die wichtigsten Fakten und Neuerungen zu präsentieren.

Wir empfehlen allen Spielern zuerst das Subnautica Grundspiel zu vollenden und dann die Story mit Below Zero weiterzuführen.

Die Version von *Below Zero*, aus der die Informationen in diesem Buch stammen, ist 53872 vom Oktober 2025, die auch im Juli 2026 noch die aktuelle Version ist.

Im Buch werden wichtige Wörter zu Orten, Gegenständen, Handlung oder Befehlen farblich markiert, wie z. B. *Fabrikator*, *Mountain Islands* oder *Zyklop*.

Und nun wünschen wir dir viel Spaß bei deinen Unterwasserabenteuern in Subnautica!

Inhalt

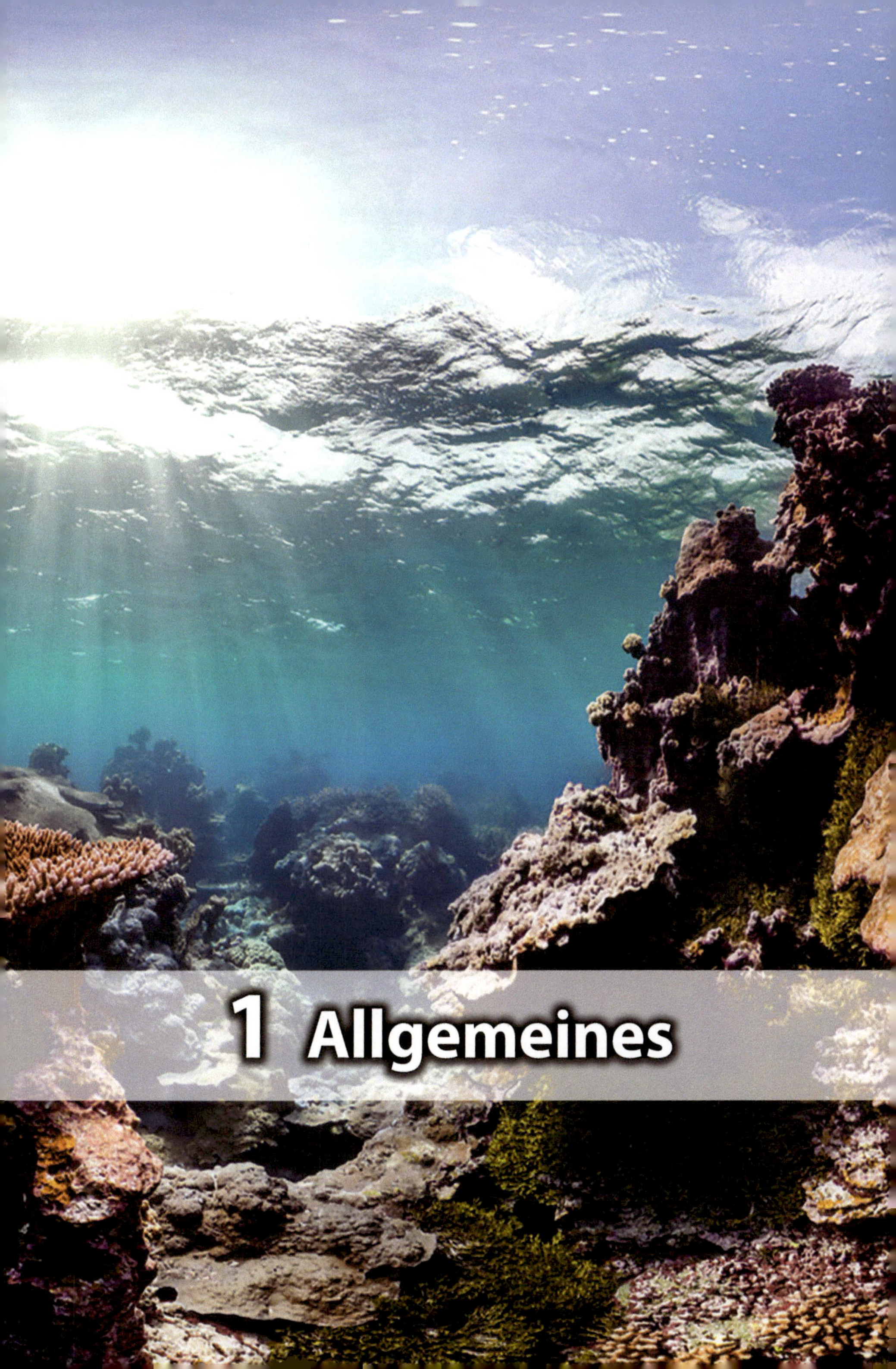

1 Allgemeines

1.1 Spielsteuerung

Spielstart und Einstellungen

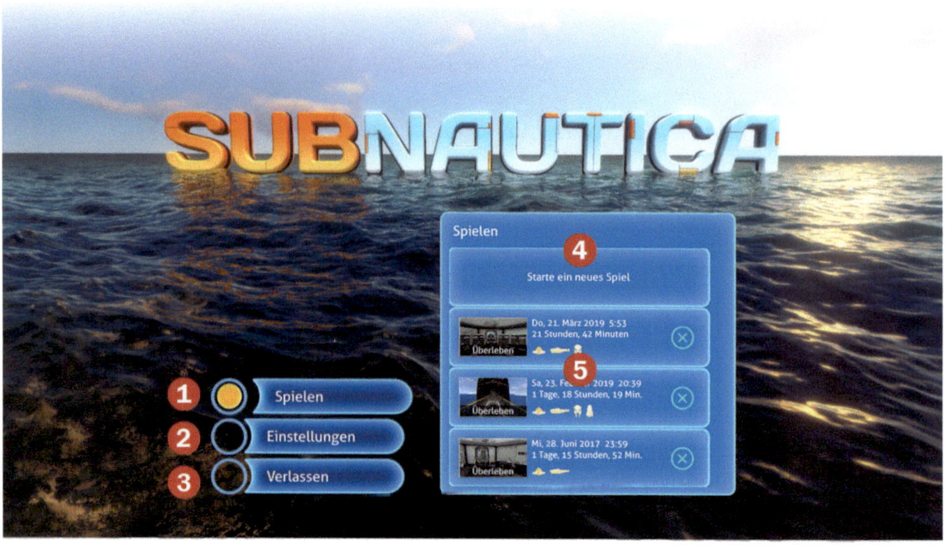

Sobald du das Spiel startest, hast du mehrere Möglichkeiten:

1 **Spielen**: Starte ein neues oder gespeichertes Spiel.

2 **Einstellungen**: Verändere die Einstellungen von Subnautica. Hier findest du alle Einstellungen zu Grafik und Audio. Du kannst auch die Spielsteuerung anpassen, indem du die Tasten deiner Tastatur oder deines Controllers neu belegst.

3 **Verlassen**: Beendet das Spiel.

4 **Neues Spiel:** Sobald du auf ❶ Spielen klickst kannst du hier ein neues Spiel starten.

5 **Gespeicherte Spiele:** Hier kannst du deine gespeicherten Spielstände laden.

Spielstände und Savegames

Sobald du ein Spiel startest wird ein neuer Speicherstand generiert. Immer wenn du im Spielmenü speicherst wird dieser überschrieben. Du kannst pro neu begonnenem Spiel nur einen Speicherstand haben.

Tipp für die PC-Version

Die Speicherstände der PC-Version sind im Spielverzeichnis zu finden. Gehe in den Spielordner deines Spiels. Hast du das Spiel über Steam installiert, findest du deine Spiele normalerweise im Standard-Ordner für Steam-Spiele:

C:\Program Files (x86)\Steam\SteamApps\Common

Dort findest du alle deine Steam-Spiele, unter anderen auch Subnautica. Deine Savegames befinden sich im Ordner

\Subnautica\SNAppData\SavedGames

Die Ordner *slot0000, slot0001, slot0002, usw...* stehen für je einen Subnautica-Spielstand.

> Kopiere dir diese Ordner und du kannst sie jederzeit zurück kopieren, um so einen alten Spielstand wiederherstellen.

Spielmodi

Startest du ein neues Spiel kannst du aus 4 Spielmodi auswählen:

- **Überleben** : Die Standardversion. Du musst essen und trinken um zu überleben. Stirbst du, dann wirst du in deiner letzten Basis wiederbelebt und verlierst einige Gegenstände.
- **Freies Spiel**: Die einfachere Version von *Überleben*, du musst nichts essen oder trinken.
- **Hardcore**: Die schwierige Version, du hast nur ein einziges Leben.
- **Kreativ**: Du kannst nicht sterben und kannst sofort alle Baupläne bauen. Errichte deine Traumbasis und probiere alles aus.

Wichtige Spielelemente

Im Spiel hast du verschiedene Informationen auf deinem Bildschirm:

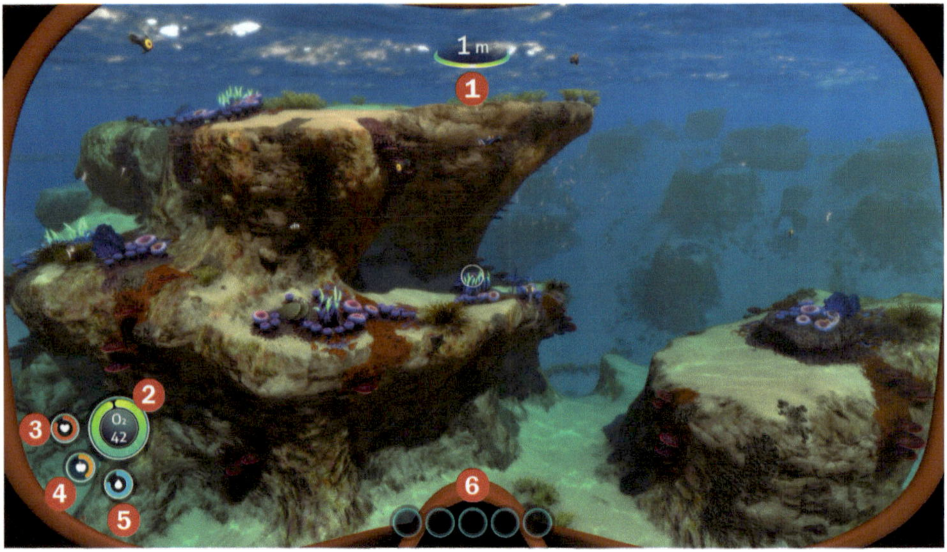

1 **Tiefen und Richtungsangabe**: Die weiße Zahl gibt die Tauchtiefe in Metern an. Bist du in einem Fahrzeug zeigt die zweite gelbe Zahl die sichere *Tauchtiefe*. Darunter nimmt dein Fahrzeug Schaden! Hast du einen *Kompass* ausgerüstet, wird dir hier auch die Himmelsrichtung angezeigt. Bist du in einer Basis, steht über der Tiefenangabe auch die aktuelle und maximale Stromversorgung deiner Basis.

2 **Sauerstoff**: Der grüne Balken und die Zahl zeigen deinen Sauerstoffvorrat an. Du kannst ihn durch bessere *Tauchflaschen* von 42 auf bis zu 225 steigern. Bist du ohne *Kreislauftauchgerät* in tiefen Gewässern (unter 100m) unterwegs, steigt dein Sauerstoffverbrauch um so schneller an je tiefer du kommst! Achtung: Bist du auf 0 Sauerstoff wird dein Bildschirm schwarz und kurze Zeit darauf stirbst du! Ein *Auftriebskörper* kann dich eventuell noch retten und schnell an die Oberfläche bringen. Sauerstoff bekommst du an der Oberfläche, in Fahrzeugen und Basen, die mit Strom versorgt sind und in Alien Basen.

3 **Leben**: Zeigt dein Leben an. Bist du auf 0 dann stirbst du. Leben regeneriert sich, wenn du gut ist und trinkst oder wenn du ein Medikit verwendest.

4 **Hunger**: Ist der gelbe Balken auf 0 verhungerst du. Du kannst *rohen*, *gebratenen* oder *gesalzenen Fisch* essen um Deinen Hunger zu stillen. Später kannst du auch *Früchte* anbauen und sie essen. Auch Unterwasserpflanzen wie *Lampenbusch* und *Schlingpflanzenproben* stillen ein wenig den Hunger.

5 **Durst**: Du musst regelmäßig trinken, sonst verdurstest du. Nahrung wie *Fische* oder *Früchte* geben dir auch ein wenig Wasser. Vor allem *Marmormelonen*, *Knollenbaum* und *Lampenbuschproben* geben viel Wasser. Im Fabrikator können *Blasenfische* und auch *Chlor* zu sauberem Wasser verarbeitet werden. Eine gebaute *Wasserfiltermaschine* in einer Basis sorgt ebenfalls für frisches Wasser.

6 **Benutzbare Objekte**: Im Inventar deines PDA kannst du in diese 5 Plätze Werkzeuge wie *Messer*, *Taschenlampe, Scanner* oder auch den *Seegleiter* ablegen. Diese kannst du auswählen und dann benutzen. Am PC wählst du mit den *Tasten 1-5* oder mit dem *Mausrad* das jeweilge Werkzeug aus. Möchtest du weitere Werkzeuge benutzen, kannst du sie im PDA austauschen.

Auf dem PC kannst du mit der Taste *F6* zwischen verschieden Ansichten durchschalten: Anzeige der Taucherbrille aus oder an, alle Elemente aus- oder anschalten.

Auf XBox oder Playstation findest du die Einstellungen dazu im *Developermenü* (siehe dazu Kapitel *Cheats und Tipps*).

So kannst du schöne Screenshots (Taste *F11*) ohne störende Elemente machen.

Der PDA

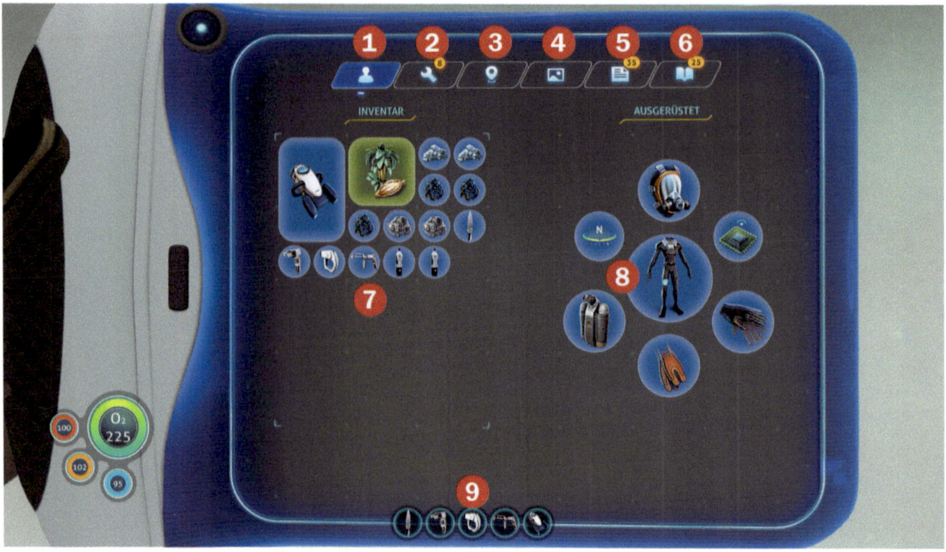

1 **Inventar**: Hier kommst du zur Übersicht über dein Inventar, siehe dazu auch Punkt ❼, ❽ und ❾.

2 **Baupläne**: In diesem Bildschirm siehst du alle Baupläne, die du bereits bauen kannst. Für neue Baupläne musst du entweder zuerst bestimmte Materialien finden oder bestimmte Gegenstände einmal herstellen. In Datenboxen findest du komplette Baupläne. Mit dem Scanner kannst du Fragmente, Einrichtungen und neue Basenbauteile scannen, um diese zu erlernen. Oft musst du 2-4 Fragmente des gleichen Typs scannen bis du den Bauplan erlernt hast. Ist in dieser Liste ein Bauplan noch grau, musst du zuerst weitere Fragmente finden und scannen.

3 **Signal-Manager**: Im Hauptbildschirm werden dir interessante Orte als Signale angezeigt. Dies können deine Signalbojen, Rettungskapseln, Fahrzeuge oder auch andere interessante Orte sein. In diesem Menü kannst du jedes einzelne Signal aus- oder einschalten und ihm eine eigene Farbe zuweisen. Bei eingehenden Funksprüchen wird eine neue Position automatisch angezeigt (z. B. weitere Rettungskapseln). Einmal besuchte Orte werden automatisch ausgeschaltet, du kannst sie in diesem Menü jedoch wieder anzeigen lassen!

4 **Bilder**: Hier findest du deine Bildschirmfotos (*Screenshots*).

Einen Screenshot erstellst du mit den Tasten:

PC: *F11* Xbox: (R) Playstation (R3)

Screenshots kannst du in einen Bilderrahmen laden und so als Wandbild in deiner Basis verwenden.

Auf dem PC findest du die Screenshots im Spielverzeichnis:

\Subnautica\SNAppData\SavedGames\slot000X\screenshots

5 **Aufzeichnungen**: Alle (Sprach-)Nachrichten, die du bekommen hast, werden hier aufgezeichnet. Du kannst so alle erhaltenen Funknachrichten und Aufzeichnungen noch einmal lesen und abspielen.

6 **Datenbank**: In der Datenbank werden alle neu erlangten Informationen gespeichert. Scannst du etwas ein, wird ein Datenbankeintrag angelegt. Auch bei bestimmten Fundstücken oder neu gefundenen Orten wird ein Datenbankeintrag gemacht. Lies sie durch um wertvolle Tipps zu erhalten.

7 **Inventarplatz**: Dein Inventar. Gegenstände belegen je nach Größe unterschiedlich viel Platz in deinem Inventar. Solltest du nicht genügend Platz haben, dann wird der Gegenstand nicht aufgenommen. Neu fabrizierte Gegenstände bleiben auf dem Fabrikator liegen, wenn der Platz im Inventar nicht ausreicht!

8 **Ausrüstung**: Hier siehst du welche Ausrüstung du angelegt hast. Bei freien Plätzen wird neue Ausrüstung automatisch angelegt. Möchtest du Ausrüstung austauschen, ziehe einfach die neue Ausrüstung auf ihren Platz. Du hast Platz für *Tauchanzug*, *Sauerstoffflasche*, *Handschuhe*, *Tauchermaske*, *Flossen* und 2 Hilfsmittel (z. B. *Kompass* und *Scannerraum-Sichtfeld-Chip*)

9 **Werkzeuge**: Ziehe in diese 5 Platzhalter die Werkzeuge, die du benutzen möchtest.

Fahrzeugbildschirm

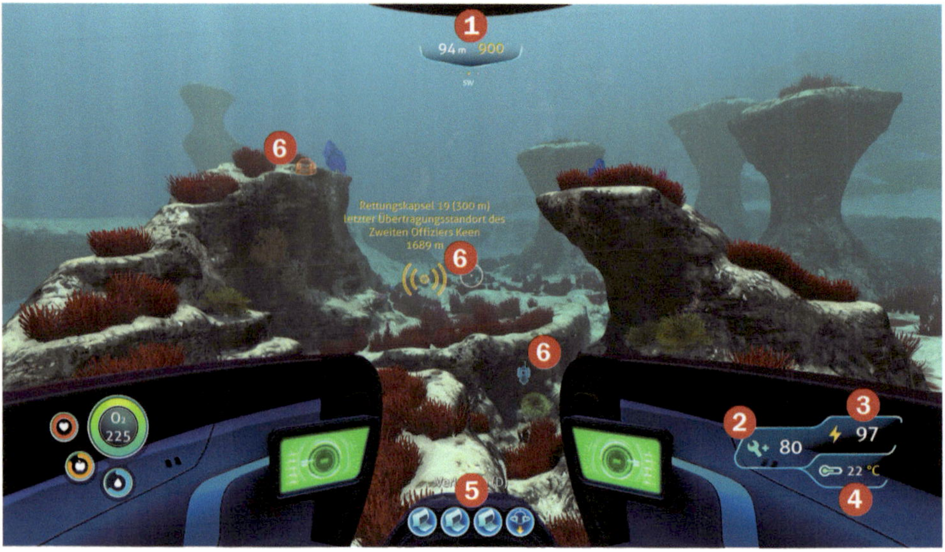

In einem Fahrzeug, wie der Seemotte oder dem Zyklop, hast du noch weitere Anzeigen:

1 **Tiefen und Richtungsangabe**: Die weiße Zahl zeigt deine aktuelle Tiefe in Meter an, die gelbe Zahl deine maximale Tauchtiefe. Tauchst du tiefer nimmt dein Fahrzeug durch den Tiefendruck Schaden. Mit entsprechenden Tiefenmodulen kannst du die Tauchtiefe deiner Fahrzeuge erhöhen. Deine Spielfigur kann jedoch beliebig tief tauchen ohne Schaden zu nehmen!

2 **Schaden/Zustand**: Der aktuelle Schadenszustand deines Fahrzeugs wird hier in % angezeigt. Ist dein Fahrzeug bei 0% wird es zerstört. Sitzt du dabei im Fahrzeug wirst du getötet. Nimm Reparaturwerkzeug mit, denn damit kannst du die Schäden am Fahrzeug von außen wieder reparieren und leicht die 100% wiederherstellen. Panzerungsmodule schützen das Fahrzeug vor Schäden.

3 **Energie**: Zeigt den Ladestand deiner Energiezellen an. Bei 0% hat dein Fahrzeug keine Energie mehr und kann sich nicht mehr bewegen und produziert auch keinen Sauerstoff mehr. Nimm Ersatzenergiezellen mit, um bei Bedarf diese schnell

wechseln zu können. Bei der Seemotte wechselst du Energiezellen außen in der Mitte der Rückseite. Der Krebs hat zwei Energiezellen auf seinen Schultern. Im Zyklop kannst du im Maschinenraum auf beiden Seiten jeweils 3 Energiezellen (=6 insgesamt) austauschen.

4 **Außentemperatur**: Hier siehst du die Temperatur in °Celsius, die gerade außen vorherrscht. Hat dein Fahrzeug ein Wärmekraftwerkmodul, dann lädt es seine Energie bei hohen Temperaturen wieder auf. Je höher die Temperatur, desto schneller lädt das Fahrzeug auf – empfohlen sind 50° und mehr. Die besten Orte dafür sind Geysire, Lüftungsventile der Alienbasen und natürlich die Lavazonen.

5 **Module**: Du kannst dein Schiff mit Zusatzmodulen ausrüsten (Seemotte 4, Krebs 4 +2 Arme, Zyklop 6). Eine Übersicht dazu findest du im Kapitel über die Fahrzeuge. Hier siehst du, mit welche Modulen dein Fahrzeug zur Zeit bestückt ist. Zusatzmodule müssen zuerst hergestellt oder gefunden werden und dann von außen am Modulschacht ausgerüstet werden (Seemotte linke Seite am Flügel, Krebs auf seiner linken Schulter). Im Zyklop kann man Zusatzmodule im Maschinenraum ausrüsten.

6 **Signale**: Im Hauptbild sieht man unter Wasser die Signale der verschiedenen Orte. In deinem PDA kannst du die Signale ein- und ausschalten und ihre Farbe einstellen (siehe PDA in diesem Kapitel). Fährst du auf ein Signal zu, so siehst du außerdem den Namen des Signal, in Klammern in welcher Tiefe dieses Signal sich befindet und wie weit du derzeit davon entfernt bist (letzte Zahl)

Der Fabrikator

In deiner Rettungskapsel findest du deinen ersten *Fabrikator*. Mit ihm kannst du viele Ressourcen, Gegenstände und Werkzeuge herstellen. Gehe zu einem *Fabrikator* und benutze ihn.

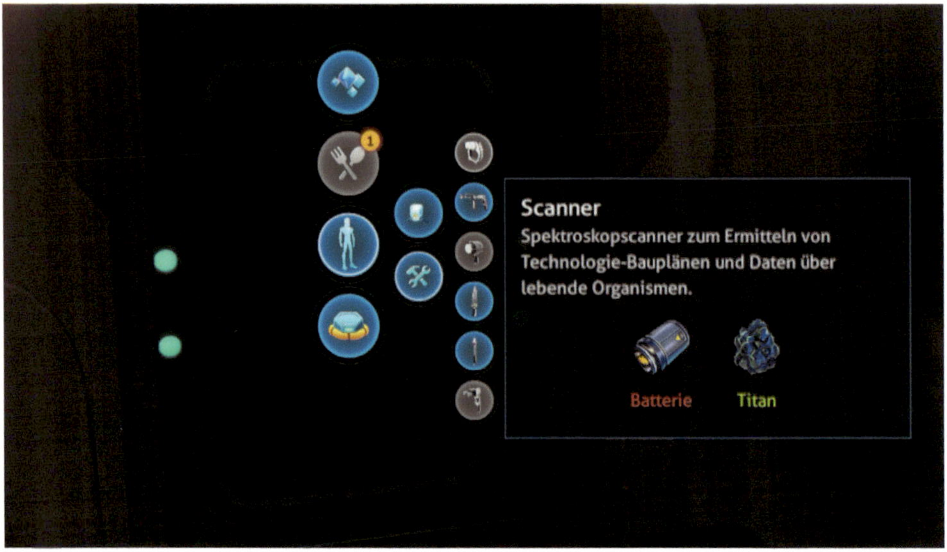

Du kannst dich durch die Menüpunkt des *Fabrikators* klicken.

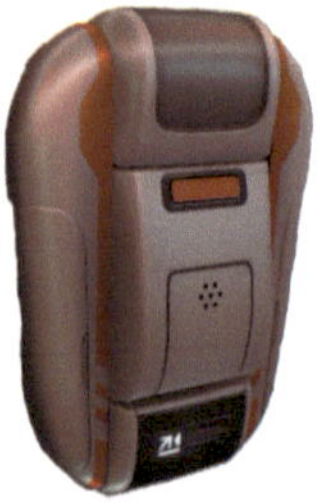

- Ist ein Symbol grau, so hast du nicht die erforderlichen Materialien in deinem Inventar um das Objekt herzustellen.
- Gehst du auf ein Objekt, wird dir eine Beschreibung und die erforderlichen Materialien angezeigt. Grüner Text in der Beschreibung bedeutet, dass diese Materialien vollzählig im Inventar vorhanden sind, rot bedeutet, dass sie fehlen und erst besorgt oder hergestellt werden müssen.
- Ein kleiner gelber Kreis mit einer Zahl zeigt an, dass hier neue Baupläne verfügbar sind.
- In einer Basis benötigt ein *Fabrikator* Strom, um funktionieren zu können!

Weitere Herstellungsgeräte

Neben dem Fabrikator gibt es noch zahlreiche weitere Objekte und Geräte mit denen du Dinge herstellen kannst:

- **Konstruktionswerkzeug**: Ein Werkzeug, mit dem du deine eigene Basis errichten kannst.
- **Mobile Fahrzeugstation**: Baut alle Fahrzeuge von der Seemotte bis zur Neptun-Raketenplattform.
- **Fahrzeug-Erweiterungskonsole**: Sie kann nur im Tauchdock, an einer der beiden kurzen Wandseiten gebaut werden. Ermöglicht den Bau von Fahrzeugmodulen.
- **Modifizierungsstation**: Nur hier können alle Gegenstände auf eine bessere Stufe gebracht werden. Ein Tiefenmodul-1 für die Seemotte wird in der Fahrzeug-Erweiterungskonsole gebaut, aber auf Stufe 2 und 3 in der Modifizierungsstation aufgewertet. Ebenso wird ein Feldmesser im Fabrikator gebaut, aber in der Modifizierungsstation zu einem Thermalmesser verbessert.
- **Medikit-Fabrikator**: Produziert selbstständig ein Medikit, solange Strom vorhanden ist. Das Medikit muss entnommen werden ehe ein weiteres produziert wird.
- **Wasserfiltermaschine**: Produziert selbstständig 2x gefiltertes Wasser und 2x Salz , solange Strom vorhanden ist.
- **Zyklop-Modul-Fabrikator**: Damit können im Zyklop seine Aufertungsmodule hergestellt werden. Ist im Maschinenraum in Fahrrichtung rechts an der Wand zu finden.
- **Scannerraum-Modulfabrikator**: Ist im Scannerraum an der Wand gegenüber der Kamerasteuerung vorhanden. In ihm werden Module für den Scannerraum produziert.
- **Kaffeemaschine und Verkaufsautomat**: kostenloser Kaffee und Snacks so viel man möchte - was will man mehr?

1.2 Die ersten Spielminuten

Hier einige kleine Tipps, was du in den ersten Spielminuten machen solltest.

Nach dem Absturz lösche das Feuer in der Rettungskapsel mit dem Feuerlöscher und deponiere ihn danach im Lagerfach der Sitzbank der Kapsel. Mache dann deinen ersten Tauchgang. Achte dabei auf deinen Sauerstoff!

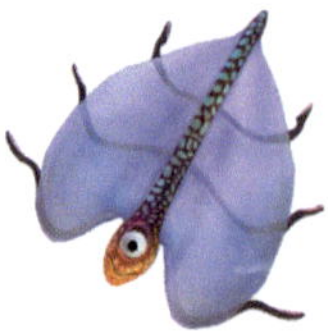

Fange 2-4 Fische und evtl. auch 2-3 *Blasenfische*. Kehre zur Kapsel zurück und stelle im *Fabrikator* gekochten Fisch her. Die Blasenfische kannst du zu Trinkwasser verarbeiten. Iss und trink bis du wieder bei 100% bist.

Nun mach erneut einige Tauchgänge und sammle in deiner Umgebung folgendes:

- *Titan* (mind. 6)
- *Quarz* (mind. 2)
- *Kupfer* (mind. 2)
- *Säurepilz* (mind. 4)
- *Schlingpflanzenbüschel* (mind. 2)

Metallschrott kannst du aufsammeln und im Fabrikator in 4 Titan umwandeln.

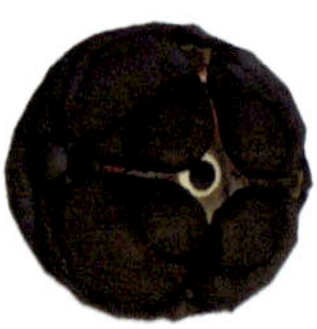

Kehre zurück und stelle 2x Batterie, 1x Glas und 2x(= 4Stück) Silikongummi her. Mit den gesammelten Materialien und dem eben Hergestellten kannst du eine Standard-Tauchflasche, Schwimmflossen, Feldmesser, Scanner und eine Taschenlampe herstellen.

Damit bist du für den Anfang gut ausgerüstet und kannst dich jetzt weiter und tiefer in die See wagen.

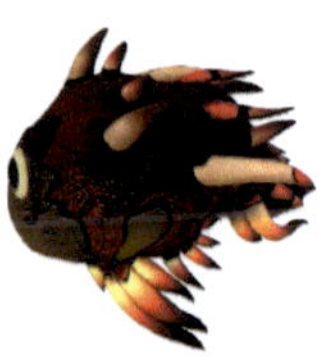

Erforsche die ersten kleinen Höhlen in deinem Startgebiet. Dort stößt du auf *Kracherfische*, die in kleinen Knospen leben. Fliehe vor ihnen, denn sie attackieren dich mit einem Kamikazeangriff und explodieren in deiner Nähe. In den Knospen findest du *Schwefel*. Nimm ihn mit. In den kleinen Höhlen und im etwas tieferen Seetanggebiet wirst du auch schon bessere Rohstoffe wie *Blei*, *Silber* und *Gold* finden.

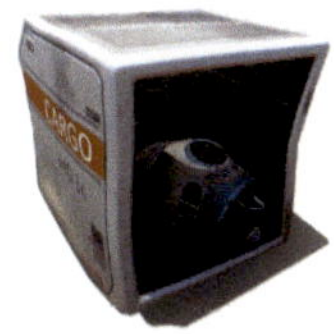

In der weiteren Umgebung der Rettungskapsel wirst du auch bereits kleinere oder größere Trümmerfelder finden. Dort und im Seetanggebiet (*Kelp Forest*) findest du kleine Kisten, in denen (defekte) Ausrüstung ist. Diese *Fragmente* kannst du jedoch mit dem *Scanner* einscannen und erhältst dadurch neue *Baupläne*. Manchmal liegen diese Fragmente auch einfach auf dem Seeboden herum.

Scanne alle Fragmente ein, die du finden kannst. Scanne auch Pflanzen, Tiere, und alle Gegenstände, die du findest, so übersiehst du keine Baupläne.

Du solltest im Anfangsgebiet der *Safe Shallows* und der *Kelp Zone* schnell die Fragmente für den *Seegleiter* finden (und auch Fragmente für *Gravitationsfallen* und die *mobile Fahrzeugstation*).

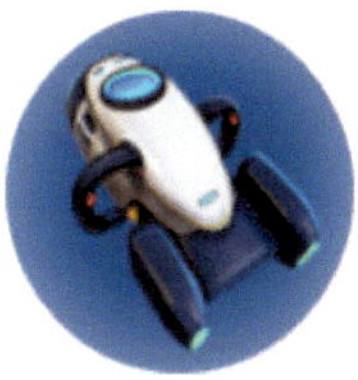

Baue dann einen *Seegleiter* und mit dem gefundenen *Silber* kannst du deine *Tauchflasche* upgraden und verbessern. Nimm dazu zuerst deine Tauchflasche aus dem Ausrüstungsbildschirm und lege sie zurück ins Inventar! Mit dem Schwefel kannst du ein *Reparaturwerkzeug* herstellen und in deiner Rettungskapsel das *Funkgerät* und die Technik reparieren.

Der Antrieb der Aurora wird bald darauf explodieren und die Gegend nuklear verseuchen. Stelle mit gefundenen Blei einen *Strahlenschutzanzug* her. Den Bauplan erhältst du automatisch nach der Explosion.

Dir wird dein Stauraum in der Rettungskapsel schnell zu wenig. Sobald du das *Konstruktionswerkzeug* herstellen kannst, baue eine kleine Basis aus 2 *X-Segmenten*, einer *Luke* und einem *Solarmodul*. Du solltest jetzt genügen Platz für einige *Schränke* oder *Spinde* haben und so deutlich mehr Lagerplatz. Deine kleine Basis kannst du jederzeit ausbauen oder auch wieder abbauen , wenn du einen besseren Platz gefunden hast.

Danach kannst du die roten Graslandschaften der *Grassy Plains* erforschen. Dort findest du schnell Fragmente für die *Seemotte*, *Laserschneider* und den *Thermalreaktor* für eine Basis.

Danach wird es langsam Zeit die Aurora zu erforschen und du wirst durch die einzelnen Notrufe der anderen Rettungskapseln in immer neue Gebiete geführt.

Viel Spaß bei deinen weiteren Abenteuern!

1.3 Die Story

ACHTUNG WARNUNG – SPOILERGEFAHR!

Die Geschichte von Subnautica ist spannend und der Spieler findet sie im Laufe des Spiels selbst heraus. Wenn du dieses Kapitel als neuer Spieler liest, geht dir sehr viel Flair und einige Überraschungen im Spiel verloren!

Der Absturz

Die *Aurora* ist ein Raumschiff der *Alterra Corporation* das neue Hyperraumsprungtore in weit entfernten Gegenden der Galaxis bauen soll.

In dieser Gegend des Weltraums ist vor ca. 10 Jahren das mongolische Raumschiff "*Degasi*" mit dem hochrangigen Industriellen *Paul Torgal* an Bord verschwunden. Als die Aurora ein SOS-Signal der Degasi vom *Planeten 4546B* empfängt, fliegt sie dorthin um dies zu untersuchen.

Als die Aurora in die Atmosphäre eindringt wird sie beschossen und stürzt auf den Planeten ab. Nur wenige Rettungskapseln können entkommen. Der Spieler ist der einzige Überlebende Ryley Robinson in Rettungskapsel Nr. 5. Er baut sich eine kleine Basis und mit Hilfe seines Scanners und Fabrikators einige Seefahrzeuge, um die Gegend um die Absturzstelle zu erforschen.

Man findet einige Rettungskapseln und viele Wrackteile der Aurora, doch kein anderer hat scheinbar den Absturz überlebt. Selbst an Bord des Wracks der Aurora findet man kein menschliches Leben mehr.

Bei einem Selbstscan stellt man fest, dass man mit einem unbekannten Bakterium infiziert ist. Man sieht auch immer wieder infizierte Fische mit leuchtend grünen Hautausschlägen.

Die Rettung

Ein kleines Raumschiff, die *Sunbeam*, wird auf das SOS-Signal der *Aurora* aufmerksam und kommt zu einer Rettungsmission. Die Crew der Sunbeam beordert den Spieler auf eine kleine insel, auf der er auf seine Abholung warten soll. Dort angekommen entdeckt man jedoch ein seltsames Außerirdisches Gebäude. Als die Sunbeam im Landeanflug ist, aktiviert sich das Gebäude und schießt die Sunbeam ab, von der es nichts mehr zu finden gibt.

Man findet heraus, dass die Außerirdischen diesen Planeten unter Quarantäne gestellt haben, da ein Bakterium mit Namen *Kharaa* hier alles infiziert hat und es kein Heilmittel dafür gibt. Daher wird jedes sich nähernde Schiff gewarnt (in außerirdischen Sprache selbstverständlich) und bei Nichtbeachtung der Quarantäne abgeschossen. Ebenso jedes Schiff, dass den Planeten verlässt. Will der Spieler also entkommen, muss er zuerst ein Heilmittel für die Kharaa-Infektion finden.

Inzwischen kontaktiert Alterra Corporation den Überlebenden und sendet ihm Baupläne für die Neptun Rettungsrakete, die ihn vom Planeten wegbringen könnte - wäre da nicht diese Quarantäne.

Die Degasi

Der Spieler stößt nach und nach auf die Hinterlassenschaften der ebenfalls vor 10 Jahren abgeschossenen Degasi Besatzung. Paul Torgal, sein Sohn Bart und die Leibwächterin Marguerit haben den Absturz damals überlebt.

Sie lebten zuerst auf der *Floating Island*, jedoch als die Nahrungsmittel knapp wurden errichteten sie eine Basis im Meer, in der *Jellyshroom Cave*. Danach zogen sie noch tiefer in das *Deep Reef* und errichteten dort eine dritte Basis. Die Spannungen zwischen dem sturen Paul Torgal und der sehr aggressiven Marguerit nahmen zu, bis schließlich ein Reaper Leviathan die Basis angriff. Paul Torgal starb wohl bei diesem Angriff, Bart entkam und von Marguerit fehlt danach jede Spur. Man findet Marguerits Spuren in *Below Zero* wieder.

Bart Torgal lebt schließlich wieder auf der *Floating Island* und stirbt letztendlich an der Kharaa Infektion.

Die Aliens

Die Aliens, die im Spiel nur Precursor (Vorgänger) genannt werden, haben auf diesem Planeten mehrere Bauten errichtet. Im Addon *Below Zero* werden sie von den Menschen *Almanac* genannt. Sie wollten den Planeten und das Kharaa-Bakterium erforschen und ein Heilmittel finden. Bei einem Angriff eines Leviathans auf eine Alien-Basis im *Lost River* wurde das Bakterium schließlich komplett frei gesetzt und alles verseucht.

Die Aliens erkannten, dass die *See-Imperatoren* ein natürliches Heilmittel für das Kharaa Bakterium hatten und sie setzten einen davon in einer Forschungsstation in der *Lavazone* fest. Aber sie erkannten nicht, dass die See-Imperatoren intelligent sind und sie konnten das Heilmittel nicht finden. Als nach und nach alle Außerirdischen drohten, am Bakterium zu sterben, speicherten sie Ihr Bewusstsein in eine Art Sicherungsmechanismus und errichteten die Quarantäne-Vorrichtung um die Galaxie vor dem Bakterium zu schützen. So blieb der See-Imperator mit 5 befruchteten Eiern in seinem Gefängnis zurück und wartet dort nun seit über 1000 Jahren auf seine Rettung.

Rettung Teil II

Der Spieler arbeitet sich durch mehrere Alien-Basen und findet schließlich die Geschichte heraus. Als er in den *Lava Lakes* die Forschungsbasis mit dem gefangenen See-Imperator entdeckt, bittet dieser ihn um Hilfe beim Schlüpfen seiner Eier. Der Spieler muss ein Enzym aus 5 seltenen Pflanzen herstellen, mit dem das Schlüpfen der See-Imperatoren eingeleitet wird. Als diese schließlich schlüpfen, setzen die Jungen das Enzym zur Heilung vom Kharaa Virus frei und der Spieler wird geheilt. Der alte See-Imperator hat mit dem Schlüpfen seiner Jungen seinen Lebenszyklus vollendet und stirbt.

Nun kann der Spieler alias Ryley Robinson die Quarantäne-Vorrichtung der Aliens leicht deaktivieren. Vom Sicherungssystem der Aliens wird er akzeptiert, da er geheilt ist. Mit den gefundenen Ressourcen baut er sich eine Neptun-Rakete, verabschiedet sich von seinem Knuddelfisch und verlässt den Planeten in Richtung des nächsten Alterra Corporation Sprungtores.

Happy End

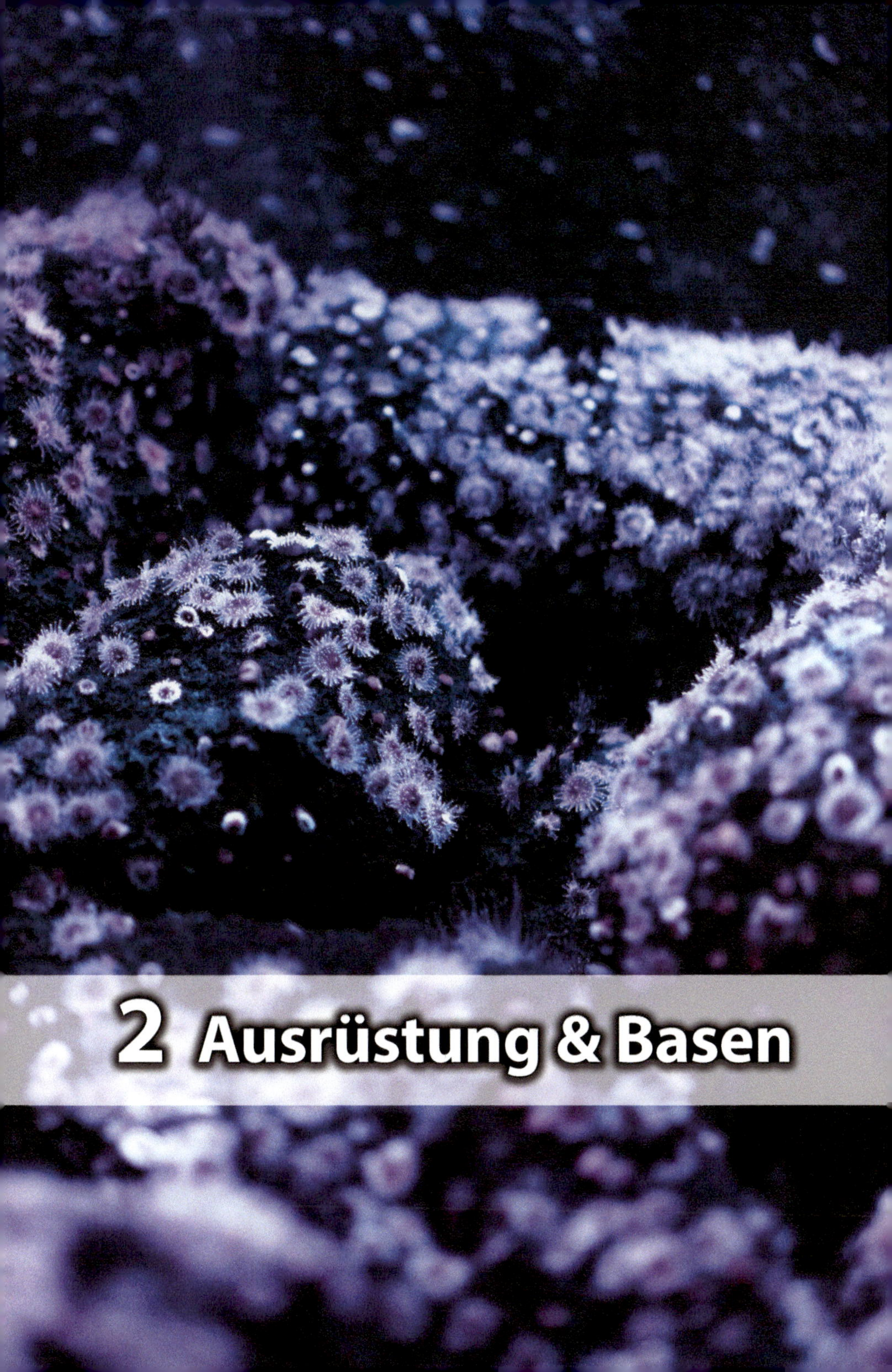

2 Ausrüstung & Basen

2.1 Ausrüstung

Die erhältliche Ausrüstung wird im Spiel gut erklärt. Wir wollen dir hier eine kleine Hilfe geben, welche Ausrüstung du wo gebrauchen kannst.

Als Lichtquellen funktionieren die *Leuchtfackel*, der *Lichtstab* und die *Taschenlampe*. Auch der *Seegleiter* kann als Lichtquelle genutzt werden.

Den *Scanner* solltest du fast immer dabei haben. Nichts ist ärgerlicher als ein Fragment zu finden und keinen Scanner zur Hand zu haben! Auch das *Feldmesser* ist ein Helfer, der nie fehlen sollte. Ein *Thermomesser* bereitet aus aufgespießten Fischen sofort gekochte Nahrung!

Die besten verfügbaren *Tauchflaschen*, *Schwimmflossen* und der *Kompass* sind normalerweise immer ausgerüstet.

Eine *Signalboje* ist immer praktisch, da man mit ihr interessante Orte kennzeichnen kann und sie so leichter wiederfindet.

Höhlenerforschung

Lichtquelle, *Seegleiter, Kreislauftauchgerät* (Bei tiefen Höhlensystemen) und *Pfadfinder Werkzeug* kann hilfreich sein.

Aurora

Lichtquelle, *Reparaturwerkzeug*, *Laserschneider*, *Feuerlöscher*, *Schubkanone, Strahlenschutzanzug*.

Tauchgänge in tiefen Gewässern

Kreislauftauchgerät, Seegleiter

Reisen mit weiter Entfernung von Basen

Ersatzbatterien und *Ersatzenergiezellen,* Notfallration *Essen* und *Wasser*.

2.2 Basenbau

Die Rettungskapsel hat als Basis bald ausgedient und man möchte sich sein eigenes geräumigeres Heim bauen.

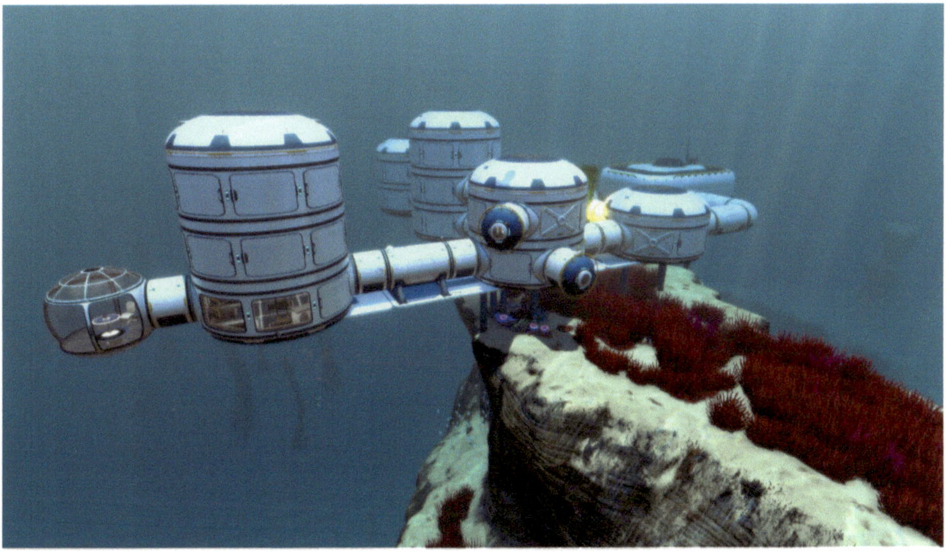

Du kannst deine Basis ganz nach deinen Wünschen bauen, du musst nur ein paar Dinge beachten:

- Deine Basis hat eine Rumpfintegrität: die *Hüllenstärke*. Fällt diese unter Null entstehen Risse in der Hülle und die Basis läuft voll Wasser. Die Risse müssen dann repariert werden.
- Angriffe oder Zusammenstöße mit Fahrzeugen können auch Risse in der Hülle verursachen.
- Eine Basis verbraucht Strom und benötigt eine oder mehrer Energiequellen.

Hüllenstärke

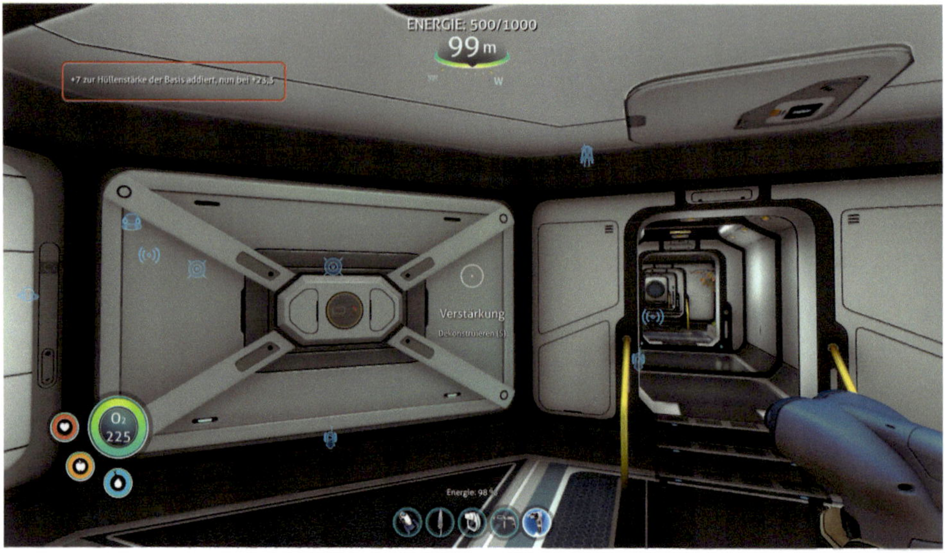

Eine neue Basis hat eine Hüllenstärke von +10. Folgende Bauteile beeinflussen die Hüllenstärke:

Verstärkung	+7.00
Fundament	+2.00
Schott	+2.00
Andockbucht	-5.00
Observatorium	-3.00
I-Glassegment	-2.00
Wasserfiltrationsmaschine	-2.00
Mehrzweckraum	-1.25
Fenster	-1.00

Gerades Segment	-1.00
L-Glassegment	-1.00
L-Segment	-1.00
Luke	-1.00
Scannerraum	-1.00
T-Segment	-1.00
X-Segment	-1.00
Senkrechtes Verbindungsstück	-0.50

Je tiefer du deine Basis im Meer baust, desto höher werden die negativen Einflüsse. Alle negativen Strukturpunkte werden mit einem Faktor multipliziert. Dieser startet bei 1,0 und erhöht sich alle 100m Tiefe um 0,1. Bei 600 Meter Tiefe wäre das also ein Faktor von 1,6. Ein I-Glassegment hätte dann also anstatt -2.00 nun -3.2 Strukturpunkte.

Achte also darauf genügend Verstärkungen zu bauen, damit deine Basis ausreichend Hüllenstärke besitzt!

Die Hüllenstärke deiner Basis siehst du nur, wenn du ein neues Gebäudeteil baust. Baue eine Wandverstärkung um die Hüllenstärke zu sehen, danach kannst du diese bei Bedarf wieder abreissen, da du die Rohstoffe ja zurückbekommst!

Stromversorgung

Deine Basis benötigt Strom. Diese Geräte erzeugen Energie für deine Basis:

Symbol	Name	Beschreibung	Kapaz.
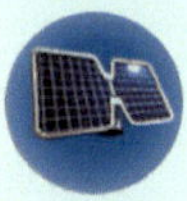	Solarmodul	Benötigt Sichtverbindung zum Himmel, nur Tags aktiv	75
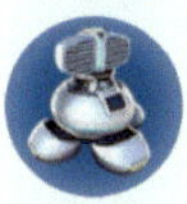	Wärmekraftwerk	Bei einem Geysir oder Abluftventil oder in der Lavazone bauen	250
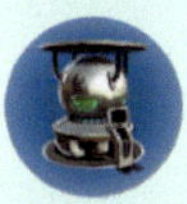	Bioreaktor	Benötigt Biomasse. Bulbo Bäume sind sehr gut geeignet.	500
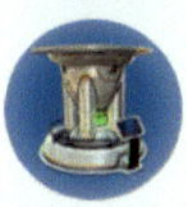	Kernreaktor	Benötigt Kernbrennstäbe, die aber lange anhalten.	500

Diese Geräte oder Module entziehen deiner Basis Energie:

Symbol	Name	Beschreibung
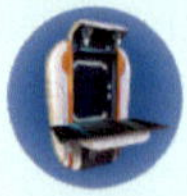	Fabrikator	Nur wenn aktiv
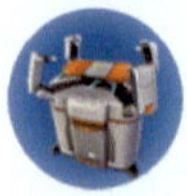	Modifizierungsstation	Nur wenn aktiv
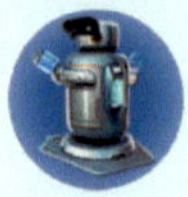	Wasserfilter-Anlage	Nur wenn aktiv
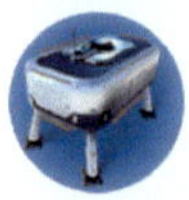	Tauchdock	Immer
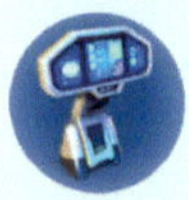	Fahrzeug-modifizierungsstation	Nur wenn aktiv
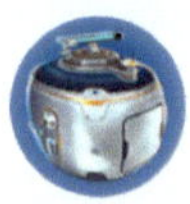	Scanner-Raum	Immer
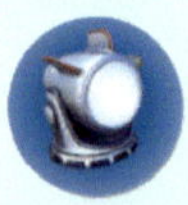	Scheinwerfer	Nur wenn aktiv
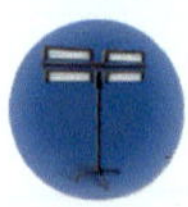	Flutlicht	Nur wenn aktiv
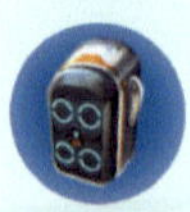	Batterieladegerät	Nur wenn aktiv
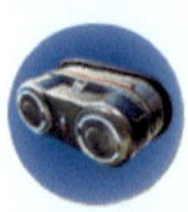	Energiezellenladegerät	Nur wenn aktiv

Tipps zum Basenbau

- Um frühzeitig eine große Auswahl an Räumen und Einrichtung zu haben solltest du:
  - Bald die Aurora besuchen und dort alle Einrichtungsgegenstände scannen
  - Die *Floating Island* besuchen und die Degasi Basen dort mit ihrer Einrichtung scannen. Nimm außerdem von der Insel *Wassermelonensamen* und *Bulbobaumproben* mit. Damit kannst du einen ertragreichen Anbau verwirklichen.

Die *Floating Island* ist einfach zu finden: Steig auf das Dach deiner *Rettungskapsel* und blicke zur *Aurora*. Sieh nach rechts dem Triebwerk am Heck folgend und blicke weiter über das Meer nach rechts. Dort siehst du eine Wolkenwand, die direkt auf dem Wasser zu schweben scheint: Dort befindet sich die *Floating Island*! Mit dem *Seegleiter* ist sie bereits früh im Spiel, schnell und gefahrlos zu erreichen.

- Mit *Energietransmitter* kannst du Energie auch über weite Strecken transportieren, z. B. von einem Geysir mit Wärmekraftwerk zu einer nahegelegenen Basis.
- Lege *Innen*- und *Außenbeete* an und bepflanze sie mit allen verwertbaren Pflanzen. Z. B. *Schlingpflanzen*, *Säurepilze*, *Tiefenpilze* und *Gelsäcke* im *Außenbeet*. *Bulbopflanzen* und *Wassermelonen* sind für *Innenbeete* oder *Pflanzkübel* erste Wahl zur Essensversorgung.
- *Schlingpflanzen* sorgen übrigens mit ihren Büscheln sogar für eine intensive kostenlose Beleuchtung im Außenbereich.

2.3 Fahrzeuge

In Subnautica gibt es einige Fahrzeuge, die dir das Erforschen leichter machen. Mit Fahrzeugen bist du schneller und sicherer unterwegs, hast zusätzlichen Laderaum und solange sie Energie haben, hast du auch immer Sauerstoff. Allerdings verbrauchen Fahrzeuge Energie, die sie aus Batterien oder Energiezellen beziehen!

> Nimm immer Ersatzbatterien oder Ersatzenergiezellen auf eine lange Reise mit. Nichts ist lästiger, als eine große Strecke zurückschwimmen zu müssen, weil die Energie ausgeht!

Für alle Fahrzeuge musst du zuerst die jeweiligen Fragmente finden und Scannen um sie bauen zu können. Für die größeren Fahrzeuge benötigst du die *Mobile Fahrzeugstation* um sie bauen zu können. Auch deren Fragmente musst du zuerst finden.

Fahrzeugmodule

Alle Fahrzeuge außer den *Seegleiter* kannst du mit *Aufrüstmodulen* verbessern, z. B. bessere Tauchtiefe, zusätzlicher Frachtraum oder bessere Energieeffizienz. Auch einige dieser Module musst du zuerst finden, ehe du sie bauen kannst.

Die einfachen Module werden in der *Fahrzeugmodifizierungsstation* des *Tauchdocks* gebaut. Der Zyklop hat seinen eigenen *Zyklop-Modulfabrikator* an Bord. Er befindet sich im Maschinenraum an der in Fahrtrichtung rechten Wand. Für weiterentwickelte Module (z. B. Tiefenmodule Stufe 2 oder 3) benötigst du eine *Modifizierungsstation* in deiner Basis.

Tauchdock

Im *Tauchdock* hat eine Seemotte oder ein Krebs Platz. Deren Energiezellen werden mit der Energie der Basis aufgeladen, wenn ein Fahrzeug angedockt ist.

Fahrzeuge werden im Tauchdock nicht automatisch repariert!

Seegleiter (Seaglide)

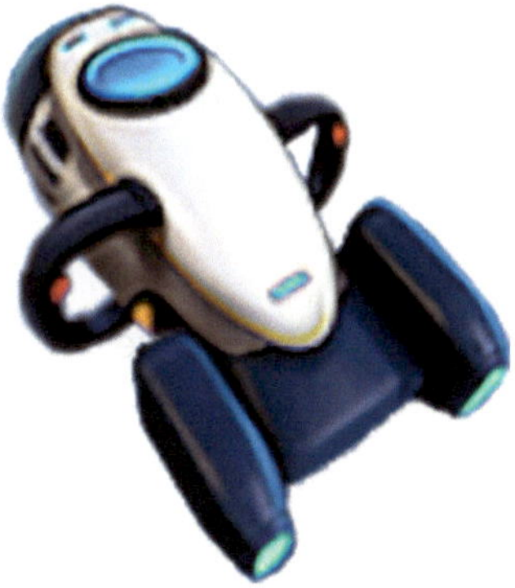

Energievorrat:	1 Batterie
Frachtraum:	-
Tauchtiefe:	Wie Spieler
Herstellung:	Batterie, Titan, Kupferdraht, Schmierstoff
Hergestellt in:	Fabrikator

Benötigte Fragmente:	2
Fundorte Fragmente:	■ Kelp Forest ■ Safe Shallows ■ Kleine Wracks in Safe Shallows:

Erweiterungsmodule

keine

Beschreibung

Der Seegleiter ist das erste Fahrzeug, dass man bereits sehr schnell in den Safe Shallows findet. Ein praktische kleine Hilfe um schneller Vorwärts zu kommen. Du benutzt ihn, indem du ihn wie ein Werkzeug ausrüstest und benutzt. Mit der 2. *Benutzen Taste* (Am PC Maus rechts) schaltet man Licht und Umgebungsscanner an oder aus. Schalte mehrfach für alle Kombinationsmöglichkeiten!

Nimm am besten immer Ersatzbatterien mit! Das Licht und der Lärm des Seegleiters kann Raubfische anlocken!

Seemotte (Seamoth)

Energievorrat:	1 Energiezelle
Frachtraum:	keiner, je Frachtmodul 16 (4x möglich)
Tauchtiefe:	Normal: 200m Modifikation 1: 300m Modifikation 2: 500m Modifikation 3: 900m
Herstellung:	Titanbarren, 2x Glas, Schmierstoff, Energiezelle, Blei
Hergestellt in:	Mobile Fahrzeugstation

Benötigte Fragmente:	3
Fundorte Fragmente:	■ Grassy Plateaus ■ Kleine Wracks in Grassy Plateaus ■ Aurora

Beschreibung

Die Seemotte ist ideal für alle Ausflüge bis 900 Meter Tiefe. Mit Frachtmodulen kannst du zusätzlich mehr Gegenstände transportieren, das Solarladegerät lädt deine Energiezelle im Sonnenlicht wieder auf und das Abwehrsystem vertreibt mit seinem Stromstoß sogar kurzzeitig Reaper Leviatane. Torpedos sind meistens nicht so nützlich.

In der Aurora findest du übrigens ein kostenloses Tiefenmodul MK1 in der Seemottenstation und ein kostenloses Frachtmodul in der Krebsbucht für deinen schnellen Einstieg in die Seemottenmodfikation!

Module werden am Flügel der rechten Rumpfseite eingesetzt. Die Energiezelle befindet sich zum Austauschen am Heck in der Mitte.

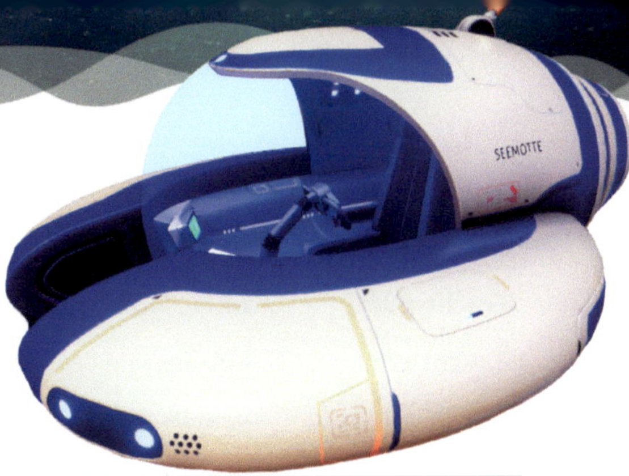

Erweiterungsmodule

Modul	Herstellung
Rumpfpanzerung	Tauchdock (ModStation)
Frachtmodul	Tauchdock (ModStation)
Maschineneffizienz	Tauchdock (ModStation)
Tiefenmodul MK1	Tauchdock (ModStation)
Tiefenmodul MK2	Modifizierungsstation
Tiefenmodul MK3	Modifizierungsstation
Solarladegerät	Tauchdock (ModStation)
Perimeter Abwehrsystem	Tauchdock (ModStation)
Torpedosystem	Tauchdock (ModStation)
Sonar	Tauchdock (ModStation)

Krebs (Prawn Suit)

Energievorrat:	2 Energiezellen
Frachtraum:	24, zusätzlich je Frachtmodul 6 (4x möglich)
Tauchtiefe:	Normal: 900m Modifikation 1: 1300m Modifikation 2: 1700m
Herstellung:	2x Plaststahlbarren, 2x Diamant, 2x Aerogel, 2x Blei, emailliertes Glas
Hergestellt in:	Mobile Fahrzeugstation

Benötigte Fragmente:	4
Fundorte Fragmente:	■ Aurora (Krebshangar) ■ Wracks 2, 4, 5

Beschreibung

Der Krebs ist mit Sprungdüsen ausgestattet und seine beiden Arme benutzt du mit den *Benutzen Tasten 1* und *2*. Ein Wärmereaktor lädt seine Energiezellen bei sehr hohen Temperaturen schnell wieder auf (Geysire, Alien-Abluftschächte, Lavazonen). Seine Arme können mit diversen Modulen ersetzt werden. Sehr zu empfehlen ist der Bohrerarm. Damit können die großen Ressourcenblöcke abgebaut werden:

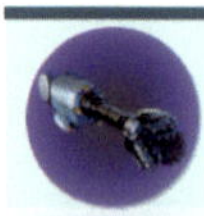	Bohrerarm	Tauchdock (ModStation)
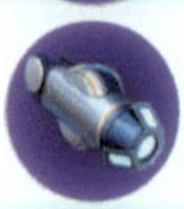	Wurfhakenarm	Tauchdock (ModStation)
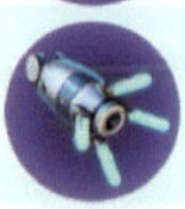	Schubkanone	Tauchdock (ModStation)
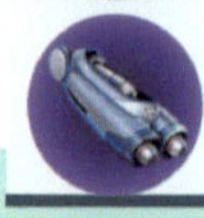	Torpedoarm	Tauchdock (ModStation)

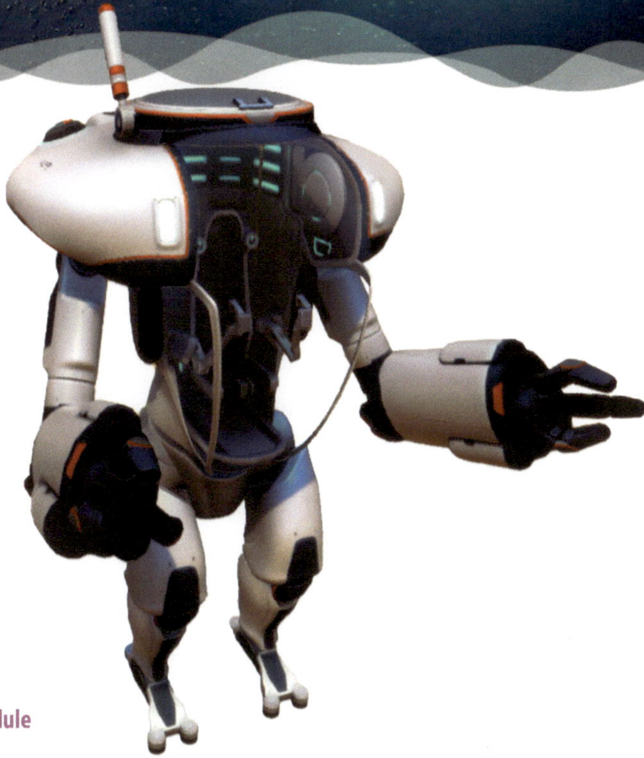

Erweiterungsmodule

	Rumpfpanzerung	Tauchdock (ModStation)
	Frachtmodul	Tauchdock (ModStation)
	Maschineneffizienz	Tauchdock (ModStation)
	Tiefenmodul MK1	Tauchdock (ModStation)
	Tiefenmodul MK2	Modifizierungsstation
	Wärmereaktor	Tauchdock (ModStation)
	Sprungtriebwerk	Tauchdock (ModStation)

Zyklop (Cyclops)

Energievorrat:	6 Energiezellen
Frachtraum:	interne Schränke, viele weitere möglich
Tauchtiefe:	Normal: 500m Modifikation 1: 900m Modifikation 2: 1500m Modifikation 2: 1900m
Herstellung:	3x Plaststahlbarren, 3x Blei, 3x emailiertes Glas, Schmierstoff, erweiterter Kabelsatz
Hergestellt in:	Mobile Fahrzeugstation

Benötigte Fragmente:	Hülle 3 Maschine 3 Brücke 3
Fundorte Fragmente:	Hülle ■ Mushroom Forest, Sea Treader's Path ■ Wracks 7 und 9 Maschine ■ Crag Field, Crashzone, Mountains ■ Wracks 4 und 5 Brücke ■ Crash Zone, Mushroom Forest, Sea Treader's Path ■ Wracks 7 und 9

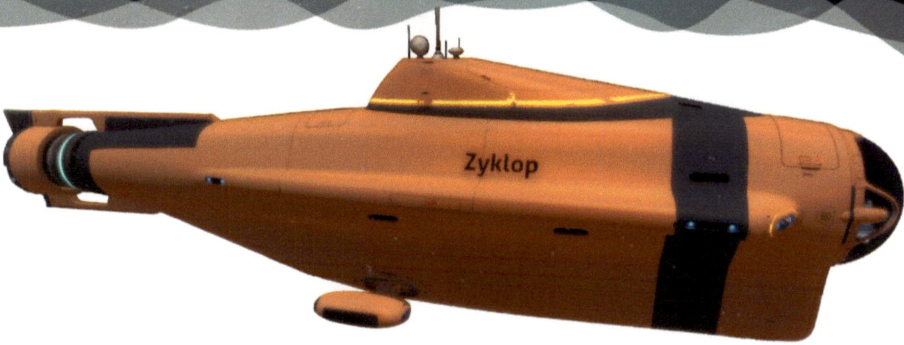

Erweiterungsmodule

	Tiefenmodul MK1	Zyklop-Modulfabrikator
	Tiefenmodul MK 2	Modifizierungsstation
	Tiefenmodul MK2	Modifizierungsstation
	Maschineneffizienz-modul	Zyklop-Modulfabrikator
	Trockendock	Zyklop-Modulfabrikator
	Schildgenerator	Zyklop-Modulfabrikator
	Sonar	Zyklop-Modulfabrikator
	Feuerlöschanlage	Zyklop-Modulfabrikator
	Täuschkörperschacht Erweiterung	Zyklop-Modulfabrikator
	Wärmereaktorkator	Zyklop-Modulfabrikator

Beschreibung

Eine mobile Zweitbasis ist wohl die beste Beschreibung für den Zyklop. Du kannst in einem Zyklop alles bauen, was du auch in einer normalen Basis bauen kannst: Fabrikator, Medikit Fabrikator, Funkanlage, Modifizierungstation, Spinde, Schränke, Innenbeetkasten, Pflanztöpfe und alle weiteren Einrichtungen:

- Mit Planztöpfen kannst du Pflanzen züchten und hast so immer nachwachsende Vorräte für Essen und Trinken an Board. 4 Töpfe mit Bulbobäumen dürften mehr als ausreichend für deine Versorgung sein.
- Im unteren Gang vor und hinter dem Dock kannst du mehrere Schränke bauen und so die Lagerkapazität deutlich erhöhen.
- Mit Fabrikatoren und Modifizierungstation an Board bist du von Deiner Basis komplett unabhängig

Schäden am Zyklop

- Bei hoher Geschwindigkeit kann nach 20 Sekunden Fahrt ein Feuer ausbrechen. Die 2 Feuerlöscher an Board sind dabei sehr schnell leer. Ein Feuerlösch-Modul ist bei einem Brand an Board sehr hilfreich (unter dem Hologramm im Cockpit zu aktivieren)
- Beschädigungen des Rumpfs müssen außen mit einem Werkzeug repariert werden. Wo Beschädigungen sind siehst du am Hologramm im Cockpit.
- Große Raubfische wie Leviathane können deinen Zyklop schwer beschädigen. Mit *Leiser Fahrt* und ausgeschalteten Licht bemerken sie dich nicht so schnell.
- Mit einem Sonar siehst auch in unübersichtlichen Höhlen gut wohin du navigieren musst ohne anzustoßen. Weiterer Vorteil: Du siehst Leviathane schon aus weiterer Entfernung.
- Ein Wärmereaktor lädt deine Energiezellen bei hohen Temperaturen wieder auf. Die lästigen Energiesauger *Lavalarven* sind damit kein Problem mehr.
- Der Schildgenerator schützt dich kurzzeitig vor Schäden.

Navigieren mit dem Zyklop

- Du kannst im Cockpit auf 3 verschiedene Außenkameras umschalten, die dir bei der Navigation sehr helfen. Geh ans Steuer und blicke nach rechts um auf die Kameras zuzugreifen. Eine oben am Rumpf und 2 unten jeweils an Bug und Heck ermöglichen gutes Navigieren. Außerdem kannst du bei jeder Kamera ein Licht an und ausschalten.
- Im Cockpit selber ist ein Sonarmodul sehr hilfreich. Kurzzeitig eingeschaltet gibt es eine gute Übersicht über mögliche Gefahren. Für einen Dauerbetrieb ist es zu Energieintensiv.
- Falls du einen Krebs an Bord hast, denke daran bei einem Krebseinsatz nicht zu weit vom Boden entfernt zu parken. Der Krebs muss mit seinen Sprungdüsen den Zyklop erreichen um andocken zu können. Ein Wurfhakenarm im Krebs unterstützt natürlich die Annäherung zusätzlich.

Weitere Tipps

- Alle Geräte verbrauchen Energie im Zyklop. Schalte das Außenlicht aus, wenn du es nicht benötigst. Bist du bei deiner Basis, verwende besser den Fabrikator dort. Verwende Hilfssystem (wie z. B. Sonar oder Schilde) nur kurzzeitig.
- Der Eingang in den Zyklop ist unten vorne am Bug.
- Der Zugang zum Dock für Seemotte oder Krebs ist unten im vorderen Drittel des Zyklop und öffnet sich bei Annäherung automatisch.

Durch einen Bug (Fehler im Programm) kannst du aus dem Zyklop geworfen werden und deine Figur verhält sich, als wäre sie nicht unter Wasser, z. B. kann sie hinunterfallen und Schaden nehmen. Entferne dich dann ein gutes Stück vom Zyklop bis deiner Spielfigur wieder zu schwimmen beginnt. Dann kannst du zum Zyklop zurückkehren!

Neptun Rakete

Neptun Startplattform	
Herstellung:	4x Blei, 2x Titanbarren, Computerchip
Hergestellt in:	Mobile Fahrzeugstation

Neptun Rakete	
Frachtraum:	4 Spinde
Reichweite:	bis zum nächsten Hyperraumsprungtor
Herstellung:	Versorgungsturm Haupttriebwerk Reservetank Cockpit
Hergestellt in:	Neptun-Startplattform

Um den Planeten verlassen zu können, musst du eine Fluchtrakete samt deren Konstruktions- und Startplattform errichten. Du kannst allerdings erst starten, wenn du deine Kharaa Bakterieninfektion geheilt hast und die Alien-Quarantäne-Plattform deaktiviert ist!

Fundort Baupläne	Kabine des Kapitäns in den Wohnräumen der Aurora Zugangscode: **2679**

Du erhältst den Code zur Kabine des Kapitäns durch eine eingehende Funkverbindung mit der Alterra Zentrale im späten Spielverlauf!

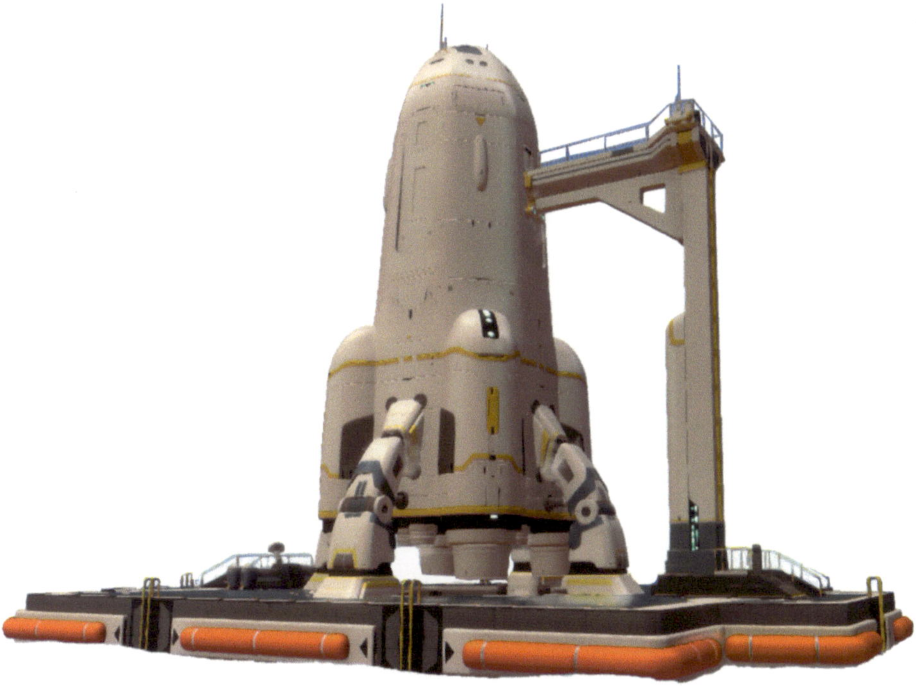

Startvorgang

- Baue die Startplattform in der Mobilen Fahrzeugstation.
- Baue nun auf der Startplattform am Terminal die einzelnen Komponenten. Die Reihenfolge ist vorgegeben.
- Besteige das Cockpit über den Aufzug.
- Aktiviere alle System im Inneren der Rakete.
- Erstelle eine Zeitkapsel: Schreibe eine Nachricht, hinterlasse einen Screenshot und lege einige Items in die Zeitkapsel. Diese Zeitkapseln werden online gespeichert und können von anderen Spielern in ihrem Spiel gefunden werden!
- Setze dich und starte die Rakete.

Du hast es geschafft und den Planeten 4546B lebend verlassen. Viel Spass mit einer neuen Protagonistin in Subnautica Below Zero!

2.4 Fundorte aller Fragmente

Du musst für viele Baupläne zuerst deren Fragmente finden und mit deinem Scanner scannen, ehe du sie herstellen oder bauen kannst.

In nachfolgender Tabelle sind alle Fragmente aufgelistet, die du im Spiel finden kannst und das Gebiet oder Wrack, in dem sie zu finden sind. Du benötigst bei zahlreichen Gegenstände die Scans mehrerer Fragmente, ehe du den Bauplan bekommst (in der Liste #).

Werkzeuge & Ausrüstung

Icon	Name	#	Fundorte
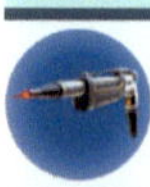	Laserschneider	3	Grassy Plateaus und Wracks 1, 2, 12, 13, 14
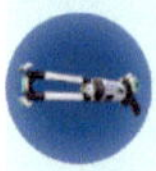	Stasegewehr	2	Underwater Islands, Degasi Basen, Wracks 3, 4, 15, 16, 18, Bulb Zone Wrack
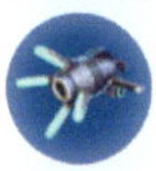	Schubkanone	2	Underwater Islands, Crash Zone, Aurora, Wracks 1, 2, 4, 12, 13, 14
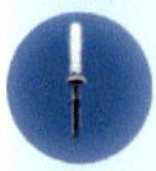	Lichtstab	1	Wracks 1, 5, 9, 20, Bulb Zone Wrack
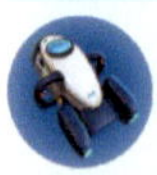	Seegleiter	2	Safe Shallows, Kelp Forest, Kleine Wracks 37, 38, 39, 40, 41 und Wracks 15, 16, 18, Rettungskap. 3
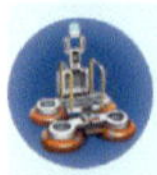	Mobile Fahrzeugstation	3	Kelp Forest und Wracks 1, 2, 12, 13, 14, 15, 16, 17, 18
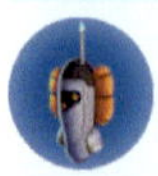	Signalboje	2	Kleine Wracks in Safe Shallows und Wracks 14, 15, 16, 18
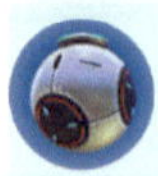	Gravitationsfalle	2	Kleine Wracks in Safe Shallows und Wracks 15, 16, 17, 18

Fahrzeuge & Module

Icon	Name	#	Fundorte
	Seemotte	3	Grassy Plateaus, Aurora, kleine Wracks 31-35, Rettungskapsel 17, Wracks 1, 2, 12, 13
	Krebs	4	Aurora (Krebshangar) Wracks 4, 5, 7, 8, 19
	Zyklop Rumpf	3	Mushroom Forest, Sea Treader's Path, Wracks 7 und 9
	Zyklop Maschine	3	Crag Field, Crashzone, Mountains, Wracks 4, 5, 19
	Zyklop Brücke	3	Crash Zone, Mushroom Forest, Sea Treader's Path, Wracks 7 und 9
	Torpedo Arm	2	Wracks 5, 8, 19, 20
	Bohrer Arm	2	Wracks 4, 6, 8, 10, 11, Dunes Wrack
	Wurfhaken Arm	2	Wracks 4, 5, 8, 10, 11, Dunes Wrack
	Schubkanone Arm	2	Wracks 4, 5, 19

Basismodule

Icon	Name	#	Fundorte
	Mehrzweckraum	1	Degasi Basen
	Observatorium	1	Degasi Basen

	Scannerraum	3	Crag Field, Grassy Plateaus, Sea Treader's Path. Wracks 1, 2, 3, 8,10,11, 13, 14, Bulb Zone Wrack
	Tauchdock	2	Grand Reef, Mushroom Forest, Degasi Basen, Wracks 5, 6, 8, 10, 11, 19, 20, Dunes Wrack
	Energie-Transmitter	1	Crash Zone, Mushroom Forest, Wracks 3
	Wärmekraftwerk	2	Grand Reef, Degasi Basen, Wracks 6, 10, 11, 20, Dunes Wrack
	Außenbeetkasten	1	Degasi Basen, Wracks 3
	Flutlicht	1	Aurora, Jellyshroom Cave, Wracks 1, 2, 3, 4, 5, 6, 7, 8, 9, 13, 17, 19, 20
	Scheinwerfer	1	Degasi Basen

Geräte (für Basis)

Icon	Name	#	Fundorte
	Lebensform-Zuchtbehälter	2	Degasi Basen, Bulb Zone Wrack
	Wasserfiltermaschine	2	Degasi Basen, Bulb Zone Wrack, Dunes Wrack
	Schott	2	Degasi Basen
	Bioreaktor	3	Kleine Wracks in Grassy Plateaus, Wrack 20
	Kernreaktor	3	Mountains, Degasi Basen, Wracks 5, 7, 8, 19,
	Innenbeetkasten	1	Degasi Basen, Wracks 3

Icon	Name	#	Fundorte
	Normaler Pflanzentopf	1	Wracks 1, Dunes Wrack
	Wandpflanztopf	1	Wracks 1, 5, 7, 8, 9, 11
	Modifizierungs-station	3	Crag Field, Mushroom Forest, Sparse Reef, Wracks1, 3, 5, 9, 12, 13, 20, Bulb Zone Wrack,
	Komposit-Pflanztopf	1	Degasi Basen, Wracks1, 4, 7, 8, 9
	Schöner Pflanztopf	1	Wracks 1, 4, Dunes Wrack
	Energiezellen-Ladestation	2	Degasi Basen, Wracks 4, 6, 9, 20, Dunes Wracks
	Batterie-Ladestation	2	Degasi Basen, Wracks 1, 2, 12, 13,14

Einrichtung (Nur optisch)

Icon	Name	#	Fundorte
	Bank	1	Aurora, Wracks 1, 2, 5, 6, 7, 8, 9, 10, 17, 20, Dunes Wrack
	Bilderrahmen	1	Degasi Basen, Wracks 1, 2, 4, 5, 7, 9
	Einzelwandregal	1	Aurora, Wracks 5
	Wandregal	1	Aurora, Wracks 5, 11, Bulb Zone Wrack, Dunes Wrack
	normales Doppelbett	1	Aurora, Degasi Basen, Wracks 5, 11
	bezogenes Doppelbett	1	Wracks 5

Einzelbett	1	Aurora, Degasi Basen
Schreibtisch	1	Aurora, Degasi Basen , Wracks 2, 3, 4, 5, 6, 7, 8, 9, 10, 11, 12, 13, 14, 15, 16, 17, 18, 19, 20
Lebende Wand	1	Degasi Basen
Drehstuhl	1	Aurora, Degasi Basen , Wracks 2, 3, 4, 5, 6, 7, 11, 12, 13, 14, 15, 16, 17, 18, Bulb Zone Wrack, Dunes Wrack
Bürostuhl	1	Wracks 4, 5, 9, 10, 11, 20, Bulb Zone Wrack
Kommandostuhl	1	Aurora, Degasi Basen, Wracks 2, 3, 4, 5, 6, 7, 8, 9, 10, 11, 13, 14, 15, 16, 19, 20
Glastisch	1	Aurora, Wrack 13, Bulb Zone Wrack, Dunes Wrack
Abfalleimer	1	Aurora, Kleine Wracks 34, 36, 41, Wrack 11
Atommüllbehälter	1	Degasi Basen, Kleines Wrack 35, Dunes Wrack
Verkaufsautomat	1	Aurora, Kleine Wracks 33, 41, Bulbzone Wrack, Dunes Wrack
Kaffeeautomat	1	Degasi Basen, Kleines Wrack 37, Dunes Wrack
Labortisch	1	Aurora, Degasi Basen, Kleine Wracks 38, 40, Dunes Wrack

2.5 Fundorte aller Datenboxen

Neben den Fragmenten findet man komplette Baupläne in zahlreichen Datenboxen. In dieser Liste findest du alle Fundstellen von allen Datenboxen im Spiel.

Icon	Name	Fundorte
	Lebensformzuchtbehälter	Bulbzone Wrack , Mountains Wrack 5, Underwater Islands Wrack 4
	Kompass	Kelp Forest Wrack 18, Rettungskapsel 3
	Raubtier Täuschkörper	Underwater Islands Wrack 4, Rettungskapsel 4
	Zyklop Ladeschachterweiterung	Grand Reef Wrack 11, Mountains Wrack 19, Sea Treader's Path Wrack 7
	Zyklop-Trockendock-Reparaturmodul	Grand Reef Wrack 10, Mountains Wrack 19, Sea Treader's Path Wrack 7
	Zyklop-Feuerlösch-Anlage	Blood Kelp Trench Wrack 8, Sparse Reef Wrack 20, Underwater Islands Wrack 4
	Zyklop-Tiefenmodul Stufe 1	Dunes Wrack 6, Grand Reef Wrack 10, Rettungskapsel 2
	Zyklop-Schildgenerator	Dunes Wrack 6, Sea Treader's Path Wrack 7, Degasi Basen - Deep Grand Reef
	Zyklop-Sonar	Blood Kelp Trench Wrack 8, Bulb Zone Wrack 3, Grand Reef Wrack 11
	Zyklop-Wärmereaktor	Grand Reef Wrack 11, Mountains Wrack 5, Northwestern Mushroom Forest Wrack 9
	Leichte Tauchflasche mit hoher Kapazität	Bulb Zone Wrack 3, Grassy Plateaus Wracks 1 und 14
	Verstärkter Taucheranzug	Bulb Zone Wrack 3, Dunes Wrack, Sparse Reef Wrack 20

Stoßkanone	Grand Reef Wrack 10, Underwater Islands Wrack 4, Rettungskapsel 12
Destillanzug	Bulb Zone Wrack, Dunes Wrack, Mountains Wrack 5
Schwimmflossen mit Ladefunktion	Underwater Islands Wrack 4, Degasi Basen - Deep Grand Reef
Ultragleitfähige Schwimmflossen	Grassy Plateaus Wrack 13, Rettungskapseln 6 und 13, Degasi Basen - Floating Island
Tauchflasche mit ultrahoher Kapazität	Dunes Wrack 6, Rettungskapsel 19, Degasi Basen - Jellyshroom Cave
Fahrzeugerweiterungskonsole	Dunes Wrack, Grassy Plateaus Wrack 1, Northwestern Mushroom Forest Wrack 9, Sparse Reef Wrack 20

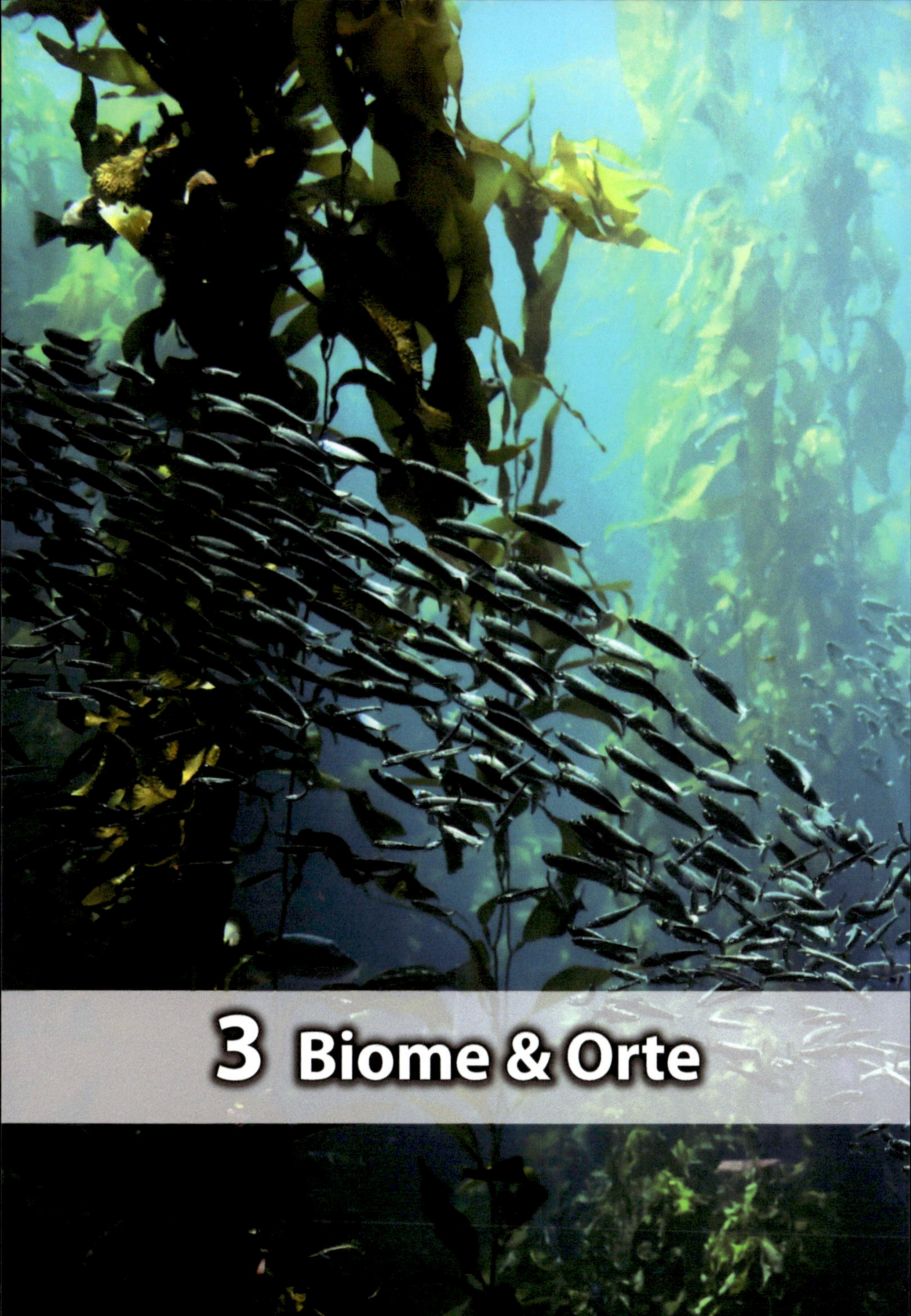

3 Biome & Orte

3.1 Allgemeines zu Biomen

Es gibt viele verschiedene Unterwasserlandschaften in Subnautica. Der Spieler ist auf dem mit Wasser bedeckten Planeten 4546B gestrandet. Die Hauptgeschichte spielt in einem Kratergebiet, dass wohl einmal durch einen riesigen Unterwasservulkan entstanden ist. Dort finden sich viele verschiedene Biome (Gebiete) und Lebensformen. Außerhalb dieses Kraters gibt es wohl nur noch eine tote Zone, in der nur wenig Leben zu finden ist. Dieses Kraterrandgebiet ist auch die Grenze für die Spielregion. Jenseits der Grenze findet der Spieler nichts außer Geistleviathane.

Im Addon Subnautica verschlägt es den Spieler dann in die Polarregion des Planeten 4546B.

Höhlenforschung

In fast jedem Biom gibt es zahlreiche Höhlen und Höhlensysteme zu entdecken. Im Anfangsbiom Safe Shallows sind diese noch sehr klein, aber schon in den angrenzenden Biomen werden die Höhlen größer und weitläufiger.

In den Floating Islands sind zum Beispiel einige der Unterwasserinseln mit Höhlen durchzogen und die Blood Kelp Zone hat riesige Höhlen zu bieten.

Für die Höhlenerforschung gilt:

- Ausreichend Sauerstoff dabei haben (oder ein Boot wie die Seemotte, falls es in die Höhlen passt). Für lange Touren kannst du auch zusätzliche Tauchflaschen mitnehmen. Vergiss nicht, diese wieder an der Oberfläche aufzufüllen, indem du sie dort ausrüstest!
- Eine oder mehrere Lichtquellen, Höhlen sind oft sehr dunkel!
- Verlierst du leicht die Orientierung? Dann benutze das Pfadfinderwerkzeug, mit dem du Orientierungspunkte setzen kannst.
- Du willst eine interessanten Höhle wiederfinden? Setze am Eingang eine Signalboje ab und das Auffinden ist kein Problem mehr! Bojen kannst du später auch wieder einsammeln.

Tiefere Biome

Die meisten Höhlen sind nur kleinere Untergebiete des jeweiligen Bioms. Es gibt jedoch 4 größere Höhlensysteme, die man am besten mit einem Fahrzeug erforscht. Drei von diesen führen immer weiter in die Tiefe:

- **Jellyshroom Cave:** Ein großes einzelnes Höhlenbiom, vom Startpunkt aus leicht zu erreichen und mit der Seemotte mit Tiefenmodul 1gut zu erforschen.
- **Lost River:** Dieses Höhlensystem ist sehr groß und hat an mehreren Stellen der Karte Eingänge. Außerdem gelangt man nur über den Lost River in die Inactive Lava Zone.
- **Inactive Lava Zone:** In diesem Biom findest du die zwei Eingänge zu den Lava Lakes.
- **Lava Lakes:** Das tiefste Biom, das nur mit Zyklop und Krebs mit jeweils bestem Tiefenmodul zu erreichen ist.

In all diesen großen Höhlenbiomen findest du außerdem wichtige Orte für die Storyline und seltene Rohstoffe.

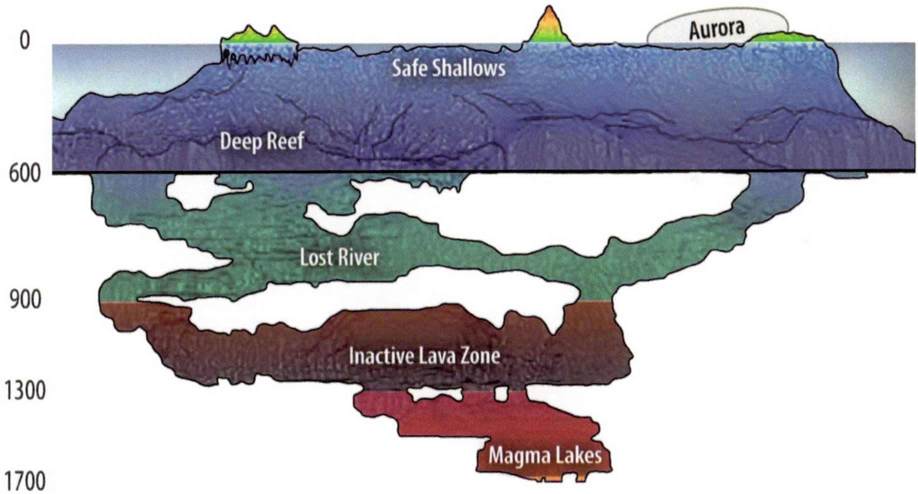

Karte der Oberfläche

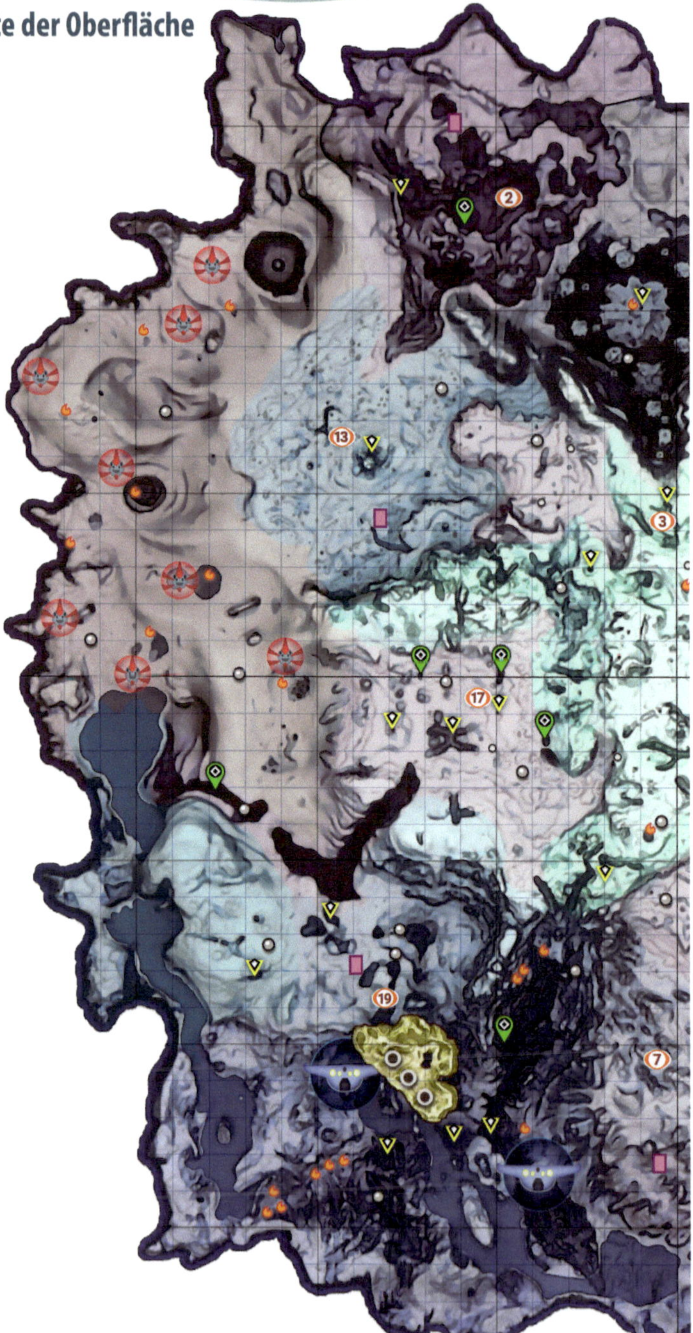

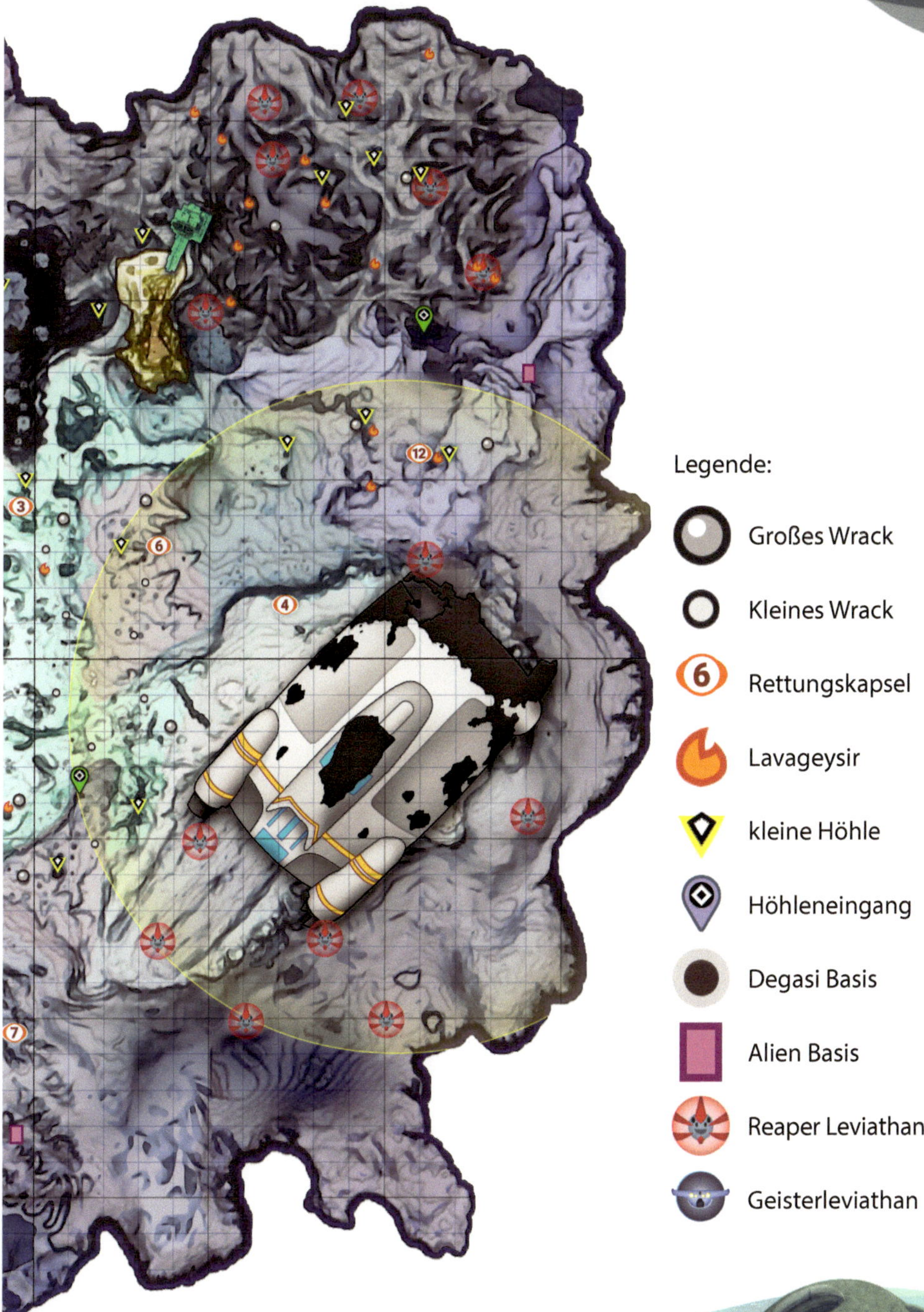
Legende:
Großes Wrack
Kleines Wrack
Rettungskapsel
Lavageysir
kleine Höhle
Höhleneingang
Degasi Basis
Alien Basis
Reaper Leviathan
Geisterleviathan

Jellyshroom Cave Karte

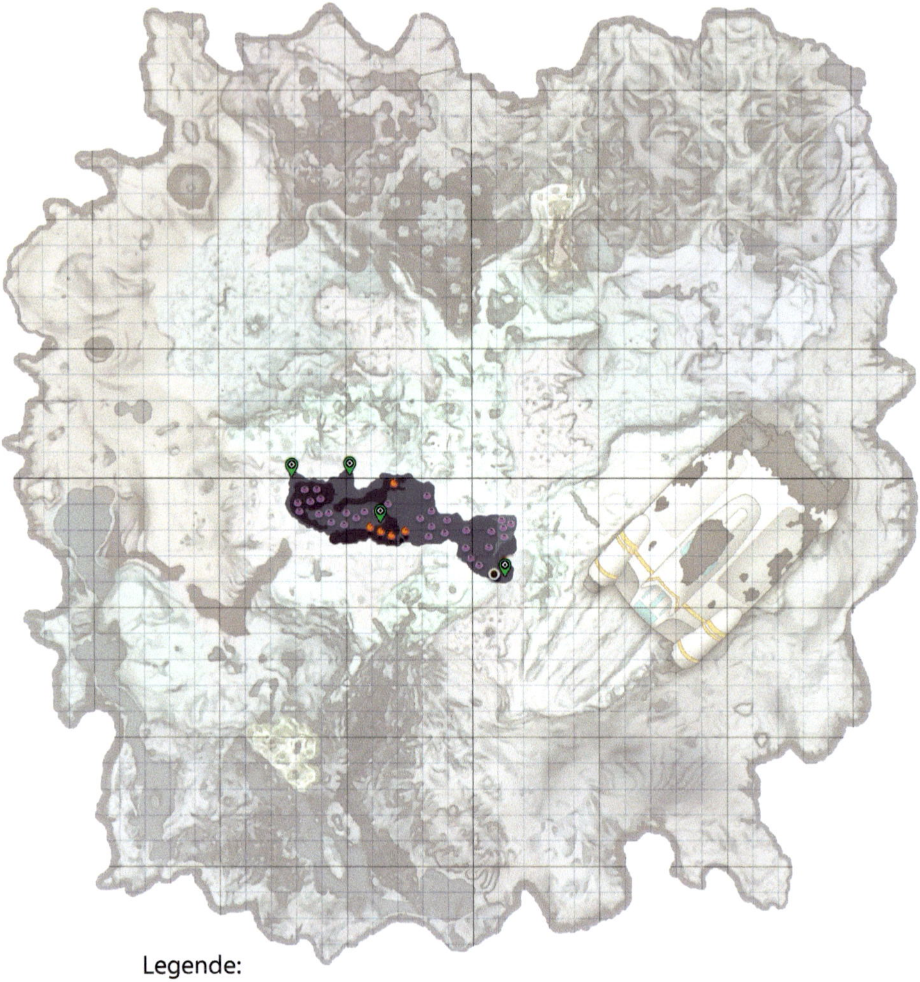

Legende:

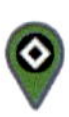 Großes Wrack

 Lavageysir

Lost River Karte

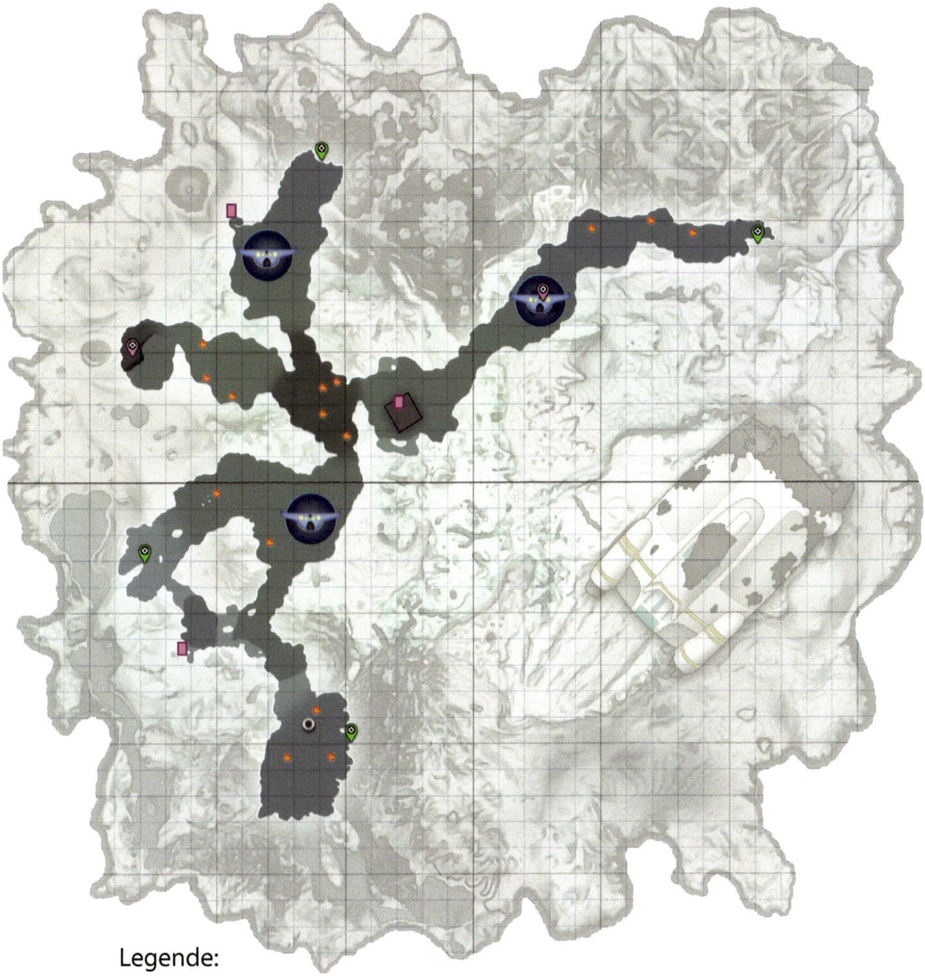

Legende:

- Geisterleviathan
- Lavageysir
- Alien Basis
- Eingang Lava Zone
- Eingang Lost River

Inactive Lava Zone Karte

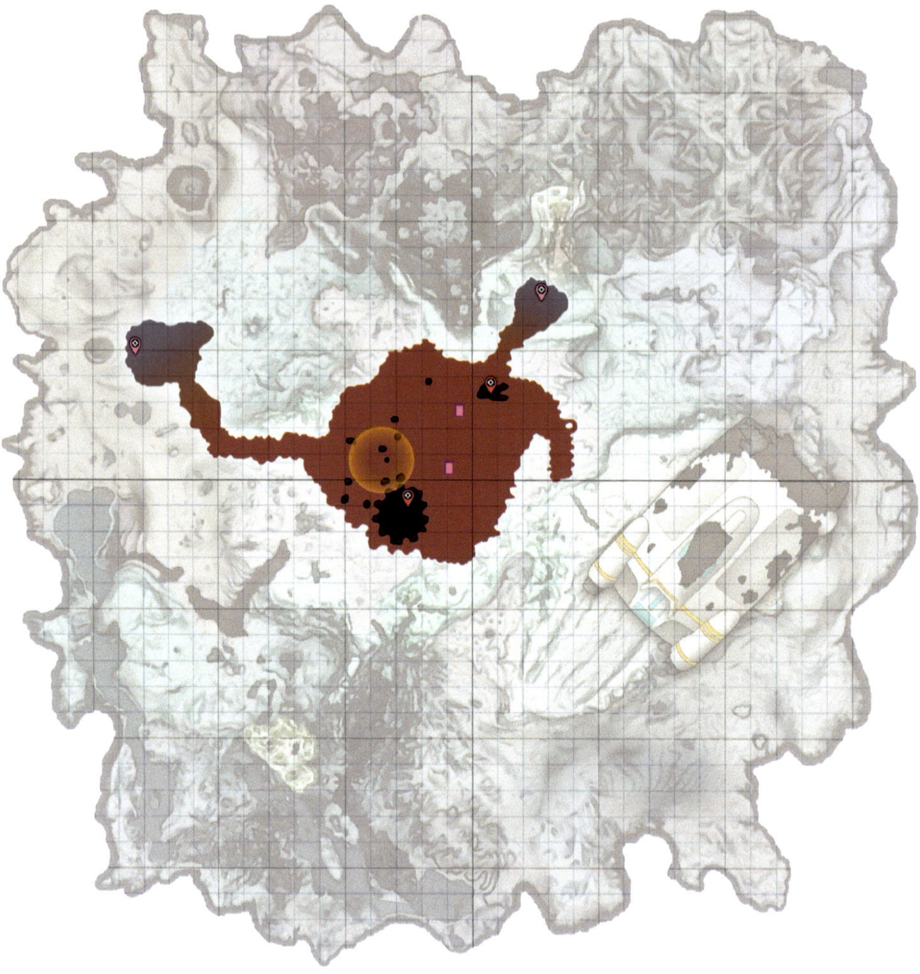

Legende:

●	Seedrache	📍	Eingang Lava Zone
▭	Alien Basis	📍	Eingang Lava Lakes

Lava Lakes Karte

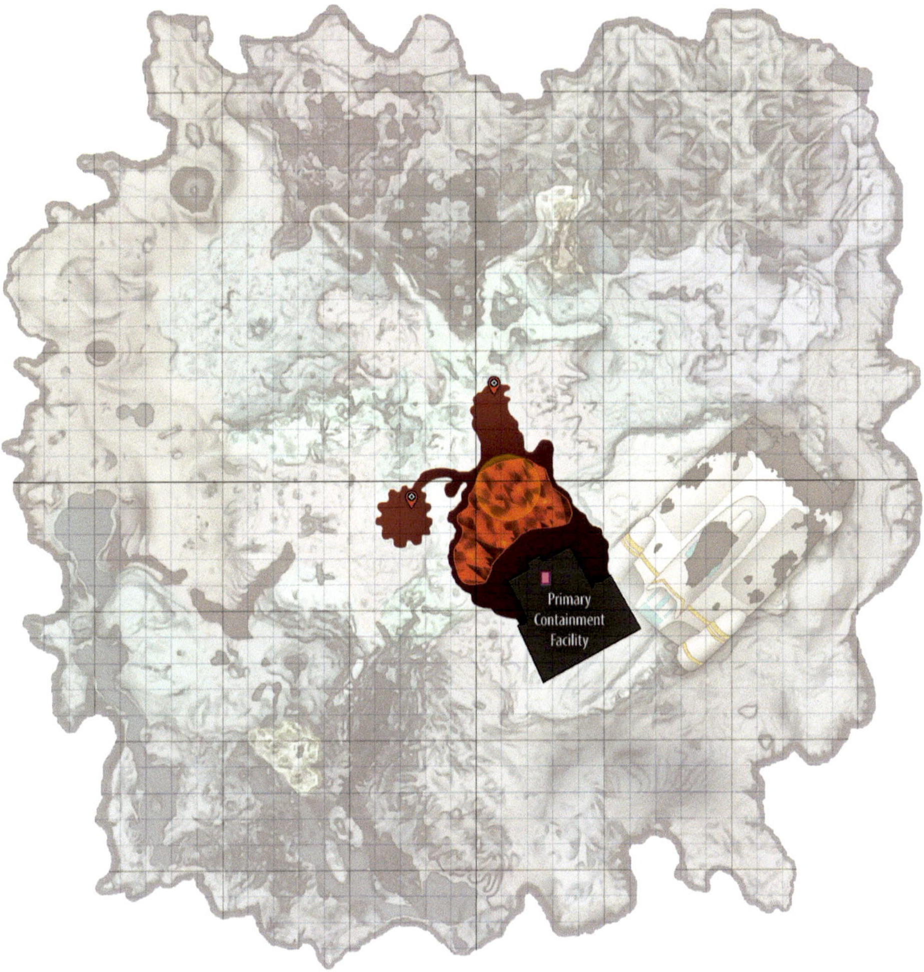

Legende:

Seedrache

Eingang Lava Lakes

Alien Basis

3.2 Auflistung der Biome

Safe Shallows

Deutscher Name: Sichere Untiefen

Tiefenregion: 0 - 80 m

Kurzbeschreibung: Die *Safe Shallows* sind das Biom, in dem am Anfang die Rettungskapsel abstürzt. Es ist damit einerseits das erste Biom, das man als Spieler erforschen kann und andererseits (dem Namen gerecht) das freundlichste Biom mit den wenigsten Gefahren. Die von kleinen Höhlensystemen gespickten Safe Shallows sind aufgrund der weiten Korallenriffe sehr bunt.

Gefahren: *Gasopoden* stellen eine Gefahr dar, falls man ihnen zu nahe kommt und in den Höhlen trifft man vereinzelt auf *Kracherfische*. Sonst muss man sich nur Gedanken über Raubtiere aus anderen Biomen machen, die sich hierher verirren, darunter hauptsächlich *Pirscher*, *Sandhaie* und sehr selten *Flimmerflügel*.

Ressourcen:

- Säurepilz
- Hirnkorallenprobe
- Kupfererz
- Röhrenkorallenprobe
- Gaskapsel
- Gold
- Blei
- Metallschrott
- Quartz
- Silbererz
- Tischkorallenprobe
- Titan

Interessante Orte:

Große Wracks:

- 366 -6 -203
- -40 -14 -400

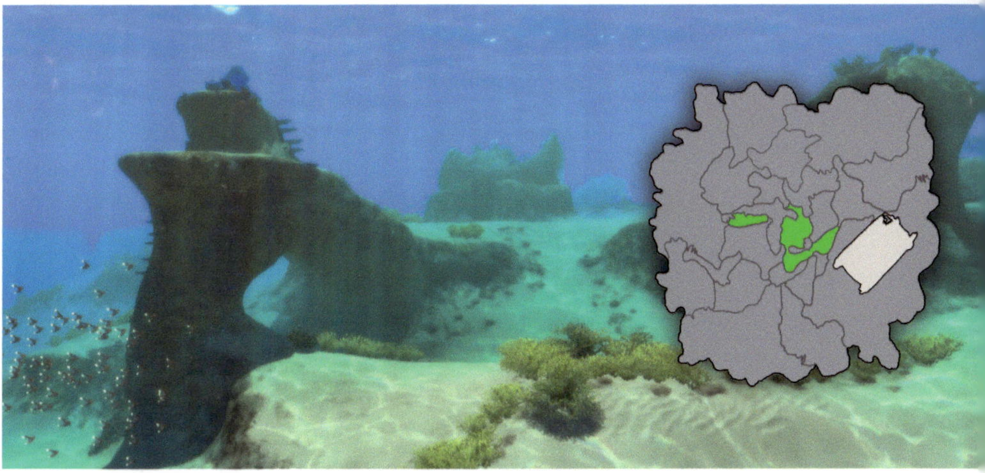

Kleine Wracks:	
▪ 20 -10 300	▪ 175 -23 -253
▪ 90 -20 120	▪ 310 -23 -119
▪ 65 -10 -85	▪ 527 -23 -43
▪ -160 -20 -225	

Lava-Geysire:	
▪ -75 -5 -445	▪ 25 -10 245

Fragmente/Baupläne:

Seegleiter	Signalboje
Gravitationsfalle	Mobile Fahrzeugstation
Drehstuhl	Kommandostuhl
Stasegewehr	Schreibtisch

Kelp Forest

Deutscher Name: Seetangwald

Tiefenregion: 0 - 160 m

Kurzbeschreibung: Der *Kelp Forest* ist ein Biom, das sich durch sein grünlich gefärbtes Wasser und die vielen *Schlingpflanzen* auszeichnet. Diese und ihre gelb leuchtenden Früchte stellen im Spiel wichtige Ressourcen dar. Dieses Biom ist oft das erste, das der Spieler nach den *Safe Shallows* erforscht.

Gefahren: Hier gibt es einige Gefahren, aber keine besonders schwerwiegenden. Besonders häufig finden sich hier *Pirscher*, doch in den Höhlensystemen trifft man auch auf *Bluter*, *Flimmerflügel* und die gefährlichen *Stecher*-Pflanzen.

Ressourcen:

- Hirnkorallenprobe
- Kupfererz
- Röhrenkorallenprobe
- Schlingpflanzenprobe
- Schlingpflanzens.-büschel
- Gold
- Blei
- Metallschrott
- Salzvorkommen
- Pirscherzahn
- Titan

Interessante Orte:

Große Wracks (begehbare Wrackteile der Aurora):

- -320 -57 252
- 65 -25 385

Zerstörte Rettungskapsel:

- -21 -18 410

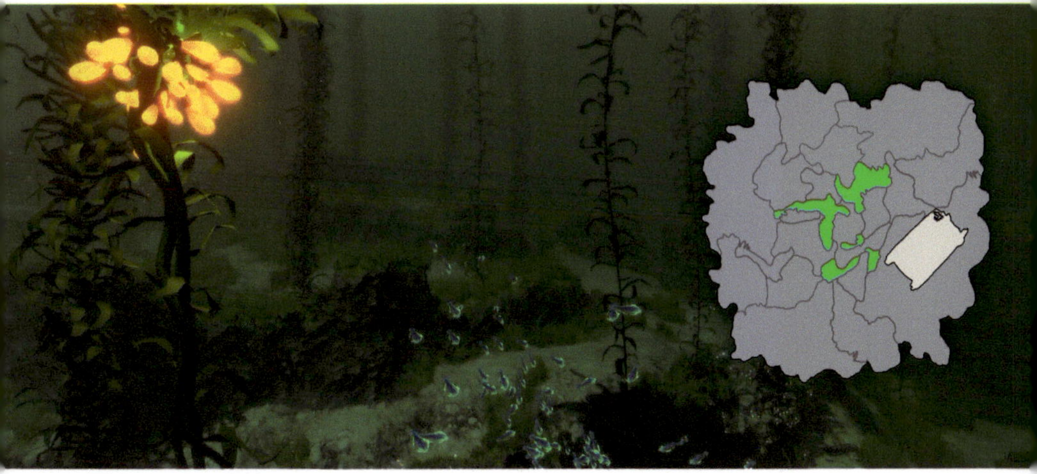

Fragmente/Baupläne:

Seegleiter	Mobile Fahrzeugstation
Gravitationsfalle	Schreibtisch
Drehstuhl	Flutlicht
Sitzbank	Signalboje
Stasegewehr	

Grassy Plateaus

Deutscher Name: Grasbewachsene Ebenen

Tiefenregion: 50 - 170 m

Kurzbeschreibung: Die *Grassy Plateaus* sind weitläufige Biome, die weitflächig von Blutgras überwachsen sind. Hier finden sich auch viele säulenartige Gebilde, die erosionsbesdingt aus dem Meeresboden hervorstehen.

Gefahren: *Beißer*, das Piranha-Äquivalent des Spiels, tummeln sich hier in großer Zahl. Besonders in der Nähe des Sandbodens und verdächtiger Sandwolken ist außerdem Vorsicht vor *Sandhaien* geboten. Eine weitere, nicht zu unterschätzende Gefahr geht von den *Tigerpflanzen* aus, die bei Sichtkontakt mit dem Spieler Stacheln schießen.

Ressourcen:

- Säurepilz
- Kupfererz
- Röhrenkorallenprobe
- Gaskapsel
- Gold
- Blei
- Lithium
- Hirnkorallenprobe
- Metallschrott
- Quartz
- Silbererz
- Tischkorallenprobe
- Titan

Interessante Orte:

Große Wracks:

- -25 -88 -615
- 320 -66 431
- -390 -120 648
- -630 -50 -6
- -432 -90 -268

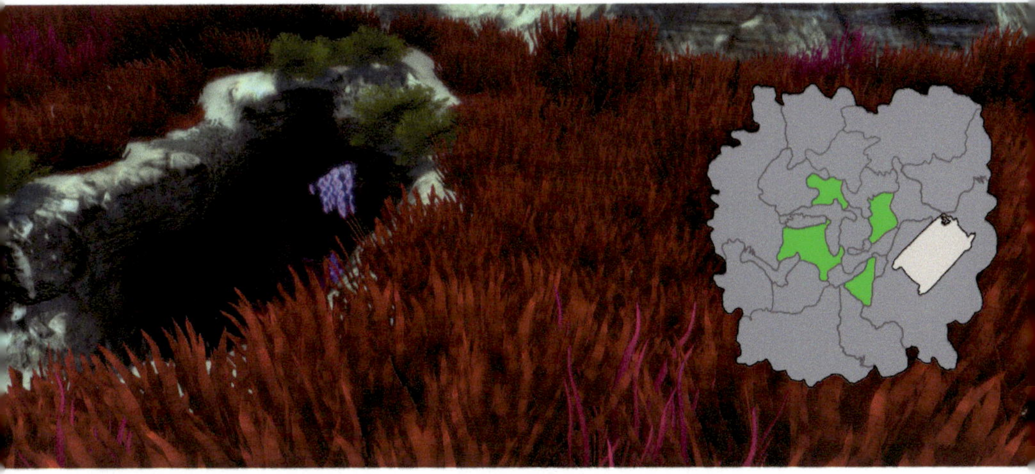

Kleine Wracks:

- 165 -86 -420
- -370 -100 475
- 315 -90 215
- -284 -93 606
- 270 -85 70
- -520 -90 -215

Zerstörte Rettungskapseln:

- 354 -110 316
- -690 -105 -51

Fragmente/Baupläne:

Scannerraum	Bioreaktor
Batterieladestation	Mobile Fahrzeugstation
Lichtstab	Modifizierungsstation
Schubkanone	Flutlicht
Sitzbank	Bilderrahmen
Normaler Pflanztopf	Schöner Pflanztopf
Kompositpflanztopf	Poster "Natural Selection 2"
Krebsanzug-Greifarm	Kommandostuhl
Glastisch	Seemotte
Laserschneider	

Mushroom Forest

Deutscher Name: Pilzwald

Tiefenregion: 75 - 250 m

Kurzbeschreibung: Der *Mushroom Forest* wird seinem Namen als Wald von großen Unterwasser-Pilzbäumen gerecht. Das Biom ist auf der Karte zweimal anzufinden und die beiden Bereiche unterscheiden sich geringfügig. Der Mushroom Forest im Nordwesten breitet sich um einen besonders großen Pilz herum aus und beherbergt mehrere Leviathane, während der östliche durch seine Grenze zur Bulb Zone auch mit den Gefahren der *Bulb Zone* aufwartet.

Gefahren: Die Raubtiere aus der *Bulb Zone* nicht mitgezählt, triffst du hier auf *Knochenhaie*, *Flimmerflügel* und nicht zuletzt *Reaper-Leviathane*.

Ressourcen:

- Säurepilz
- Kupfererz
- Diamant
- Röhrenkorallenprobe
- Baumpilzprobe
- Gelsack
- Gold
- Blei
- Metallschrott
- Quartz
- Silbererz
- Tischkorallenprobe
- Titan

Interessante Orte:

Großes Wrack:

- -630 -125 752

Alienportal:

- -750 -239 435

Zerstörter Lifepod:

- -919 -177 508

Alien Abzugsschacht:

- 650 -170 480

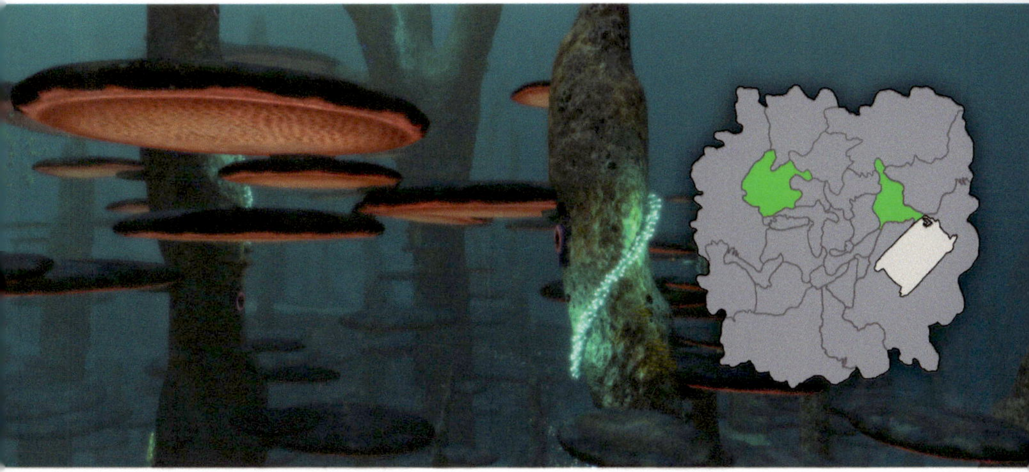

Fragmente/Baupläne:

Tauchdock	Energietransmitter
Modifizierungsstation	Zyklop-Brücke
Zyklop-Hülle	Lichtstab
Energiezellenladestation	Sitzbank
Kommandostuhl	Schreibtisch
Bürostuhl	Kompositpflanztopf
Bilderrahmen	Pflanzenbord
Flutlicht	

Crash Zone

Tiefenregion: 0 - 370 m

Kurzbeschreibung: Die *Crash Zone* ist das Gebiet, in dem sich die abgestürzte *Aurora* befindet. Das Biom zeichnet sich durch die Abwesenheit von Pflanzen und die hohe Anzahl an Raubtieren aus und ist das größte Biom im Spiel. Das Wasser in der Crash Zone hat eine leicht schlammige Farbe und große Teile der Zone sind durch die Explosion der Aurora radioaktiv verstrahlt. Um sie sicher zu betreten, ist ein Strahlenschutzanzug nötig.

Gefahren: *Knochenhaie*, *Sandhaie* und *Pirscher* können in der Crash Zone zu einem Problem werden, doch stellen sie nicht das größte Problem dar, sondern die insgesamt 8 *Reaper-Leviathane*, die an verschiedenen Stellen im Biom ihr Unwesen treiben.

Ressourcen:

- Säurepilz
- Hirnkorallenprobe
- Kupfererz
- Röhrenkorallenprobe
- Gaskapsel
- Gold
- Blei
- Metallschrott
- Quartz
- Silbererz
- Tischkorallenprobe
- Titan

Interessante Orte:

Zerstörte Rettungskapsel:

- 717 -7 161

Crash Zone Mesas:

Die Tafelberge in der Crash Zone sind eine Art Mini-Biom, das sich vom Rest der Crash Zone durch seine mit zahlreichen bunten Pflanzen überwachsenen Bereiche abhebt. Aufgrund der Reaper-Leviat-

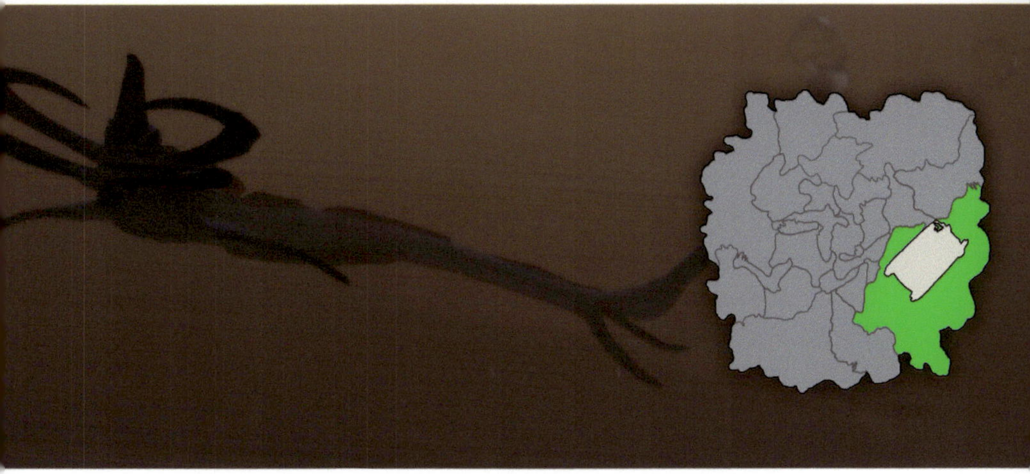

hane im Umkreis sind diese sechs separaten Bereiche dennoch kein guter Ort um eine Verschnaufpause einzulegen.

Koordinaten der Crash Zone Mesas:

- 875 -320 -1050
- 815 -270 -1170
- 640 -240 -1130
- 520 -185 -1030
- 320 -180 -1115
- 330 -150 -1000

Fragmente/Baupläne:

Energietransmitter	Schubkanone
Zyklop-Brücke	Zyklop-Triebwerk

Crag Field

Deutscher Name: Felsenfeld

Tiefenregion: 125 - 460 m

Kurzbeschreibung: Dieser Bereich ist eine weite Ebene mit spitzen Gesteinsformationen südlich der Aurora, die selbst aus einem einzigen großen Felsen besteht.

Gefahren: *Gasopoden* stellen eine Gefahr dar, falls man ihnen zu nahe kommt und in den Höhlen trifft man vereinzelt auf *Kracherfische*. Sonst muss man sich nur Gedanken über Raubtiere aus anderen Biomen machen, die sich hierher verirren, darunter hauptsächlich *Pirscher*, *Sandhaie* und sehr selten *Flimmerflügel*.

Ressourcen:

- Säurepilz
- Hirnkorallenprobe
- Kupfererz
- Röhrenkorallenprobe
- Gaskapsel
- Gold
- Blei
- Metallschrott
- Quartz
- Silbererz
- Tischkorallenprobe
- Titan

Interessante Orte:

Alienportal:

- 366 -6 -203

Zerstörte Rettungskapsel:

- -66 -175 -1056

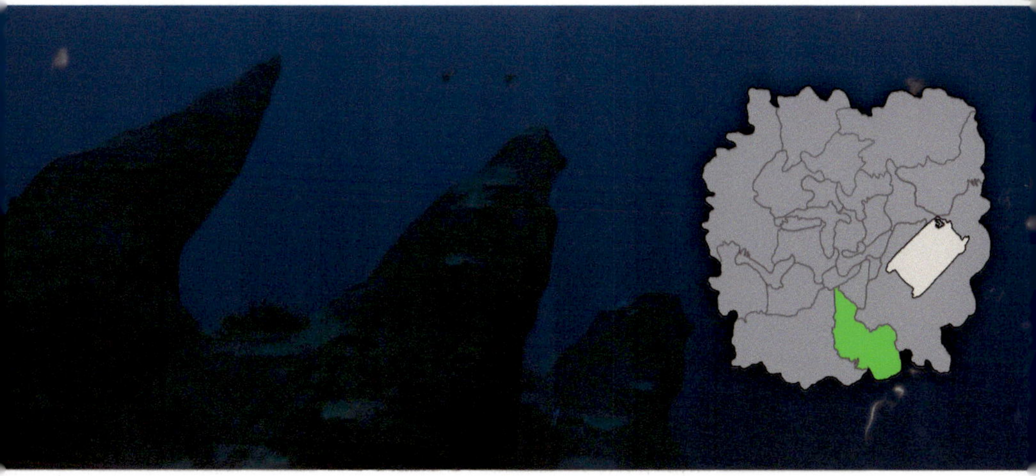

Fragmente/Baupläne:

Scannerraum	Modifizierungsstation
Zyklop-Triebwerk	

Bulb Zone

Deutscher Name: Laternenzone

Tiefenregion: 140 - 480 m

Kurzbeschreibung: Die *Bulb Zone* ist eine großflächig mit Algen bewachsene Zone, deren südliche Hälfte aufgrund der Nähe zur Aurora radioaktiv verstrahlt ist. Es gibt hier viele kleine Risse und Spalten, doch ihren Namen bekommt sie von den Bulb Bushes, die wie Laternenpfähle das gesamte Gebiet überziehen.

Gefahren: Hier trifft man auf *Knochenhaie* und vereinzelt *Flimmerflügel*, aber die wahrscheinlich größte Gefahr geht von den *Schockwelsen* aus, die hier in großer Zahl anzutreffen sind. Außerdem gibt es in der Bulb Zone beträchtliche *vulkanische Aktivität* und damit auch mehrere *Lava-Geysire*, die dem Spieler gefährlich werden können, wenn man ihnen zu nahe kommt.

Ressourcen:

- Kupfererz
- Röhrenkorallenprobe
- Gold
- Blei
- Lithium
- Diamant
- Rubin
- Hirnkorallenprobe
- Metallschrott
- Quartz
- Silbererz
- Tischkorallenprobe
- Titan
- Salzvorkommen

Interessante Orte:

Große Wracks:

- 940 -198 593
- 1309 -215 570

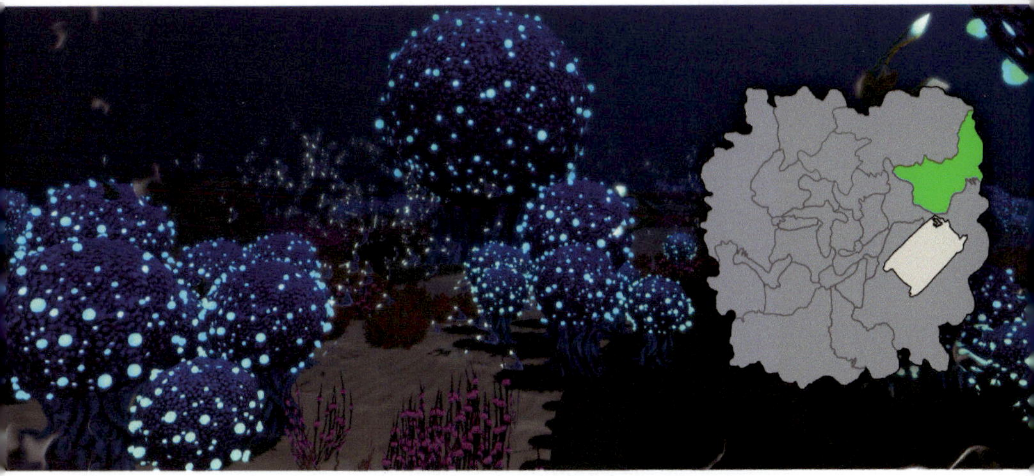

Lava Geysire:	
■ 965 -260 470	■ 1145 -275 555
■ 965 -250 625	
Alienportal:	
■ 1383 -296 757	
Zerstörte Rettungskapsel:	
■ 1111 -265 557	

Fragmente/Baupläne:

Scannerraum	Modifizierungsstation
Stasegewehr	Energietransmitter
Schreibtisch	Kommandostuhl
Pflanztöpfe	Beetkästen
Flutlicht	Lichtstab
Wasserfiltrationsmaschine	Carry-All-Tasche
Glastisch	Wandregale
Zyklop-Triebwerk	Warenautomat

Mountains

Deutscher Name: Gebirge

Tiefenregion: 0 - 500 m

Kurzbeschreibung: Die *Mountains* sind ihrem Namen entsprechend eine große Kette von Unterwasserbergen. Im Südwesten des Bioms findet sich außerdem die *Mountain Island* **über** dem Meeresspiegel und **darunter** zahlreiche Höhlensysteme. In den Mountains finden sich viele *Vulkanschlote*, in deren Umgebung man an das seltene *Magnetit* herankommt.

Gefahren: Die Mountains sind ein außergewöhnlich gefährliches Biom. Das liegt nicht primär an den *Beißern*, die dem Spieler hier stark zusetzen können, sondern eher an den insgesamt sechs *Reaper-Leviathanen*, die die Mountains ihr Heim nennen.

Ressourcen:

- Uraninit
- Magnetit
- Röhrenkorallenprobe
- Gold
- Blei
- Lithium
- Hirnkorallenprobe
- Metallschrott
- Silbererz
- Gelsack
- Titan

Interessante Orte:

Große Wracks:

- 701 -346 1224
- 1071 -282 1345

Alien-Abzugsschacht:

- 750 -285 1020

Alienportal:

- 463 -165 1353

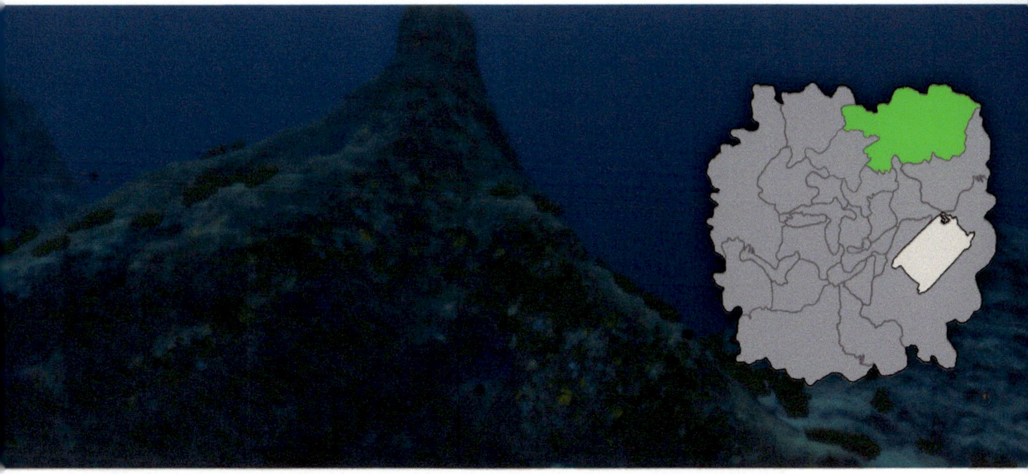

Vulkanschlote:

- 310 -280 1450
- 510 -270 1580
- 525 -260 1630
- 540 -305 1445
- 555 -190 995
- 590 -285 1270
- 770 -290 1395
- 840 -330 1260
- 1130 -285 1690
- 1330 -335 1065

Fragmente/Baupläne:

Nuklearreaktor	Zyklop-Triebwerk
Lichtstab	Modifizierungsstation
Tauchdock	Atomreaktor
Krebsanzug (Greifarm, Wurfhakenarm, Schubkanone, Torpedoarm)	
Sitzbank	Schreibtisch
Kommandostuhl	Bürostuhl
Pflanztöpfe	Wandregal
Doppelbett	Bilderrahmen
Flutlicht	

Underwater Islands

Deutscher Name: Unterwasserinseln

Tiefenregion: 35 - 500 m

Kurzbeschreibung: Die *Underwater Islands* sind eine Gruppe von insgesamt achtzehn "Inseln", die unter dem Meeresspiegel von *Schwebern* frei gleitend im Wasser gehalten werden. Das Biom weist mehrere *Vulkanschlote* und *Lava-Geysire* auf.

Gefahren: Die größte Gefahr in diesem Biom geht von *Knochenhaien* aus. Außerdem sind auch hier die Höhlensysteme mit *Stecher*-Pflanzen übersät, zu denen man einen gewissen Sicherheitsabstand halten sollte.

Ressourcen:

- Kupfererz
- Diamant
- Gold
- Blei
- Lithium
- Metallschrott
- Uraninit
- Silbererz
- Titan

Interessante Orte:

Großes Wrack:

- -102 -179 746

Vulkanschlothaufen:

- -110 -225 1000

Lava-Geysire:

- -30 -520 975
- -60 -505 1065
- -70 -515 1025
- -80 -515 965
- -175 -505 1025
- -80 -515 930
- -150 -510 950
- -25 -495 1100

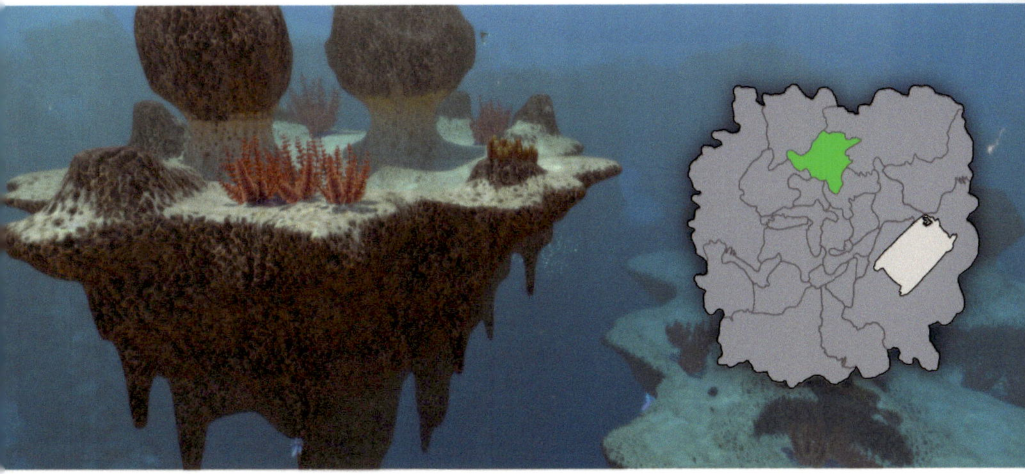

Alien-Abzugsschacht

■ -465 -70 870

Fragmente:

Krebsanzug (Greifarm, Bohrerarm, Wurfhakenarm, Schubkanone)	
Energiezellenladestation	Stasegewehr
Schubkanone	Zyklop-Antrieb
Schreibtisch	Kommandostuhl
Bürostuhl	Drehstuhl
Bilderrahmen	Flutlicht
Schöner Pflanztopf	Kompositpflanztopf

Sparse Reef

Deutscher Name: Spärliches Riff

Tiefenregion: 40 - 310 m

Kurzbeschreibung: Das *Sparse Reef* ist ein Biom, das größtenteils aus leeren Ebenen besteht, mit Ausnahmen großer Risse und ein paar wenigen turmähnlichen Gebilden in den Randgebieten. Diese stellen einen Eingang zu den Höhlensystemen des *Grand Reef* dar.

Gefahren: Dieses Gebiet gehört zu den weniger gefährlichen Biomen, jedoch gibt es in den tieferen Bereichen *Bluter* und *Tigerpflanzen*, vor denen es sich in Acht zu nehmen gilt.

Ressourcen:

- Kupfererz
- Diamant
- Gelsack
- Gold
- Blei
- Lithium
- Metallschrott
- Quartz
- Silbererz
- Tischkorallenprobe
- Titan
- Rubin

Interessante Orte:

Großes Wrack:	Rettungskapsel 19
■ -787 -208 -713	■ -808 -298 -873

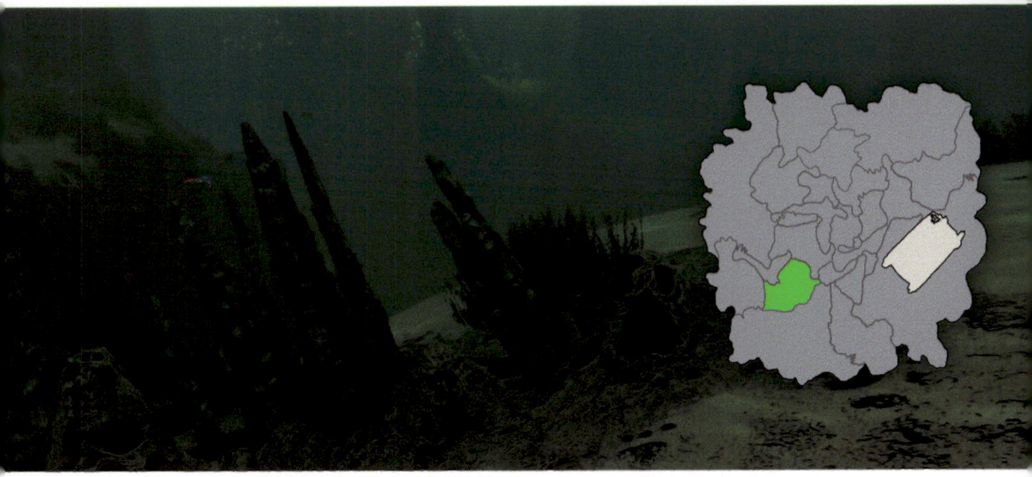

Fragmente/Baupläne:

Bioreaktor	Lichstab
Modifizierungsstation	Tauchdock
Energiezellenladestation	Krebsanzug-Torpedoarm
Wärmekraftwerk	Schreibtisch
Bürostuhl	Kommandostuhl
Sitzbank	Flutlicht
Mikroskop	Probemessgerät
Kleiner Glasbehälter	

Blood Kelp Zone

Deutscher Name: Blutrankenzone

Tiefenregion: 150 - 675 m

Kurzbeschreibung: Die große Anzahl an hier wachsenden Blutranken (und unterirdisch Blutwurzeln) gibt diesem Biom seinen Namen. Dieses Biom ist an zwei Orten auf der Karte zu finden – sie unterscheiden sich sowohl geografisch als auch in den dort lebenden Spezies.

Gefahren: In beiden *Blood Kelp Zones* trifft man auf *Schockwelse*, *Reißer* und *Warper*, was dieses Biom sehr unwirtlich macht. Die nördliche Blood Kelp Zone ist sogar noch gefährlicher, denn in ihr leben *Krabbenkalmare* und ein ausgewachsenes *Phantom*.

Ressourcen:

- Blutöl
- Diamant
- Gelsack
- Gold
- Kupfererz
- Blei
- Lithium
- Magnetit
- Quartz
- Rubin
- Salzvorkommen
- Uraninit

Interessante Orte:

Großes Wrack:

- -1208 -332 -390

Zerstörer Lifepod:

- -489 -500 1328

Alien-Friedhof:

- -600 -560 1485

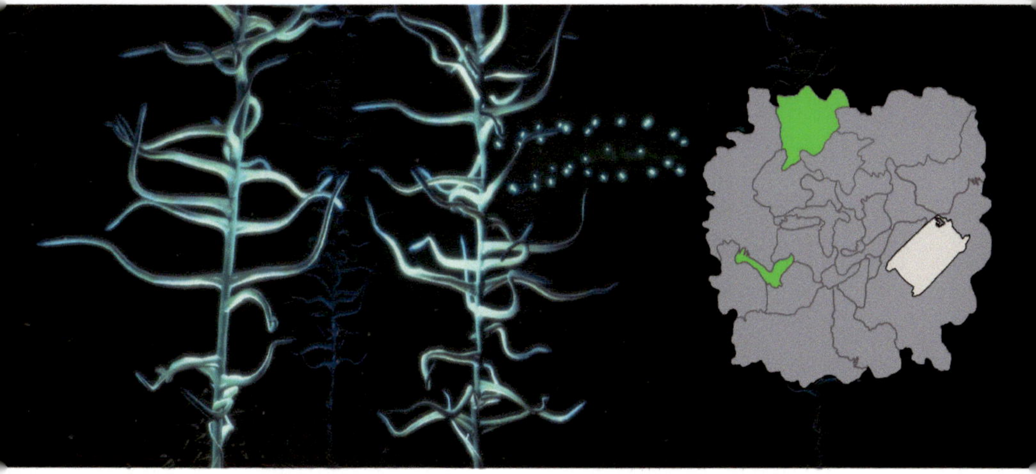

Fragmente/Baupläne:

Krebsanzug (Wurfhakenarm, Torpedoarm, Bohrerarm)	
Tauchdock	Atomreaktor
Scannerraum	Schreibtisch
Kommandostuhl	Sitzbank
Flutlicht	Kompositpflanztopf

Grand Reef

Deutscher Name: Großes Riff

Tiefenregion: 150 - 480 m

Kurzbeschreibung: Das *Grand Reef* ist ein weitläufiger Bereich, in dem einzigartige Pflanzen wie *Membranbäume* und *Leuchtglobusse* zu finden sind.

Gefahren: Dieses Biom ist Unterschlupf für zwei ausgewachsene *Phantome*. Ansonsten geht die größte Gefahr im Grand Reef von *Warpern* aus.

Ressourcen:

- Kupfererz
- Lithium
- Diamant
- Blei
- Gelsack
- Rubin
- Gold
- Silbererz
- Quart
- Titan
- Uraninit

Interessante Orte:

Große Wracks:

- -284 -250 -850
- -865 -430 -1420

Alien-Abzugsschacht:

- -940 -335 -1220

Vulkanschlothaufen:

- -375 -203 -729
- -447 -350 -1264
- -979 -393 -1372

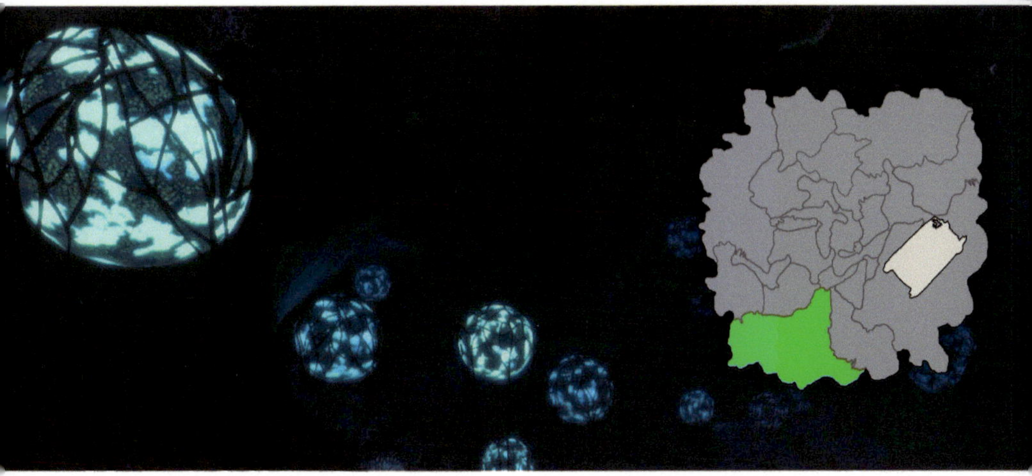

Fragmente/Baupläne:

Tauchdock	Wärmereaktor
Scannerraum	Krebsanzug-Bohrerarm
Krebsanzug-Wurfhakenarm	Schreibtisch
Bürostuhl	Kommandostuhl
Sitzbank	Carry-all-Tasche
Doppelbett	Mülleimer
Wandregal	Pflanzenboird
Blaues Cap	

Sea Treader's Path

Deutscher Name: Pfad der Seewanderer

Tiefenregion: 50 - 170 m

Kurzbeschreibung: Dieses Gebiet ist eher ein langer Sand- bzw. Kiespfad, den die *Seewanderer* stetig entlangwandern. Dieser Pfad verläuft durch einen mit eindrucksvoller Flora bewachsenen Tunnel.

Gefahren: Auch in diesem Biom geht die größte Gefahr von *Warpern* aus, die sich insbesondere in der Nähe des Wracks scharen.

Ressourcen:

- Fremder Dung
- Kupfererz
- Diamant
- Gold
- Blei
- Lithium
- Magnetit
- Quartz
- Salzablagerungen
- Silbererz
- Titan

Interessante Orte:

Großes Wrack:

- -1083 -190 -735

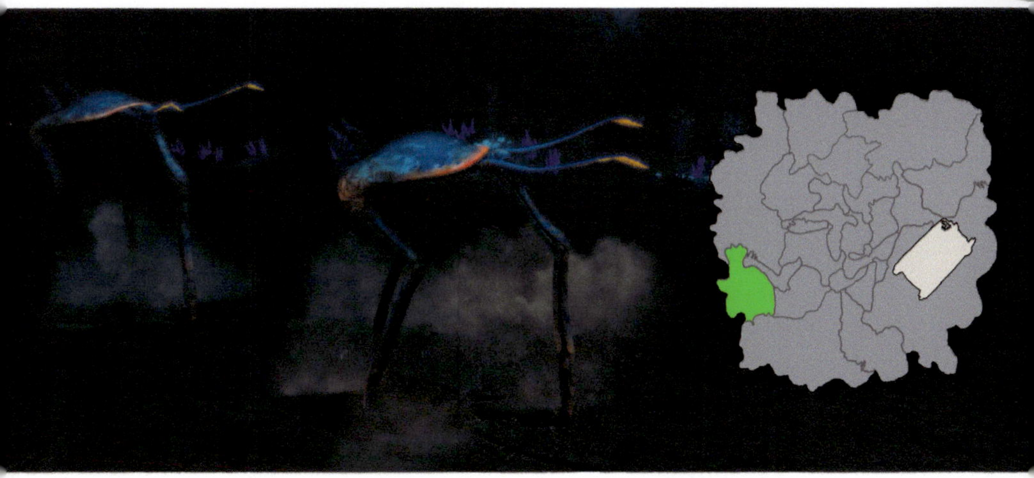

Fragmente/Baupläne:

Scannerraum	Zyklop-Brücke
Zyklop-Schubkanone	Zyklop-Hülle
Atomreaktor	Schreibtisch
Kommandostuhl	Drehstuhl
Sitzbank	Flutlicht
Bilderrahmen	Kompositpflanztop
Pflanzenbord	

Dunes

Deutscher Name: Dünen

Tiefenregion: 50 - 170 m

Kurzbeschreibung: Die *Dunes* sind eine weite Fläche von Sanddünen und -ebenen – fast wie eine Unterwasserwüste. Das Wasser in diesem Biom ist recht undurchsichtig, was auch tagsüber die Navigation erheblich erschwert.

Gefahren: Dieses Biom ist ein sehr unwirtlicher und gefährlicher Bereich für unvorbereitete Spieler. *Warper*, *Höhlenkrabbler*, *Sandhaie* und nicht zuletzt ganze acht *Reaper-Leviathane* treiben hier ihr Unwesen.

Ressourcen:

- Säurepilz
- Kupfererz
- Gaskapsel
- Gelsack
- Gold
- Quartz
- Salzvorkommen
- Hirnkorallenprobe
- Silbererz
- Titan
- Blei
- Lithium
- Metallschrott
- Rubin

Interessante Orte:

Große Wracks:

- -1448 -332 732
- -1632 -334 80
- -1210 -217 7

Meteorkrater:

- -1144 -329 1147

Alien-Friedhof:

- -1187 -378 1130

Großes Senkloch:

- -1500 -400 500

Alien-Abzugsschacht:

- -1160 -245 -140

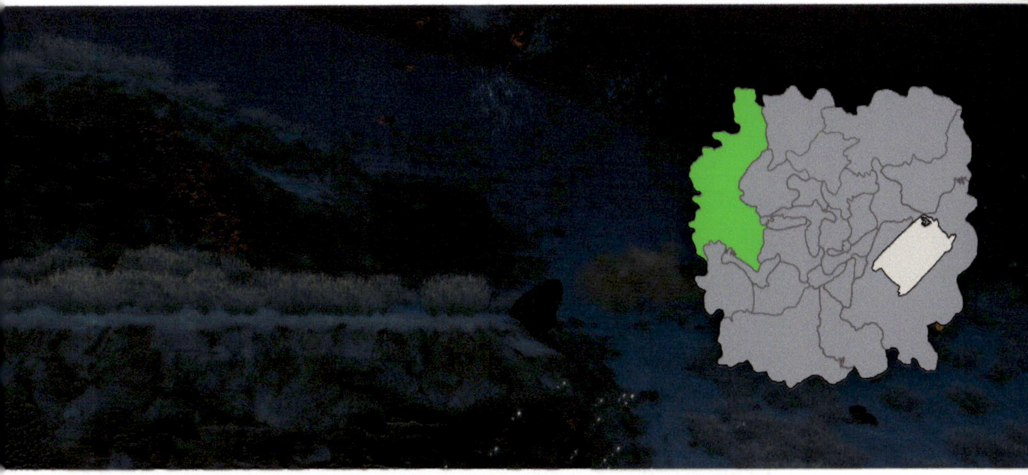

Vulkanschlote:

- -1735 -225 715
- -1640 -360 410
- -1500 -400 500
- -1490 -320 910
- -1470 -300 90
- -1340 -310 250
- -1250 -330 1000
- -1090 -180 10

Fragmente/Baupläne:

Tauchdock	Energiezellenladestation
Krebs-Bohrerarm	Wärmereaktor
Schreibtisch	Kommandostuhl
Drehstuhl	Sitzbank
Flutlicht	Krebsanzug-Bohrerarm
Krebsanzug-Wurfhakenarm	Wärmereaktor
Wasserfiltrationsmaschine	Glastisch
Wandregale	Atommüll-Entsorgerer
Probemessgerät	Mikroskop
Warenautomat	Kaffeemaschine
versch. Pflanztöpfe	versch. Caps

Jellyshroom Cave

Deutscher Name: Quallenpilz-/Geleepilzhöhle

Tiefenregion: 180 - 300 m

Kurzbeschreibung: Die *Jellyshroom Cave* ist ein großes unterirdisches System, das sich durch riesige quallenähnliche Pilze auszeichnet ("Jellyshrooms"). Die Fischart *Oculus* findet man in der Wildnis nur hier.

Gefahren: *Beißer* machen dem Spieler hier das Leben schwer. Ansonsten ist besonders achtzugeben auf die *Höhlenmuränen*, die in den Jellyshrooms hausen und herausschnappen, wenn der Spieler zu nahe kommt.

Ressourcen:

- Diamant
- Gold
- Lithium
- Magnetit
- Silbererz

Interessante Orte:

Ruinen einer Degasi Basis:

- 150 -86 -397

Eingänge:

- 140 -86 -397
- -724 -90 -9

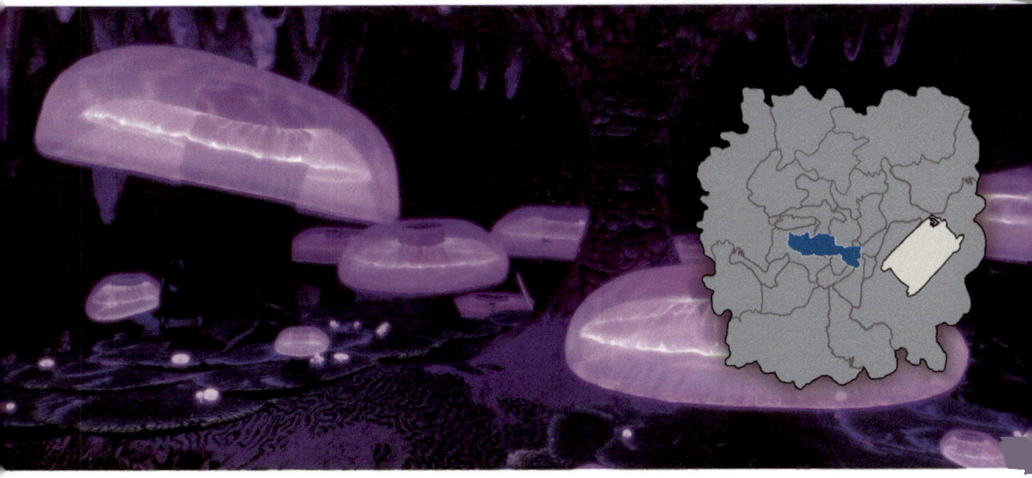

Fragmente/Baupläne:

Flutlicht	Tauchdock
Mehrzweckraum	Observatorium
Energiezellenladestation	Batterieladestation
Kernreaktor	Stasegewehr
Wärmekraftwerk	Wasserfiltermaschine
Modifizierungsstation	

Lost River

Tiefenregion: 550 - 1000 m

Kurzbeschreibung: Der *Lost River* ist ein unterirdisches Höhlensystem, durch das ein "Fluss" aus grüner Lauge verläuft. Das Biom teilt sich in insgesamt sieben kleine Untergebiete auf (Bone Fields, Corridor, Ghost Canyon, Ghost Forest, Tree Cove, Junction, Mountains Corridor), die sich in Flora, Fauna und Geografie teils stark unterscheiden. So kann es sein, dass manche Ressourcen in bestimmten Teilen weniger oder gar nicht und in anderen dafür mehr zu finden sind.

Gefahren: Abgesehen von besagter grüner Lauge, von die der Spieler sich dringlich fernhalten sollte, finden sich im Lost River zahlreiche Raubtiere. Zu ihnen gehören *Blutkrabbler*, *Flussstreuner*, *Krabbenkalmare* und drei *Phantom-Jungtiere*.

Ressourcen:

- Säurepilz
- Kristalliner Schwefel
- Diamant
- Gold
- Titan
- Quartz
- Blei
- Tischkorallenprobe
- Uraninit
- Kupfer
- Nickel
- Rubin
- Silbererz

Eingänge:

- -1137.5 -613.5 -446.5
- -1220 -610 -325
- -705 -565 1090
- 1166 -410 889

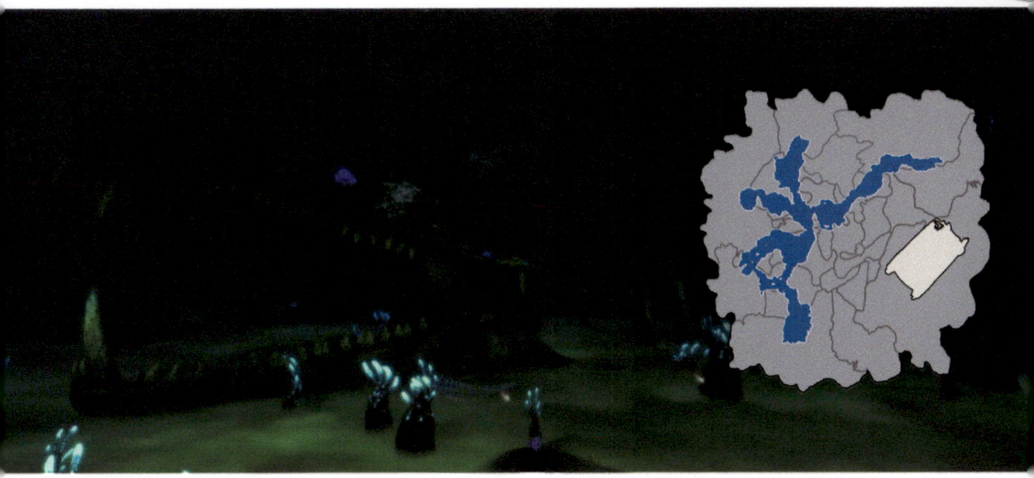

Interessante Orte:

Disease Research Facility:	Lost River Laboratorium:
■ -252 -814 316	■ -1111 -685 -656
Alienportal:	Uraltes Skelett:
■ -931 -611 991	■ Vor dem Eingang des Labors

Inactive Lava Zone

Tiefenregion: 900 - 1300 m

Kurzbeschreibung: Die *Inactive Lava Zone* ist ein großer unterirdischer Bereich mit Wänden aus erhärteter Lava und teils offenen *Lavateichen*, *Lavaflüssen* und sehr hohen Temperaturen. Die Inactive Lava Zone ist in der Regel das vorletzte Biom, das der Spieler besucht. Der Eingang zur Inactive Lava Zone befindet sich im *Lost River*.

Gefahren: Die Lava ist dringend zu meiden, denn sie tötet den Spieler sofort. Für gewöhnlich hat man es in diesem Gebiet ansonsten hauptsächlich mit *Lavaechsen* und vereinzelt *Warpern* zu tun. In einem Fahrzeug ist außerdem Acht geboten vor den *Lavalarven.* Diese verbeißen sich am Rumpf des Schiffes und saugen ihm seine verbleibende Energie ab. Hat man besonders viel Pech, verirrt sich vielleicht aber auch ein *Seedrache* hierher – dann sollte man schleunigst die Flucht ergreifen, außer man ist gut vorbereitet.

Ressourcen:

- Kristalliner Schwefel
- Diamant
- Gold
- Kyanit
- Kupfererz
- Nickel
- Quartz
- Blei
- Silbererz
- Titan
- Uraninit
- Lithium
- Magnetit
- Rubin

Interessante Orte:

Lavaburg:

- -10 -1115 205

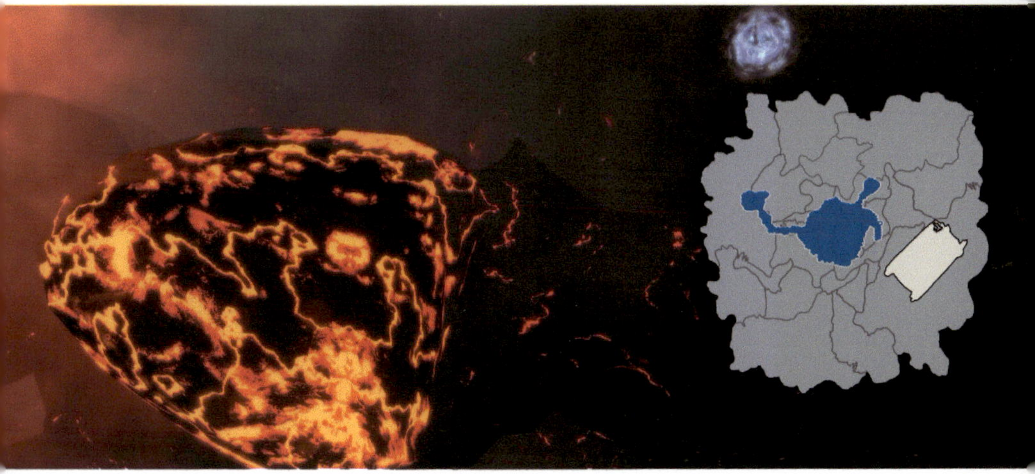

Da es in der Lava Zone sehr heiß ist, kann man hier alle Arten von Wärmeenergie sehr effizient nutzen:

- Wärmekraftwerke für Basen
- Wärmereaktoren für Zyklop und Krebs

Damit stellen selbst die Lavalarven kein Problem mehr da.

Lava Lakes

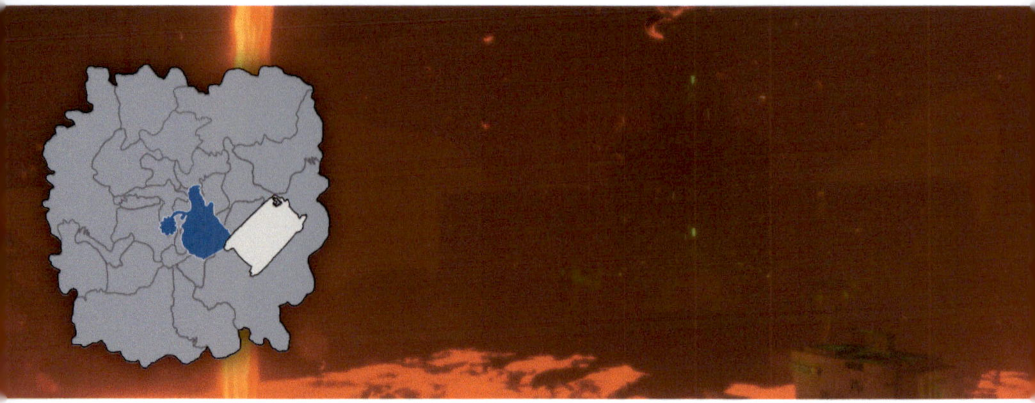

Tiefenregion: 1300 - 1500 m

Kurzbeschreibung: Die *Lava Lakes* sind ein Gebiet, das von der *Inactive Lava Zone* aus betreten werden kann und sogar noch höhere vulkanische Aktivität aufweist. Es ist nicht nur das tiefstgelegendste Biom, sondern mit einer Umgebungstemperatur von bis zu 75° auch das heißeste. Im Herzen der Lava Lakes befindet sich die *Primary Containment Facility* – ein zentraler Ort in der Geschichte von Subnautica.

Gefahren: Die Gefahren in den *Lava Lakes* entsprechen im Großen und Ganzen denen der *Inactive Lava Zone*, allerdings ist mehr Lava vorhanden und drei *Seedrachen* bewachen das Gebiet.

Ressourcen:

- Kristalliner Schwefel
- Kyanit

Interessante Orte:

Primary Containment Facility:

- 200 -1440 -222

Wie in der Lava Zone sind hier Wärmereaktoren und Wärmekraftwerke eine gute Anschaffung.

Mountain Island

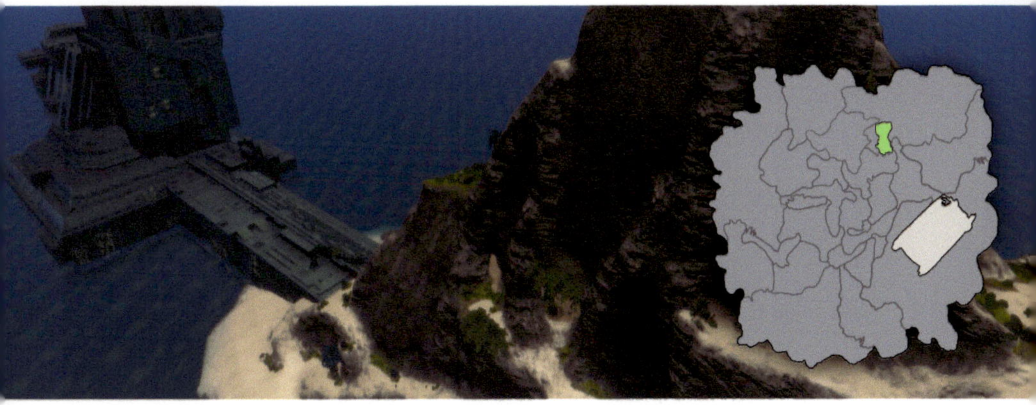

Deutscher Name: Gebirgsinsel

Tiefenregion: Über dem Meeresspiegel

Kurzbeschreibung: Die *Mountain Island* ist eine große Insel im Norden der Karte, auf der die *Precursor* vor ca. 1000 Jahren die *Quarantine Enforcement Platform* errichteten.

Gefahren: Die einzigen gefährlichen Tiere auf der Insel sind *Höhlenkrabbler*, die du aber mit dem *Feldmesser* leicht erledigen kannst.

Auf der Insel befindet sich ein ausgedehntes Höhlensystem sowohl über als auch unter Wasser. In diesem Höhlensystem können zahlreiche Ressourcen und Tafeln der Außerirdischen entdeckt werden.

Ressourcen:

- Knollenbaumprobe
- Diamant
- Gold
- Blei
- Lithium
- Salzablagerungen

Interessante Orte:

Alienportal:

- 340 61 903

Floating Island

Deutscher Name: Schwebende/Schwimmende Insel

Tiefenregion: Über dem Meeresspiegel

Kurzbeschreibung: Die *Floating Island* ist eine Insel, die nicht mit dem Meeresboden (oder Kontinentalplatten allgemein) verbunden ist, sondern von uralten *Schwebern* angehoben auf der Meeresoberfläche treibt. Sie beherbergt viele nützliche Pflanzen wie den *Laternenbaum*, die *Marmormelone* und *Chinesische Kartoffeln*.

Gefahren: Ähnlich zur *Mountain Island* finden sich hier ausschließlich *Höhlenkrabbler*, die kein allzu großes Problem darstellen sollten.

Ressourcen:

- Lithium
- Schieferablagerungen
- Salzvorkommen

Interessante Orte:

Ruinen von Degasi Basen

- -800, 80, -1055
- -705 80 -1165
- -760, 15, -1115

Alienportal:

- 750 -285 1020
- 463 -165 1353

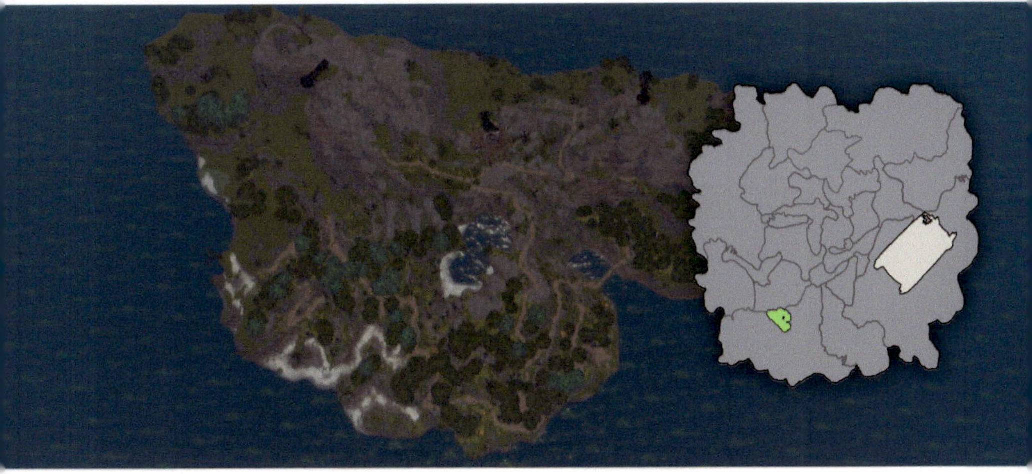

Fragmente:

Flutlicht	Lebende Wand
Außenbeetkasten	Mehrzweckraum
Innenbeetkasten	Schott
Schreibtisch	Drehstuhl
Kompositpflanztopf	

Aurora

Tiefenregion: Über dem Meeresspiegel

Kurzbeschreibung: Die Aurora ist ein Raumschiff der Iterra Corporation, an Bord dessen man sich zu Beginn des Spieles befindet und seinen Absturz miterlebt. Im späteren Spielverlauf stellt sich heraus, dass das Schiff von einer großen Waffe auf dem Planeten 4546B bewusst abgeschossen wurde (Siehe Quarantine Enforcement Platform). Die Rettungskapsel 5 des Spielers ist die einzige die ordnungsgemäß das Leben ihres Insassen rettet.

Etwa zwei Stunden nach dem Absturz explodiert der radioaktive Antriebskern der Aurora und verstrahlt damit alle umliegenden Gebiete. Im Umkreis und an Bord des Schiffes sind große Mengen Metallschrott und zahlreiche Fragmente zu finden.

Gefahren: Innerhalb der Aurora trifft man nur auf Höhlenkrabbler, außerhalb und im Wasser tummeln sich auch Bluter und Reaper-Leviathane aus der umliegenden Crash Zone. Aufgrund der Brände an Bord des Schiffes lohnt es sich außerdem auch, einen Feuerlösche parat zu haben. Eine weitere Gefahr geht von herabstürzenden Trümmerteilen aus.

Ressourcen:

- Metallschrott
- Titan
- Batterien

Datenbankeinträge-Checkliste:

Verwaltungsbüro / Administration Office	■ 977 41 84 ■ 946 43 115 ■ 952 42 114
Frachtraum 3	■ 955 13 3
Seemotten-Raum	■ 907 0 15
Labor	■ 1041 -10 -3 ■ 1034 -8 17 ■ 1032 -6 33

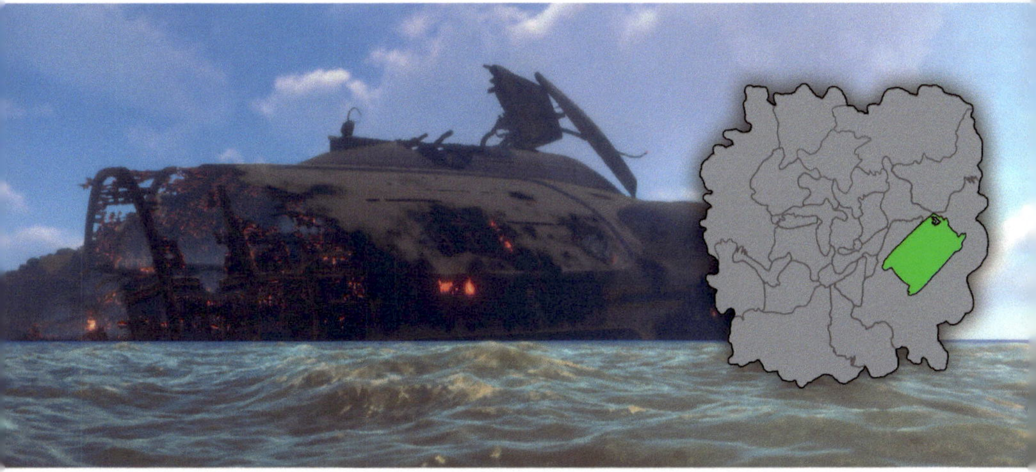

Wohnräume	967 12 -47 951 13 -51 965 12 -61 986 10 -49
Kapitänsquartier	975 12 -77 972 12 -69
Umkleideraum	952 -3 -23 952 -2 -34

Fragmente:

Flutlicht	Sitzbank
Einzelwandregal	Wandregal
Doppelbett	Einzelbett
Schreibtisch	Drehstuhl
Kommandostuhl	Mülleimer
Glastisch	Verkaufsautomat
Labortisch	Schubkanone
KREBS Anzug	Zyklop-Triebwerk
Seemotte	

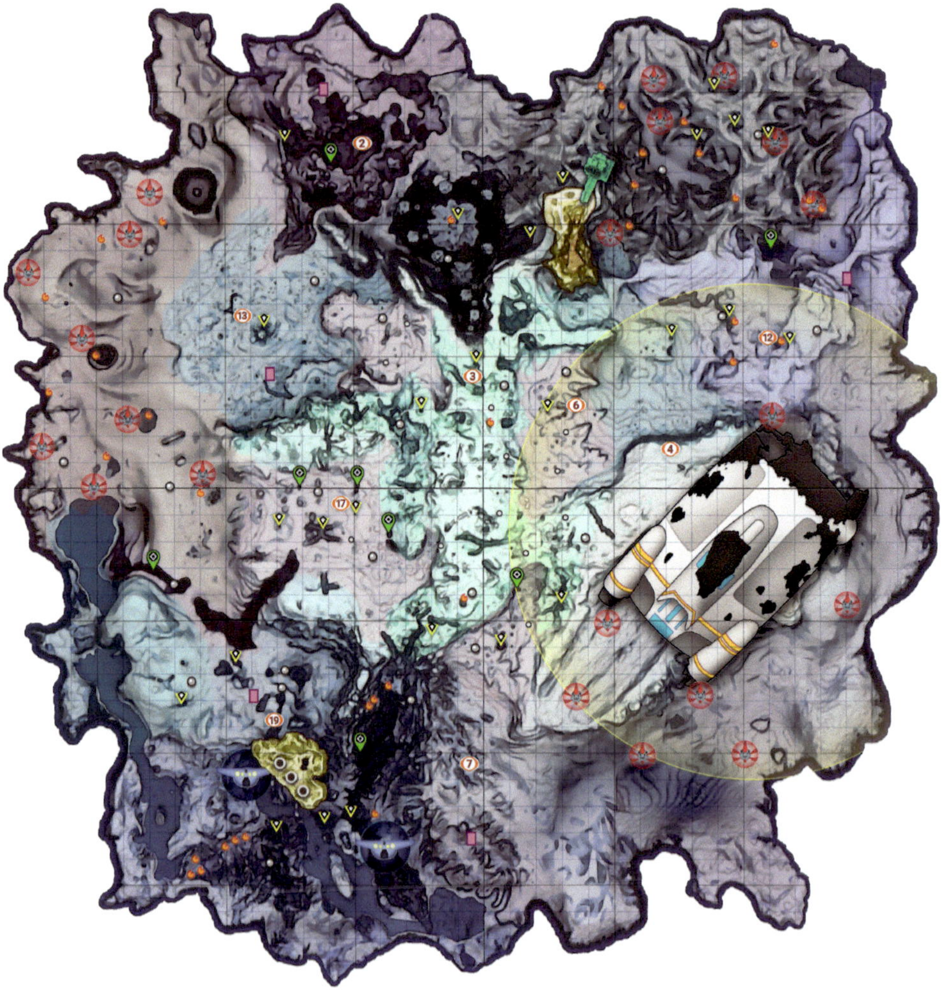
2
13
3
6
12
4
17
19
7

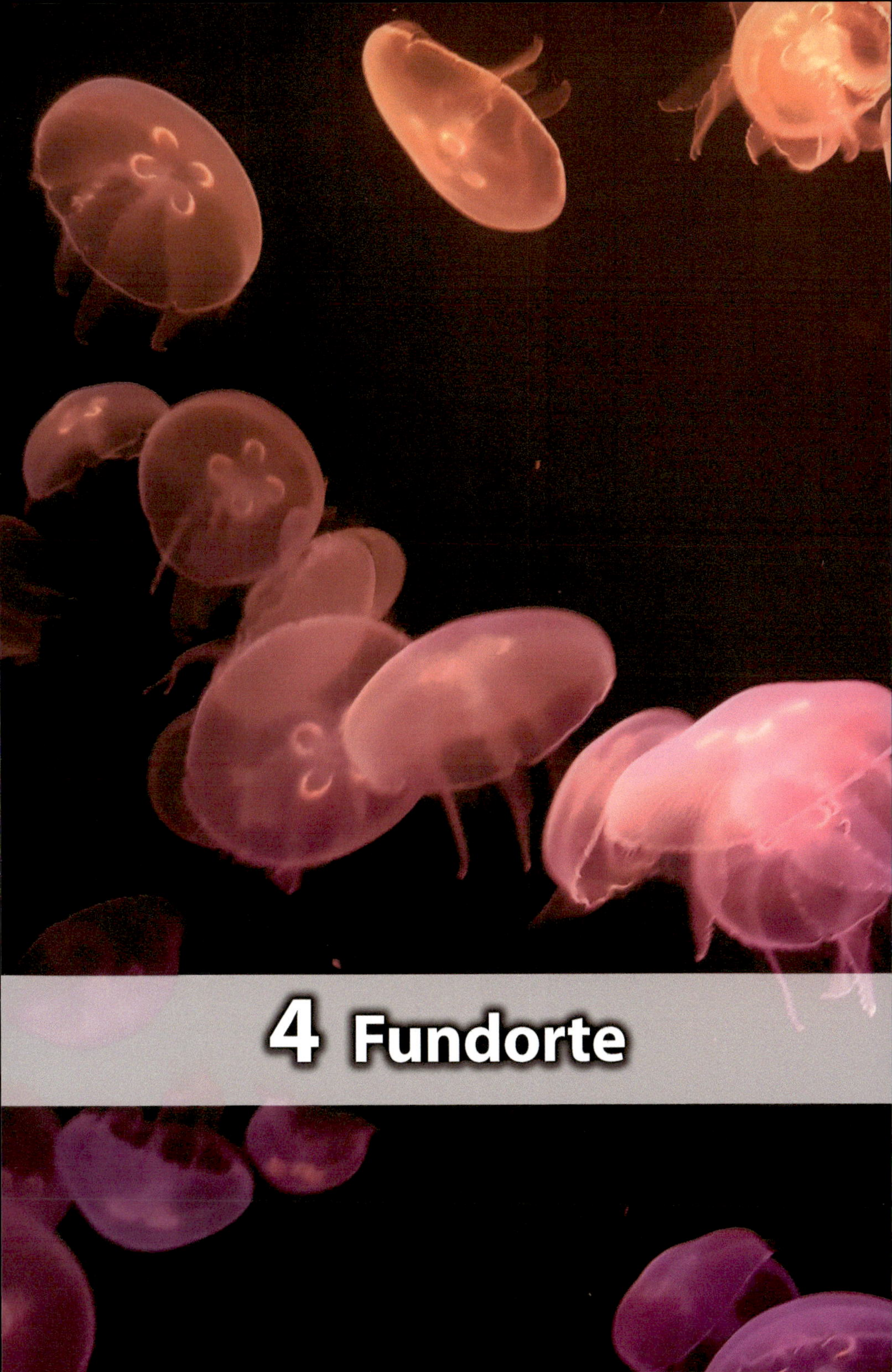

4 Fundorte

4.1 Fundorte große Wracks

Wracks findest du in fast jedem Biom. Es sind abgesprengte Stücke der Aurora. In und um die Wracks kannst du immer viele Fragmente und Einrichtungsteile zum Scannen finden. Auch Datenboxen, PDAs und Versorgungskisten sind bei Wracks zu finden. In die großen Wracks kannst oft hineinschwimmen. Nimm einen Laserschneider mit, um verschlossene Türen aufschneiden zu können. Eine Taschenlampe hilft dir dabei, dich besser zurechtzufinden.

Safe Shallows

Wrack 15

Koordinaten:	-40 -14 -400	**Cheat**:	goto wreck15
PDAs:	1	**Vers.-Kisten:**	–
Datenboxen:	–		
Fragmente:	Signalboje, Gravitationsfalle, Mobile Fahrzeugstation, Seegleiter, Stasegewehr		
Einrichtung:	Drehstuhl, Kommandostuhl, Schreibtisch		

Wrack 16

Koordinaten:	366 -6 -203	**Cheat**:	goto wreck16
PDAs:	0	**Vers.-Kisten:**	1
Datenboxen:	–		
Fragmente:	Signalboje, Gravitationsfalle, Mobile Fahrzeugstation, Seegleiter, Stasegewehr		
Einrichtung:	Drehstuhl, Kommandostuhl, Schreibtisch		

Kelp Forest

Wrack 17

Koordinaten:	65 -25 385	Cheat:	goto wreck17
PDAs:	1	Vers.-Kisten:	–
Datenboxen:	–		
Fragmente:	Gravitationsfalle, Mobile Fahrzeugstation		
Einrichtung:	Schreibtisch, Drehstuhl, Flutlicht, Sitzbank		

Wrack 18

Koordinaten:	-320 -57 252	Cheat:	goto wreck18
PDAs:	–	Vers.-Kisten:	–
Datenboxen:	Kompass		
Fragmente:	Signalboje, Bioreaktor, Gravitationsfalle, Mobile Fahrzeugstation, Seegleiter, Stasegewehr		
Einrichtung:	Drehstuhl, Schreibtisch		

Grassy Plateau

Wrack 1

Koordinaten:	286 -72 444	Cheat:	goto wreck1
PDAs:	–	Vers.-Kisten:	1
Datenboxen:	Leichte Tauchflasche mit hoher Kapazität, Fahrzeugmodifizierungsstation		
Fragmente:	Batterieladestation, Bioreaktor, Mobile Fahrzeugstation, Laserschneider, Lichtstab, Modifizierungsstation, Seemotte, Scannerraum, Schubkanone		
Einrichtung:	Flutlicht, Sitzbank, Bilderrahmen, Normaler Pflanztopf, Schöner Pflanztopf, Kompositpflanztopf, Poster - Natural Selection II		

Wrack 2

Koordinaten:	-635 -50 -2	**Cheat:**	goto wreck2
PDAs:	2	**Vers.-Kisten:**	1
Datenboxen:	–		
Fragmente:	Batterieladestation, Bioreaktor, Mobile Fahrzeugstation, Laserschneider, Krebsanzug-Greifarm, Seemotte, Scannerraum, Schubkanone		
Einrichtung:	Datenkonsole, Sitzbank, Drehstuhl, Kommandostuhl, Schreibtisch, Flutlicht, Bilderrahmen, Poster - Natural Selection II		

Wrack 12

Koordinaten:	-390 -120 648	**Cheat:**	goto wreck12
PDAs:	–	**Vers.-Kisten:**	1
Datenboxen:	–		
Fragmente:	Batterieladestation, Bioreaktor, Mobile Fahrzeugstation, Laserschneider, Modifizierungsstation, Seemotte, Schubkanone		
Einrichtung:	Drehstuhl, Schreibtisch		

Wrack 13

Koordinaten:	-15 -96 -624	**Cheat:**	goto wreck13
PDAs:	1	**Vers.-Kisten:**	1
Datenboxen:	Ultragleitfähige Schwimmflossen		
Fragmente:	Batterieladestation, Bioreaktor, Mobile Fahrzeugstation, Laserschneider, Modifizierungsstation, Seemotte, Scannerraum, Schubkanone		
Einrichtung:	Glastisch, Drehstuhl, Kommandostuhl, Schreibtisch, Flutlicht		

Wrack 14

Koordinaten:	-432 -90 -268	Cheat:	goto wreck14
PDAs:	–	Vers.-Kisten:	1
Datenboxen:	Leichte Tauchflasche mit hoher Kapazität		
Fragmente:	Batterieladestation, Signalboje, Bioreaktor, Mobile Fahrzeugstation, Laserschneider, Scannerraum, Schubkanone		
Einrichtung:	Drehstuhl, Kommandostuhl, Schreibtisch		

Mushroom Forest (Nord-West)

Wrack 9

Koordinaten:	-645 -120 773	Cheat:	goto wreck9
PDAs:	1	Vers.-Kisten:	–
Datenboxen:	Zyklop Wärmekraftwerk, Fahrzeugmodifizierungsstation		
Fragmente:	Zyklop-Brückenbauplan, Zyklop-Rumpfbauplan, Lichtstab, Modifizierungsstation, Energiezellenladestation		
Einrichtung:	Sitzbank, Kommandostuhl, Schreibtisch, Bürostuhl,Komposit Pflanztopf, Bilderrahmen, Wandpflanztopf, Flutlicht		

Underwater Islands

Wrack 4

Koordinaten:	-102 -179 860	Cheat:	goto wreck4
PDAs:	–	Vers.-Kisten:	1
Datenboxen:	Lebensform-Zuchtbehälter, Kreatur Tauschkörper, Zyklop Feuerlöschanlage, Schubkanone, Schwimmladeflossen,		
Fragmente:	Energiezellenladestation, Krebsanzug (Greifarm, Bohrerarm, Wurfhakenarm, Schubkanone), Stasegewehr, Schubkanone, Zyklop-Maschinenbauplan		
Einrichtung:	Schreibtisch, Kommandostuhl, Bürostuhl, Drehstuhl, Bilderrahmen, Flutlicht, schöner Pflanztopf, Kompositpflanztopf		

Sparse Reef

Wrack 20

Koordinaten:	-787 -208 -713	**Cheat:**	goto wreck20
PDAs:	–	**Vers.-Kisten:**	1
Datenboxen:	Zyklop Feuerlöschanlage, Verstärkter Taucheranzug, Fahrzeugmodifizierungsstation		
Fragmente:	Bioreaktor, Lichtstab, Modifizierungsstation, Tauchdock, Energiezellenladestation, Krebsanzug-Torpedoarm, Wärmekraftwerk		
Einrichtung:	Schreibtisch, Bürostuhl, Kommandostuhl, Sitzbank, Flutlicht, Mikroskop, Probemessgerät, Kleiner Glasbehälter		

Grand Reef

Wrack 10

Koordinaten:	-290 -222 -773	**Cheat:**	goto wreck10
PDAs:	1	**Vers.-Kisten:**	–
Datenboxen:	Zyklop Tiefenmodul Stufe 1, Trockendock Reparaturmodul, Schubkanone		
Fragmente:	Tauchdock, Krebsanzug-Bohrerarm, Krebsanzug-Wurfhakenarm, Scannerraum, Wärmekraftwerk		
Einrichtung:	Schreibtisch, Bürostuhl, Kommandostuhl, Sitzbank		

Wrack 11

Koordinaten:	-865 -430 -1390	**Cheat:**	goto wreck11
PDAs:	1	**Vers.-Kisten:**	1
Datenboxen:	Zyklop-(Täuschkörperschacht-Erweiterung, Sonarmodul, Wärmekraftwerk)		
Fragmente:	Tauchdock, Krebsanzug-Bohrerarm, Krebsanzug-Wurfhakenarm, Scannerraum, Wärmekraftwerk		
Einrichtung:	Carry-all-Tasche, Schreibtisch, Bürostuhl, Kommandostuhl, Drehstuhl, Doppelbett, Abfalleimer, Wandregal, Wandpflanztopf, Blaues Cap		

Blood Kelp Zone (Graben)

Wrack 8

Koordinaten:	-1208 -332 -390	**Cheat**:	goto wreck8
PDAs:	1	**Vers.-Kisten:**	–
Datenboxen:	Zyklop Feuerlöschanlage, Zyklop-Sonarmodul		
Fragmente:	Tauchdock, Kernreaktor, Scannerraum, Krebsanzug (Wurfhakenarm, Torpedoarm, Bohrerarm)		
Einrichtung:	Schreibtisch, Kommandostuhl, Sitzbank, Flutlicht, Komposit Pflanztopf		

Sea Trader's Path

Wrack 7

Koordinaten:	-1131 -166 -729	**Cheat**:	goto wreck7
PDAs:	1	**Vers.-Kisten:**	–
Datenboxen:	Zyklop Täuschkörperschacht-Erweiterung, Zyklop Trockendock-Reparaturmodul, Zyklop-Schildgenerator		
Fragmente:	Kernreaktor, Krebsanzug, Krebs-Schubkanone, Zyklop-(Brückenbauplan, Rumpfbauplan)		
Einrichtung:	Schreibtisch, Kommandostuhl, Drehstuhl, Sitzbank, Flutlicht, Bilderrahmen, Komposit Pflanztopf, Wandpflanztopf		

Bulb Zone

Wrack 3

Koordinaten:	929 -198 593	**Cheat**:	goto wreck3
PDAs:	1	**Vers.-Kisten:**	1
Datenboxen:	Zyklop-Sonarmodul, Leichte Tauchflasche mit hoher Kapazität, Verstärkter Tauchanzug		
Fragmente:	Scannerraum, Modifizierungsstation, Stasegewehr, Energietransmitter		
Einrichtung:	Schreibtisch, Kommandostuhl, Pflanztöpfe, Beetkästen, Flutlicht		

Wrack (keine Nr.)

Koordinaten:	1309 -215 570	**Cheat**:	warp 1309 -215 570
PDAs:	–	**Vers.-Kisten:**	1
Datenboxen:	Lebensform-Zuchtbehälter, Destillanzug		
Fragmente:	Lichtstab, Modifizierungsstation, Energietransmitter, Scannerraum, Stasegewehr		
Einrichtung:	Wasserfiltermaschine, Carry-all-Tasche, Glastisch, Schreibtisch, Bürostuhl, Drehstuhl, Wandregale, Verkaufsautomat, Pflanztöpfe		

Mountains

Wrack 5

Koordinaten:	701 -346 1224	**Cheat**:	goto wreck5
PDAs:	–	**Vers.-Kisten:**	1
Datenboxen:	Lebensform-Zuchtbehälter, Zyklop-Wärmekraftwerk, Destillanzug		
Fragmente:	Lichtstab, Modifizierungsstation, Tauchdock, Kernreaktor, Zyklop-Maschinenbauplan, Krebsanzug (Greifarm, Wurfhakenarm, Schubkanone, Torpedoarm)		
Einrichtung:	Datenkonsole, Sitzbank, Schreibtisch, Kommandostuhl, Bürostuhl, Flutlicht, Bilderrahmen, Pflanztöpfe, Wandregale, Doppelbetten		

Wrack 19

Koordinaten:	1057 -254 1359	**Cheat**:	goto wreck19
PDAs:	–	**Vers.-Kisten:**	–
Datenboxen:	Zyklop Täuschkörperschacht-Erweiterung, Zyklop Trockendock-Reparaturmodul		
Fragmente:	Tauchdock, Kernreaktor, Krebsanzug (Greifarm, Schubkanone, Torpedoarm), Zyklop-Maschinenbauplan		
Einrichtung:	Schreibtisch, Kommandostuhl, Flutlicht		

Dunes

Wrack 6

Koordinaten:	-1448 -332 723	**Cheat**:	goto wreck6
PDAs:	1	**Vers.-Kisten:**	1
Datenboxen:	Zyklop Tiefenmodul Stufe 1, Zyklop Schildgenerator, Tauchflasche mit ultrahoher Kapazität		
Fragmente:	Tauchdock, Energiezellenladestation, Krebs-Bohrerarm, Wärmekraftwerk		
Einrichtung:	Schreibtisch, Kommandostuhl, Drehstuhl, Sitzbank, Flutlicht		

Wrack (keine Nr.)

Koordinaten:	-1632 -334 83	**Cheat**:	warp -1632 -334 83
PDAs:	–	**Vers.-Kisten:**	1
Datenboxen:	Destillanzug		
Fragmente:	Tauchdock, Energiezellenladestation, Krebsanzug-Bohrerarm, Krebsanzug-Wurfhakenarm, Wärmekraftwerk		
Einrichtung:	Wasserfiltermaschine, Glastisch, Wandregale		

Wrack (keine Nr.)

Koordinaten:	-1210 -217 7	**Cheat**:	warp -1210 -217 7
PDAs:	–	**Vers.-Kisten:**	1
Datenboxen:	Verstärkter Tauchanzug, Fahrzeugmodifizierungsstation		
Fragmente:	Tauchdock, Energiezellenladestation, Krebsanzug-Bohrerarm, Krebsanzug-Wurfhakenarm, Wärmekraftwerk		
Einrichtung:	Atommüll-Behälter, Probemessgerät, Mikroskop, Verkaufsautomat, Kaffeeautomat, Normaler Pflanztopf, Schöner Pflanztopf, Wandreale, Sitzbank, Drehstuhl, Caps		

4.2 Kleine Wrackteile

Kleine Wrackteile sind nur in den *Safe Shallows* und *Grassy Plateaus* zu finden. Man findet dort auch nur *Fragmente* und *Einrichtungsgegenstände*.

Safe Shallows

Wrackteile 36

Koordinaten:	20 -10 300	**Cheat:**	goto scatter36
Fragmente:	Signalboje, Gravitationsfalle		
Einrichtung:	Abfalleimer		

Wrackteile 37

Koordinaten:	310 -23 -119	**Cheat:**	goto scatter37
Fragmente:	Signalboje, Gravitationsfalle, Seegleiter		
Einrichtung:	Kaffeeautomat		

Wrackteile 38

Koordinaten:	65 -10 -85	**Cheat:**	goto scatter38
Fragmente:	Signalboje, Gravitationsfalle, Seegleiter		
Einrichtung:	–		

Wrackteile 39

Koordinaten:	90 -20 120	**Cheat:**	goto scatter39
Fragmente:	Seegleiter, Gravitationsfalle		
Einrichtung:	–		

Wrackteile 40

Koordinaten:	-160 -20 -225	**Cheat**:	goto scatter40
Fragmente:	Signalboje, Gravitationsfalle, Seegleiter		
Einrichtung:	–		

Wrackteile 41

Koordinaten:	175 -23 -253	**Cheat**:	goto scatter41
Fragmente:	Signalboje, Gravitationsfalle, Seegleiter		
Einrichtung:	Mikroskop, Flüssigkeiten-Messgerät, Verkaufsautomat, Abfalleimer		

Grassy Plateaus

Wrackteile 31

Koordinaten:	-370 -100 475	**Cheat**:	goto scatter31
Fragmente:	Bioreaktor, Scannerraum, Seemotte		
Einrichtung:	–		

Wrackteile 32

Koordinaten:	165 -86 -520	**Cheat**:	goto scatter32
Fragmente:	Bioreaktor, Seemotte		
Einrichtung:	–		

Wrackteile 33

Koordinaten:	-520 -90 -215	**Cheat**:	goto scatter33
Fragmente:	Bioreaktor, Scannerraum, Seemotte		
Einrichtung:	Verkaufsautomat		

Wrackteile 34

Koordinaten:	322 -90 222	**Cheat**:	goto scatter34
Fragmente:	Bioreaktor, Seemotte		
Einrichtung:	Glastisch, Abfalleimer		

Wrackteile 35

Koordinaten:	270 -85 70	**Cheat**:	goto scatter35
Fragmente:	Bioreaktor, Seemotte		
Einrichtung:	Atommüll-Behälter		

Wrackteile 42

Koordinaten:	-284 -93 606	**Cheat**:	goto scatter42
Fragmente:	Bioreaktor, Scannerraum		
Einrichtung:	–		

4.3 Rettungskapseln

Man kann außer seiner eigenen Rettungskapsel Nr. 5 noch 9 weitere verlassene *Rettungskapseln* finden. Meist erfährt man durch einen *PDA* was mit seinen Insassen geschehen ist und erhält dadurch weitere Tipps zur Erforschung der Umgebung.

Rettungskapsel 2

Koordinaten:	-489 -500 -1328	**Cheat**:	goto escapepod29
Biom:	Blood Kelp Zone		
Fundstücke:	PDA, Datenbox: Zyklop Tiefenmodul MK1		

Rettungskapsel 3

Koordinaten:	-21 -18 410	**Cheat**:	goto escapepod28
Biom:	Kelp Forest		
Fundstücke:	PDA, Seegleiter Fragment, Datenbox: Kompass		

Rettungskapsel 4

Koordinaten:	717 -7 161	**Cheat**:	goto escapepod27
Biom:	Crash Zone		
Fundstücke:	PDA, Erste Hilfe Kit, Datenbox: Kreatur Tauschkörper		

Rettungskapsel 6

Koordinaten:	363 -110 309	**Cheat**:	goto escapepod25
Biom:	Grassy Plateaus		
Fundstücke:	PDA, Datenbox: Ultragleitfähige Schwimmflossen, 2x Leuchtfackeln, Blei		

Rettungskapsel 7

Koordinaten:	-55 -179 -1039	**Cheat**:	goto escapepod23
Biom:	Crag Field		
Fundstücke:	PDA, Dekoration(Mikroskop, runder Glasbehälter, Spielzeugauto, "Markiplier"-Figur, Graues Cap)		

Rettungskapsel 12

Koordinaten:	1117 -268 568	**Cheat**:	goto escapepod26
Biom:	Bulb Zone		
Fundstücke:	PDA, Datenbox: Schubkanone		

Rettungskapsel 13

Koordinaten:	-919 -177 508	**Cheat**:	goto escapepod24
Biom:	Nordwestlicher Mushroom Forest		
Fundstücke:	PDA, Datenbox: Ultragleitfähige Schwimmflossen		

Rettungskapsel 17

Koordinaten:	-510 -91 -45	**Cheat**:	goto escapepod21
Biom:	Grassy Plateaus		
Fundstücke:	PDA, Seemotten Fragment		

Rettungskapsel 19

Koordinaten:	-808 -298 -873	**Cheat**:	goto escapepod30
Biom:	Deep Sparse Reef		
Fundstücke:	PDA, Datenbox: Tauchflasche mit ultrahoher Kapazität		

4.4 Degasi Basen

Die Überlebenden der *Degasi* haben mehrere Basen auf dem Land und unter Wasser errichtet. Die dort gefundenen *PDAs* erzählen die Geschichte der drei Überlebenden. Außerdem sind diese Basen eine gute Quelle für viele *Baupläne* und wichtige *Pflanzensamen*.

Hier findest du die Überreste ihrer Basen:

Floating Island

Hauptbasis 1

Koordinaten:	-800, 80, -1055	**Cheat**:	goto base1
PDAs:	4	**Vers.-Kisten:**	2
Datenboxen:	Ultragleitfähige Schwimmflossen		
Fragmente:	Stasegewehr		
Einrichtung:	Violettes Artefakt, Schott, Scheinwerfer, lebende Wand, Außenbeetkasten, Mehrzweckraum		

Basis 1 - Ausguck 1

Koordinaten:	-760, 15, -1115	**Cheat**:	goto base1a
PDAs:	1	**Vers.-Kisten:**	1
Datenboxen:	–		
Fragmente:	Stasegewehr, Observatorium		
Einrichtung:	Innenbeetkasten, Schott, Scheinwerfer,		

Basis 1 - Ausguck 2

Koordinaten:	-705, 80, -1165	**Cheat:**	goto base1b
PDAs:	1	**Vers.-Kisten:**	–
Datenboxen:	–		
Fragmente:	–		
Einrichtung:	Schreibtisch, Drehstuhl, Komposit-Pflanztopf, Schott, Scheinwerfer		

Jellyshroom Cave

Basis 2

Koordinaten:	112.8, -264.6, -359.9	**Cheat:**	goto base2
PDAs:	1	**Vers.-Kisten:**	
Datenboxen:	Tauchflasche mit ultrahoher Kapazität		
Fragmente:	Tauchdock, Mehrzweckraum, Observatorium, Energiezellenladestation, Batterieladestation, Kernreaktor, Stasegewehr, Wärmekraftwerk, Wasserfiltermaschine, Modifizierungsstation		
Einrichtung:	Schreibtisch, Drehstuhl, lebende Wand, Scheinwerfer, Doppelbett		

Deep Grand Reef

Basis 3

Koordinaten:	-680 -515 -941	**Cheat:**	goto base3
PDAs:	1	**Vers.-Kisten:**	1
Datenboxen:	Zyklop-Schildgenerator, Schwimmladeflossen		
Fragmente:	Lebensform-Zuchtbehälter, Mehrzweckraum, Atommüll-Behälter, Observatorium,		
Einrichtung:	Orangenes Artefakt, Carry-all-Tasche, Flüssigkeiten-Messgerät, Probemessgerät, Mikroskop, kleiner Glasbehälter, Schreibtisch, Drehstuhl, Kommandostuhl, Kaffeemachine, Einzelbett, Doppelbett, Bilderrahmen		

4.5 Basen der Außerirdischen

Die Precursor-Aliens haben mehrere Basen, Lager und Teleporter-Portale auf Planet 4546B errichtet. Die Haupt-Teleporter musst du zuerst mit einem Ionenwürfel aktivieren, ehe du sie nutzen kannst.

Hauptbasen der Precursor

Quarantäne-Vollstreckungplattform

Koordinaten:	375 8 1106	**Cheat:**	goto gun goto gunTauchdock goto gun_Elevator_Enter goto gun_Elevator_Exit
Biom:	Gebirgsinsel		
Beschreibung:	Fremdartiges Gewehr (nicht aufsammelbar), Weltenvernichter (nicht aufsammelbar), 3 Ionenwürfel, Alienportal, violette Tafel, Plattform zum Deaktivieren der Quarantänewaffe (nur benutzbar wenn nicht mehr von Khaara infiziert)		

Kharaa Forschungseinrichtung

Koordinaten:	-222 -788 326	**Cheat:**	goto lostriverbase
Biom:	Lost River		
Beschreibung:	Ionenwürfel, viele interessante Datenobjekte zum Scannen		

Wärmekraftwerk

Koordinaten:	-49 -1206 66	**Cheat:**	goto lavacastlebase goto lavacastlebaseinside
Biom:	Inactive Lava Zone		
Beschreibung:	Mehrere Ionenwürfel, blaue Tafel, Baupläne für Ionenbatterie und Ionenenegiezelle		

Primary Containment Facility

Koordinaten:	200 -1440 -222	**Cheat:**	goto antechamber goto aquarium goto prison
Biom:	Active Lava Zone - Lava Lakes		
Beschreibung:	Mehrere Alien-Relikte (nicht aufsammelbar), unbegrenzt Ionenwürfel		

Lager und Schutzräume der Precursor

Lost River Labor

Koordinaten:	-1111 -685 -655	**Cheat:**	warp -1111 -685 -655
Biom:	Lost River		
Beschreibung:	3 Ionenwürfel, Knuddelfisch-Ei		

Schutzraum 1

Koordinaten:	-929 -287 -760	**Cheat:**	warp -929 -287 -760
Biom:	Deep Sparse Reef		
Beschreibung:	6 Ionenwürfel		

Schutzraum 2

Koordinaten:	-554 -534 1521	**Cheat:**	warp -554 -534 1521
Biom:	Blood Kelp Zone		
Beschreibung:	4 Ionenwürfel		

Schutzraum 3

Koordinaten:	-1187 -378 1130	**Cheat:**	warp -1187 -378 1130
Biom:	Dunes		
Beschreibung:	4 Ionenwürfel		

Precursor-Teleporter

Teleporter 1

Koordinaten:	340 61 900	**Cheat**:	goto mountainteleporter
Biom:	Mountain Island (Gebirgsinsel)		

Teleporter 2

Koordinaten:	-803 -227 409	**Cheat**:	goto mushroomforestteleporter
Biom:	Mushroom Forest		

Teleporter 3

Koordinaten:	-886 -612 1040	**Cheat**:	goto lostriverteleporter
Biom:	Lost River (Ghost Forest)		

Teleporter 4

Koordinaten:	-52 -296 -1401	**Cheat**:	goto cragfieldteleporter
Biom:	Crag Field		

Teleporter 5

Koordinaten:	-662 2-1050	**Cheat**:	warp -662 2 1050
Biom:	Floating Island		

Teleporter 6

Koordinaten:	1356 -301 693	**Cheat**:	warp 1356 -301 693
Biom:	Bulb Zone		

Teleporter 7

Koordinaten:	348 -92 1137	**Cheat**:	warp 348 -92 1137
Biom:	Mountain Island (Quarantine Enforcement Platform)		

Teleporter 8

Koordinaten:	463 -165 1353	**Cheat**:	warp 463 -165 1353
Biom:	Mountains		

Teleporter 9

Koordinaten:	336 -1434 -478	**Cheat**:	warp 463 -165 1353
Biom:	Lava Lakes / Primary Containment Facility (Tauchdock)		

Teleporter 10

Koordinaten:	-35 -1210 112	**Cheat**:	warp -35 -1210 112
Biom:	Inactive Lava Zone / Alien Wärmekraftwerk		

Teleporter 11, 12, 13, 14

Koordinaten:	327 -1429 -279 169 -1431 -367 357 -1430 -313 169 -1431 -367	**Cheat**:	warp 327 -1429 -279 warp 169 -1431 -367 warp 357 -1430 -313 warp 169 -1431 -367
Biom:	Lava Lakes / Primary Containment Facility		

Teleporter 15, 16

Koordinaten:	421 -1509 -628 273 -1568 -360	**Cheat**:	warp 421 -1509 -628 warp 273 -1568 -360
Biom:	Lava lakes / Primary Containment Facility Aquarium		

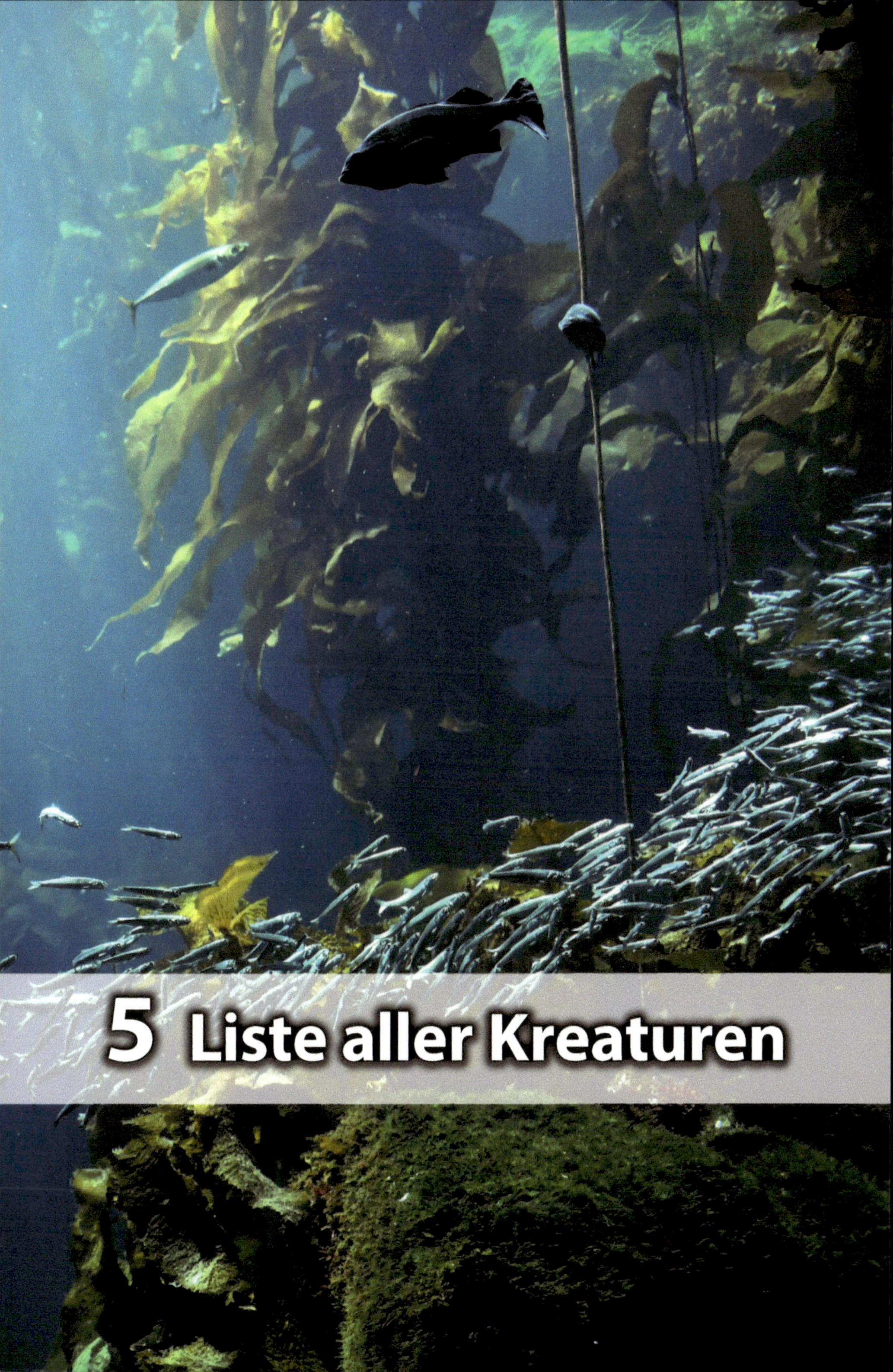

5 Liste aller Kreaturen

Augauge

Englischer Name: Eyeye

Kategorie	Pflanzenfresser
Verhalten	Passiv
Leben	30
Schaden	–
Aktiv während	Tag
Verwertbar	Ja
Inventar-Größe	1
Spawn-Befehl	spawn eyeye

	Nahrung	Wasser
Roh	10	0
Gepökelt	18	–2
Gekocht	18	10

Das Augauge ist ein relativ kleiner Fisch, der augenscheinlich aus einem einzigen großen Auge und vier bioluminiszenten, blauen Flossen besteht. Die Schuppenfarbe des Augauges ist ein dumpfes Grün.

Augaugen schwimmen die meiste Zeit über langsam und ziellos umher. Sie werden von anderen Fischen offenbar nicht besonders gemocht: Diese rammen Augaugen häufig, was sie verzweifelt durchs Wasser torkeln lässt, bis sie ihr Gleichgewicht wiederfinden.

Der Datenbankeintrag des Augauges erklärt, dass das Auge tatsächlich 80% der Gesamtmasse einnimmt.

Viele andere Arten sind mit dem Augauge verwandt, darunter z.B. *Reginald*, *Glubscher*, *Oculus* und natürlich das *Rote Augauge*.

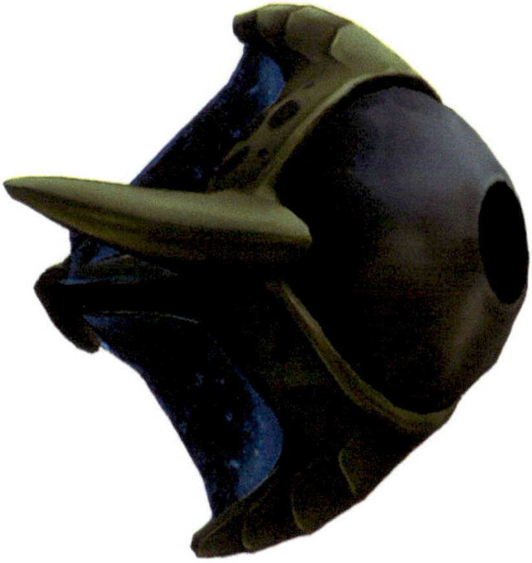

Lebensraum:

- Bulb Zone
- Bulb Zone Caves
- Crash Zone
- Dunes
- Grand Reef
- Jellyshroom Cave
- Kelp Forest
- Kelp Forest Caves
- Sea Treader's Path
- Sea Treader's Tunnel Caves

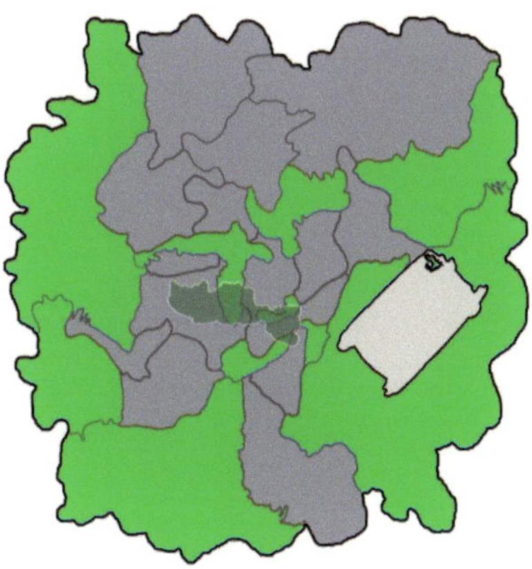

Beißer

Englischer Name: Biter

Kategorie	Fleischfresser
Verhalten	Aggressiv
Leben	10
Schaden	Biss: 7
Aktiv während	Tag und Nacht
Verwertbar	Nein
Inventar-Größe	–
Spawn-Befehl	spawn biter

Dieser rot-weiß-gefärbte Fisch verfügt über ein sehr piranha-ähnliches Gebiss. Der Auswuchs auf seinem Kopf dient nicht wie etwa bei einem Anglerfisch als Sehhilfe oder Lockmittel, sondern ist ein Organ, mit dem sich Körperflüssigkeiten (insb. Blut) im Wasser besser aufspüren lassen.

Beißer sind Fische, die selten allein unterwegs sind, sondern meistens in kleinen Gruppen von zwei oder drei Fischen. Aus diesem Grund funktioniert es nicht besonders gut, diesen aggressiven Fisch mit mitgebrachtem Essen aus der Hand abzulenken – denn die anderen Beißer im "Rudel" haben auch Hunger.

Eine eng verwandte Variante des Beißers ist der *Reißer*.

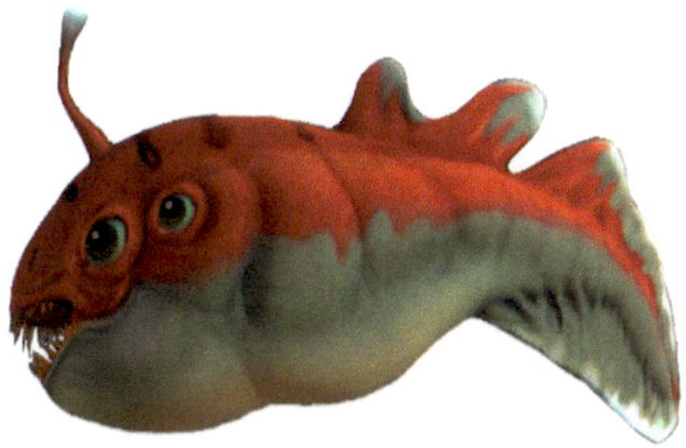

Lebensraum:

- Crash Zone Mesas
- Dunes
- Grassy Plateaus
- Jellyshroom Cave
- Mountains
- Mountain Range Caves

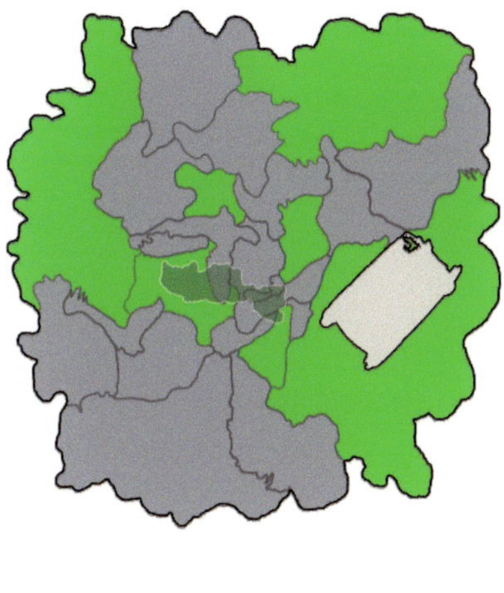

Blasenfisch

Englischer Name: Bladderfish

Kategorie	Pflanzenfresser
Verhalten	Passiv
Leben	30
Schaden	–
Aktiv während	Tag
Verwertbar	Ja
Inventar-Größe	1
Spawn-Befehl	spawn bladderfish

	Nahrung	Wasser	Sauerstoff
Roh	9	−4	15
Gepökelt	16	−2	0
Gekocht	16	4	0

Der Blasenfisch ist ein kleiner Fisch, der hauptsächlich für die Herstellung von Wasser genutzt wird. Sein Name kommt von den durchsichtigen Blasen, die oben und unten aus seinem dünnen roten Körper ragen, der mit grünen Punkten übersät ist. Die lila schimmernden Blasen bewegen sich wellenförmig mit dem Blasenfisch mit. Um sich fortzubewegen, zieht er die Blasen zusammen und bläst sie wieder auf. Er zeichnet sich außerdem durch einen ovalen hellorangenen Kopf mit großen Augen und ohne Mund aus.

Da er sehr langsam ist und kaum Fluchtreflexe zeigt, kann er leicht gefangen werden. Nachts verringert sich seine Geschwindigkeit sogar nochmal um die Hälfte.

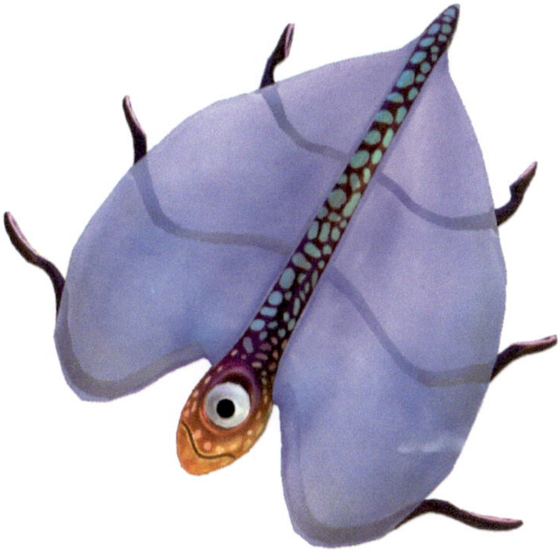

Lebensraum:

- Grand Reef
- Grassy Plateaus
- Kelp Forest
- Safe Shallows
- Mushroom Forest
- Safe Shallows
- Sea Treader's Path

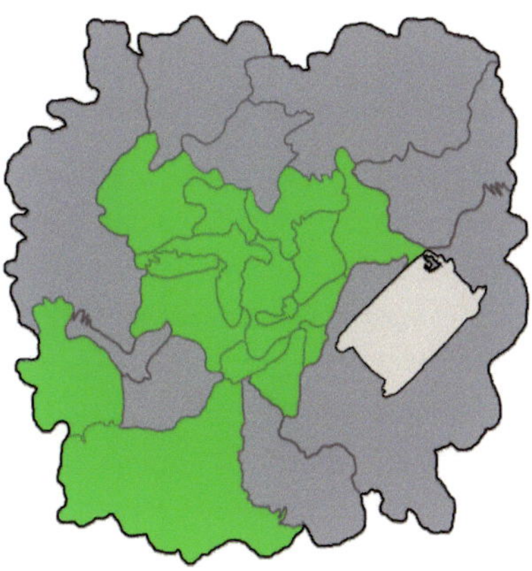

Bluter

Englischer Name: Bleeder

Kategorie	Parasit
Verhalten	Aggressiv
Leben	10
Schaden	Blutsaugen: 5
Aktiv während	Tag und Nacht
Verwertbar	Nein
Inventar-Größe	–
Spawn-Befehl	spawn bleeder

Der Bluter sieht aus wie eine Kreuzung aus Blutegel und Zecke. Er besitzt vier ausfahrbare blaue Tentakeln sowie vier Fangzähne, mit denen er sich an seiner Beute festbeißt. Sein Körper ist segmentiert und endet in einem durchsichtigen, aufgeblasenem Sack mit Flossen zu beiden Seiten. Dieser füllt sich bei Kontakt mit einem Opfer mit Blut. Zudem ziehen sich Reihen von blauen Ausbuchtungen seinen Körper entlang. Der Bluter strahlt einen biolumineszenten Schein aus.

Bluter greifen in Form eines Schwarms an und verfolgen den Spieler. Angezogen werden sie von Blut. Also Vorsicht: Wenn du einen Bluter tötest, erscheinen weitere! Sie hängen sich an den Arm des Spielers und beginnen, Blut zu saugen. Dies verringert auch das Nahrungslevel des Spielers, weshalb dieser verhungern kann. Um sich von den Fängen des Bluters zu befreien, musst du entweder mit deinem freien Arm auf ihn einschlagen – dies funktioniert mit Werkzeug und mit freier Hand – oder einfach eine gewisse Zeit lang schwimmen.

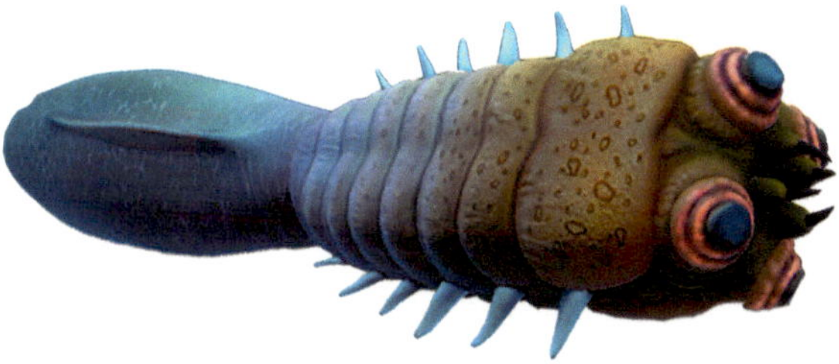

Lebensraum:

- Aurora
- Deep Sparse Reef
- Kelp Forest
- Kelp Forest Caves
- Lost River

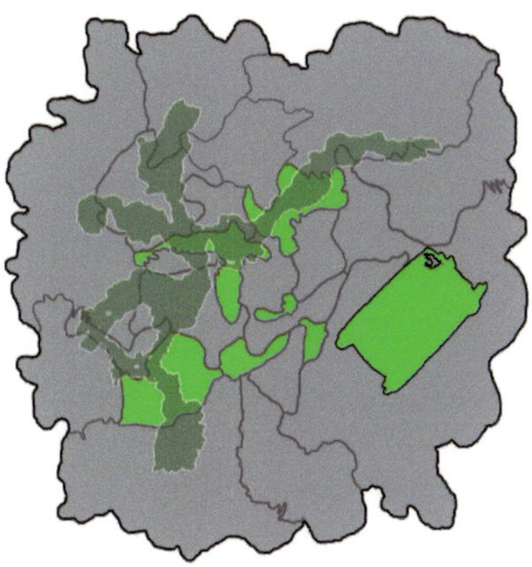

Blutkrabbler

Englischer Name: Blood Crawler

Kategorie	Parasit
Verhalten	Aggressiv
Leben	50
Schaden	Biss: 5
Aktiv während	Tag und Nacht
Verwertbar	Nein
Inventar-Größe	–
Spawn-Befehl	spawn shuttlebug

Der Blutkrabbler ist etwa genauso groß wie der *Höhlenkrabbler*, verfügt allerdings über längere Beine und eine höhere Geschwindigkeit. Die Beine überragen in ihrer Länge sogar den Spieler.

Blutkrabbler bewegen sich in der Regel in kleinen Gruppen, die den Spieler angreifen, sobald er ihnen zu nahe kommt.

Interessanterweise ist der Blutkrabbler eine der wenigen Kreaturen aus dem Lost River, denen die Immunität gegen die giftigen Schwefeldämpfe des Bioms fehlt. Das bedeutet, viele der Blutkrabbler sterben nahezu sofort, nachdem das Spiel sie in die Welt spawnt.

Besonders interessant ist der Debug-Name des Blutkrabblers: "shuttlebug". Der tatsächliche "shuttlebug" (deutsch: *Paddelkäfer*) trägt dahingegen den Debug-Namen "jumper". Also Achtung, wenn du einen Shuttlebug spawnen möchtest und "spawn shuttlebug" eingibst, wird dir stattdessen ein Blutkrabbler entgegenhüpfen!

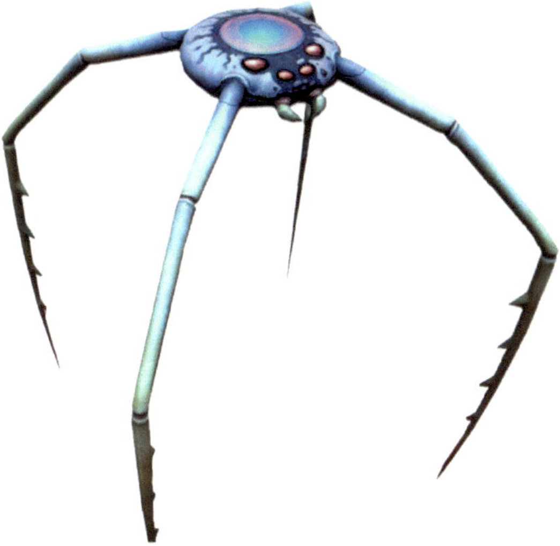

Lebensraum:

- Blood Kelp Caves
- Blood Kelp Zone
- Lost River

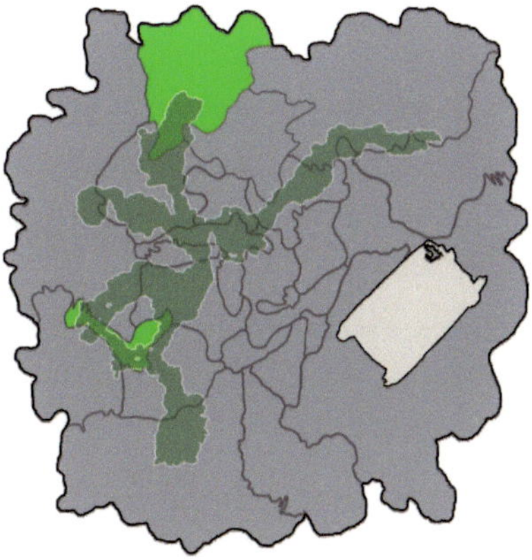

Bumerang

Englischer Name: Boomerang

Kategorie	Pflanzenfresser
Verhalten	Passiv
Leben	30
Schaden	–
Aktiv während	Tag
Verwertbar	Ja
Inventar-Größe	1
Spawn-Befehl	spawn boomerang

	Nahrung	Wasser
Roh	12	–8
Gepökelt	21	–2
Gekocht	21	3

Der Bumerang ist eine recht kleine Fischart, die mit 21 möglichen Aufenthaltsgebieten definitiv zu den am weitesten verbreiteten in Subnautica gehört. Der Name rührt von der Form des gelb-grünlichen Fisches, der obendrein ein sehr schneller Schwimmer ist.

Bumerange schwimmen für gewöhnlich in kleinen Gruppen (Schulen) und sind aufgrund ihrer Biolumineszenz an den Spitzen ihrer Flossen auch von weitem zu erkennen.

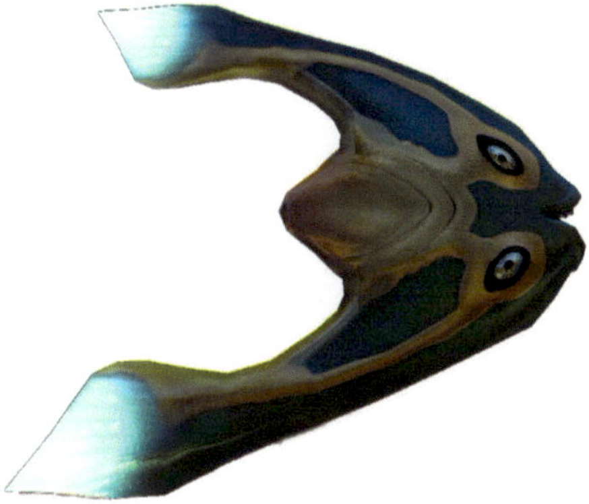

Lebensraum:

- Bulb Zone
- Crag Field
- Crash Zone
- Deep Grand Reef
- Dunes
- Grand Reef
- Grassy Plateaus
- Grassy Plateaus Caves
- Kelp Forest
- Kelp Forest Caves
- Mountain Caves
- Mountain Island
- Mountain Range Caves
- Mushroom Forest
- Safe Shallows
- Safe Shallows Caves
- Sea Treader's Path
- Sea Treader's Tunnel Caves
- Sparse Reef
- Underwater Islands
- Underwater Islands Caves
- Primary Containment Facility Aquarium

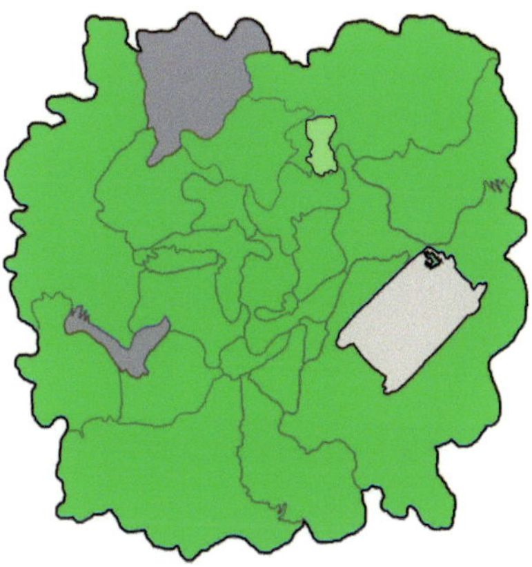

Flimmerflügel

Englischer Name: Mesmer

Kategorie	Fleischfresser
Verhalten	Aggressiv
Leben	100
Schaden	Beißen: 35
Aktiv während	Tag und Nacht
Verwertbar	Nein
Inventar-Größe	4 (2x2)
Spawn-Befehl	spawn mesmer

Flimmerflügel sind mitttelgroße schmetterlingsähnliche Fische, die durch das Wasser gleiten. Optisch wirken sie zwar harmlos, aber das sind sie ganz und gar nicht: Sie haben offenbar telepathische Fähigkeiten, mit denen sie Einfluss auf die Gedanken des Spielers nehmen können. Ist der Spieler so von einem Flimmerflügel hypnotisiert, hört er Nachrichten des PDAs, die ihn in die Fänge des Fisches locken sollen.

Kommt man ihm dann zu nahe, so öffnet sich der Kopf des Flimmerflügels und vier stielartige Zähne stoßen daraus hervor, die nach dem Spieler beißen. Nach einem erfolgreichen Angriff dreht die Kreatur ab und wartet auf eine erneute Angriffschance.

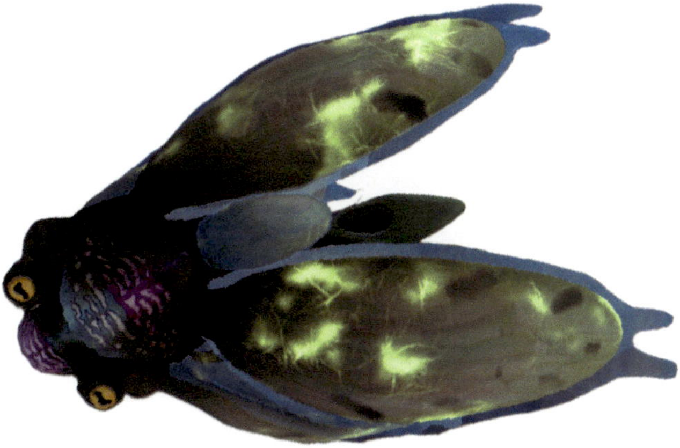

Lebensraum:

- Bulb Zone
- Crag Field
- Kelp Forest Caves
- Lost River (Bones Field)
- Mushroom Forest

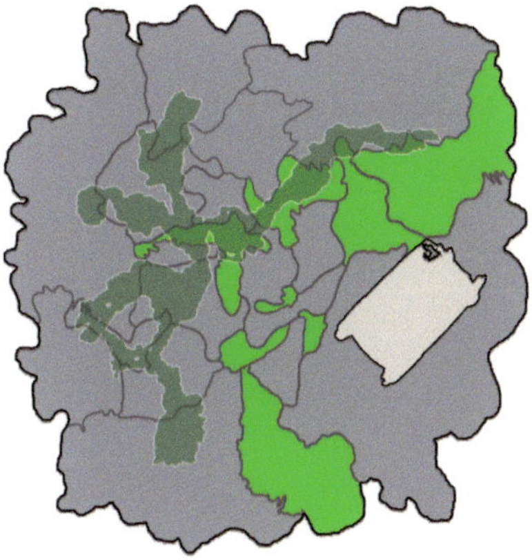

Flussstreuner

Englischer Name: River Prowler

Kategorie	Fleischfresser
Verhalten	Aggressiv
Leben	200
Schaden	Beißen: 30
Aktiv während	Tag und Nacht
Verwertbar	Nein
Inventar-Größe	–
Spawn-Befehl	spawn spineeel

Der Flussstreuner ist ein Fisch, dessen Körper mit Ausnahme des rötlichen Kopfes komplett transparent ist. Durch die Haut sind Teile der Wirbelsäule und Knochen des Fisches zu sehen – aber keine Organe.

Die vier Fühler des Flussstreuners dienen nicht nur der Dekoration – mit ihnen zieht er seine Beute näher zu sich.

In früheren Versionen des Spiels benutzte der Flussstreuner die selbe KI und die selben Soundeffekte wie der Knochenhai – sein früherer Name war sogar "Lost River Bone Shark".

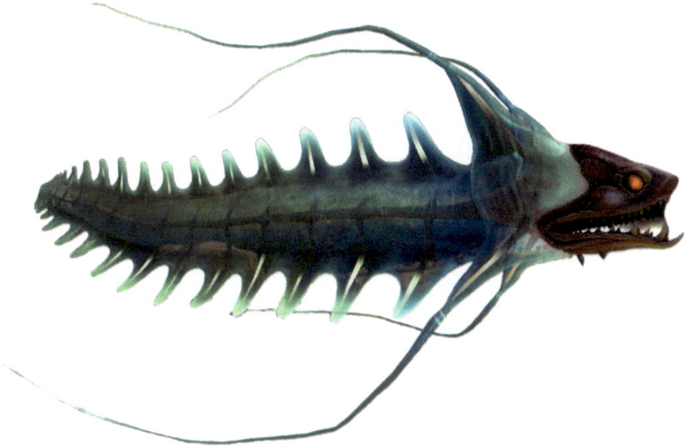

Lebensraum:

- Lost River
- Bones Field
- Ghost Forest
- Junction
- Mountains Corridor

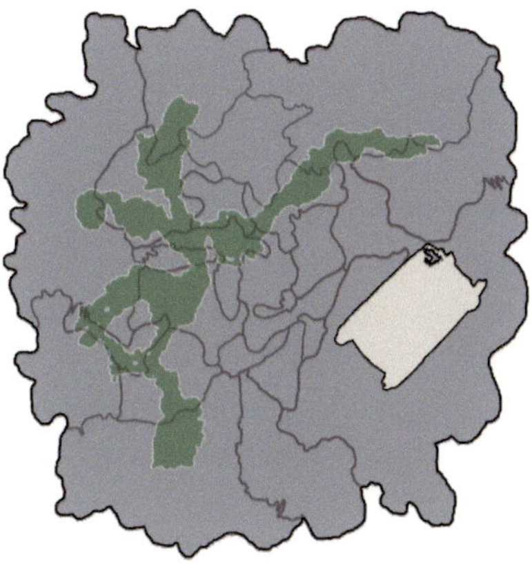

Garryfisch

Englischer Name: Garryfish

Kategorie	Pflanzenfresser
Verhalten	Passiv
Leben	30
Schaden	–
Aktiv während	Tag
Verwertbar	Ja
Inventar-Größe	1
Spawn-Befehl	spawn garryfish

	Nahrung	Wasser
Roh	4	–3
Gepökelt	13	–2
Gekocht	13	5

Der kleine und passive Garryfisch ist meistens in den Safe Shallows und in der Umgebung der Underwater Islands anzutreffen. Er bewegt sich ziemlich langsam und ist daher einfach zu fangen. Der Garryfisch besitzt einen langen gelben Körper, der mit hellgelben vertikalen Streifen geschmückt ist, die zur Tarnung dienen. Aus der Oberseite seines Kopfes ragen Stielaugen. Seine Flossen haben einen weinroten Farbton.

Wenn man Garryfische kocht, stellen sie sich nicht als die nahrhaftesten Fische heraus. Da sie tagaktiv sind, kannst du sie nachts einfacher fangen. Sie sind einzeln unterwegs und bewegen sich langsam und ziellos umher. Den Spieler ignorieren sie dabei vollkommen.

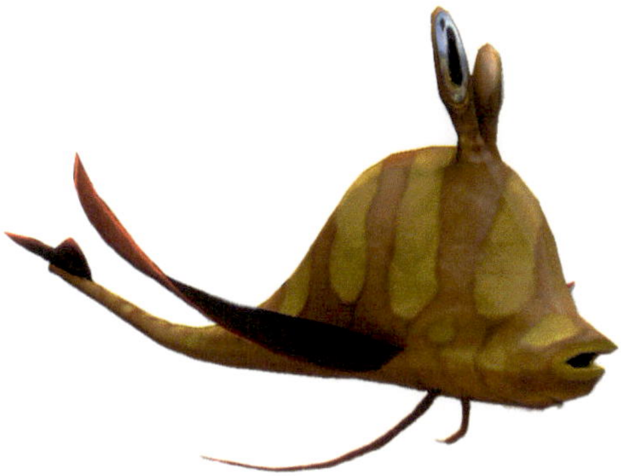

Lebensraum:

- Crash Zone Mesas
- Dunes
- Safe Shallows
- Safe Shallows Caves
- Underwater Islands
- Underwater Islands Caes
- Primary Containment Facility Aquarium

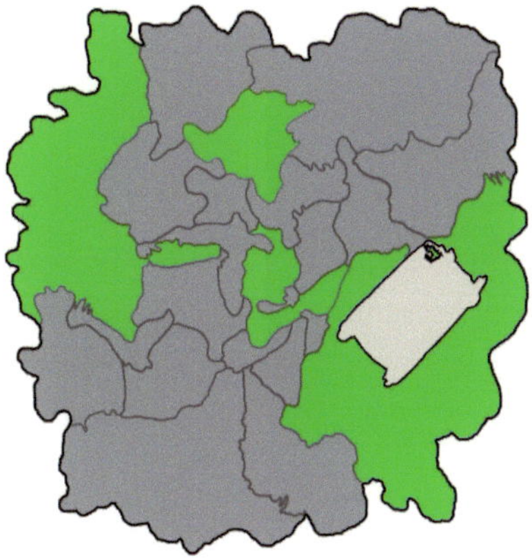

Gasopod / Säurekapsel-Manati

Englischer Name: Gasopod

Kategorie	Pflanzenfresser
Verhalten	Defensiv
Leben	300
Schaden	Pro Sekunde in Gaswolke: ~30
Aktiv während	Tag
Verwertbar	Ja - Gassporen
Inventar-Größe	9 (3x3)
Spawn-Befehl	spawn gasopod

Gasopods sind recht große Fische mit einem an eine Gasmaske erinnernden Kopf. Das passt thematisch recht gut zu ihrer einzigartigen Fähigkeit, Säurekapseln abzusondern, die nach kurzer Zeit explodieren und mittelgroße, etwa 5 Sekunden andauernde Gaswolken erzeugen.

Wenn du schnell bist, kannst du die Säurekapseln einsammeln, bevor sie explodieren. Diese lassen sich zur Herstellung von Gastorpedos für das Seemotten-Torpedosystem und den KREBS Anzug Torpedoschacht benutzen, können aber genauso auch mit der Schubkanone aufgenommen und abgefeuert werden. Der KREBS Anzug macht immun gegen Schaden der Säurekapseln.

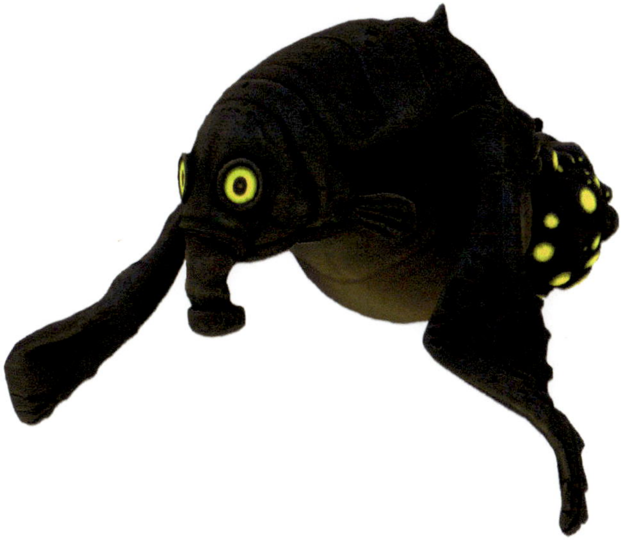

Lebensraum:

- Crash Zone Mesas
- Dunes
- Safe Shallows

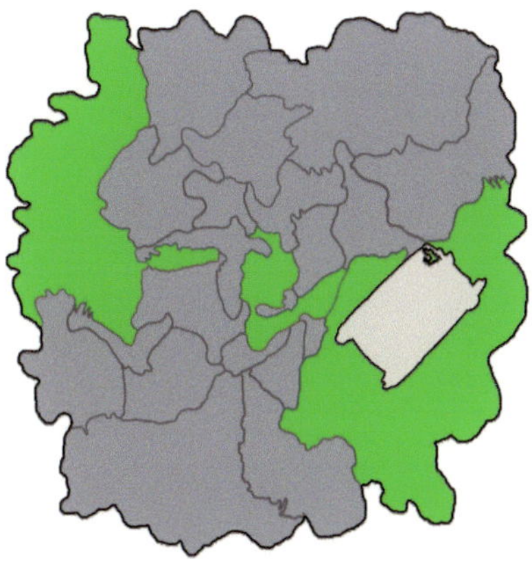

Geisterrochen

Englischer Name: Ghost Ray

Kategorie	Pflanzenfresser
Verhalten	Passiv
Leben	100
Schaden	–
Aktiv während	Tag und Nacht
Verwertbar	Nein
Inventar-Größe	–
Spawn-Befehl	spawn ghostrayblue

Der Geisterrochen erinnert an einen übergroßen, transparenten Mantarochen. In seinem cyanfarbenen biolumineszenten Körper sind ein paar Organe zu erkennen, unter anderem zwei rot leuchtende direkt hinter den Augen.

Den Datenbankeinträgen zufolge ernährt er sich von Pflanzenresten, die auf den Seeboden hinabgesunken sind.

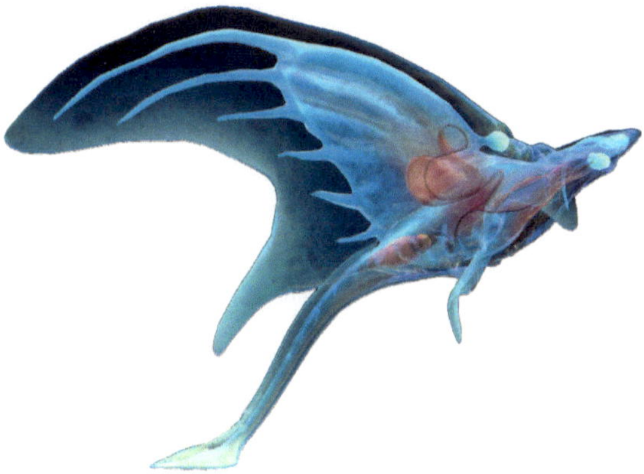

Lebensraum:

- Lost River
- Bones Field
- Ghost Canyon
- Ghost Forest
- Tree Cove
- Junction
- Mountains Corridor

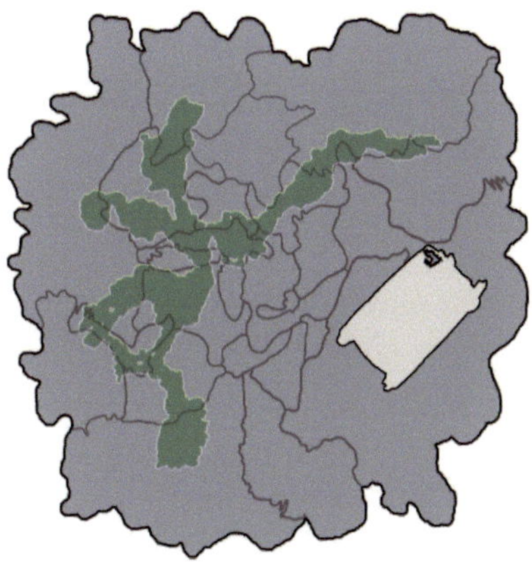

Glubscher

Englischer Name: Peeper

Kategorie	Pflanzenfresser
Verhalten	Passiv
Leben	30
Schaden	–
Aktiv während	Tag
Verwertbar	Ja
Inventar-Größe	1
Spawn-Befehl	spawn peeper

	Nahrung	Wasser
Roh	18	–7
Gepökelt	32	–2
Gekocht	32	5

Der Glubscher ist so etwas wie das "Maskottchen" von Subnautica. Da er sich in der Nähe der Rettungskapsel aufhält und sehr nahrhaft ist, ist er häufig die erste Beute zu Beginn des Spiels.

Glubscher haben einen blauen Farbton, der Richtung Schwanz ins Grünliche geht. Sie besitzen ein schnabelähnliches Maul und große gelbe Augen, die mit Augenlidern versehen sind. Zu beiden Seiten ihres Körpers befinden sich drei Löcher, die Kiemen ähneln. Aus Ober- und Unterseite des Kopfes ragt je ein Organ, das einer Düse gleichkommt und den Glubscher antreibt.

Wird er verfolgt, schließt er seine Augen, um nicht mehr so leicht erkannt zu werden. Man hört jedoch seine Zwitschergeräusche beim

Schwimmen. Glubscher werden oft von Pirschern verfolgt, da sie deren bevorzugte Beute darstellen. Glubscher sind mit vielen anderen Arten verwandt, darunter *Reginald*, dem *Augauge* und *Oculus*. In den Datenbankeinträgen wird vermutet, dass es vor langer Zeit eine "Alpha-Glubscher"-Variante gegeben hat, die ein gemeinsamer Vorfahre all dieser Arten ist.

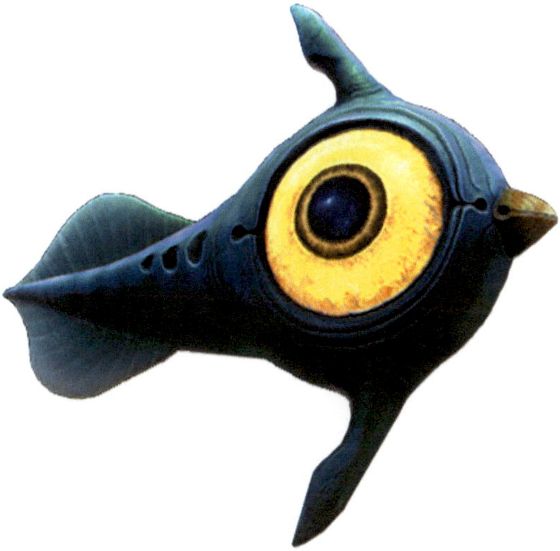

Lebensraum:

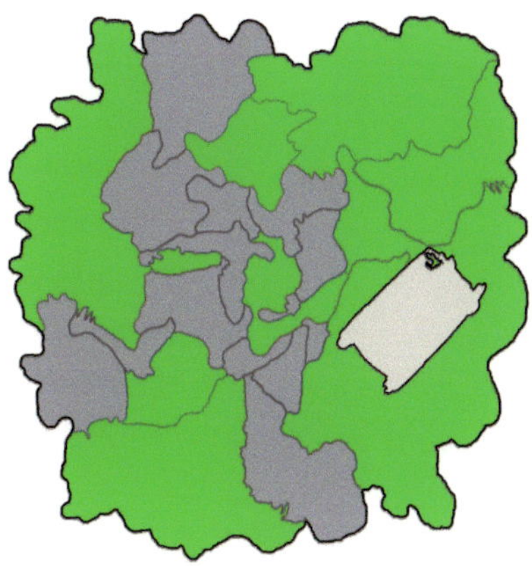

- Bulb Zone
- Crash Zone
- Crash Zone Mesas
- Dunes
- Deep Sparse Reef
- Grand Reef
- Safe Shallows
- Sparse Reef
- Mountains
- Northeastern Mushroom Forest
- Northeastern Mushroom Forest Caves
- Underwater Islands
- Primary Containment Facility Aquarium

Höhlenkrabbler

Englischer Name: Cave Crawler

Kategorie	Fleischfresser
Verhalten	Aggressiv
Leben	50
Schaden	Beißen: 50
Aktiv während	Tag und Nacht
Verwertbar	Nein
Inventar-Größe	9 (3x3)
Spawn-Befehl	spawn cavecrawler

Diese aggressive Spezies tritt oft in Gruppen auf und greift den Spieler überraschend an.

Der Parasit ähnelt einem Gliederfüßer. Auf der Oberseite seines Körpers befindet sich ein großes blaues Auge mit einer dunkelblauen Pupille. Er besitzt vier Beine und zwei Mundwerkzeuge.

Der Höhlenkrabbler ist eine der wenigen Tierarten, die sowohl unter Wasser als auch an Land überleben können. Er bewegt sich hauptsächlich springend oder krabbelnd fort und kann Wände hochklettern (diese Eigenschaft ist für die Spezies namensgebend).

Im Falle eines Angriffs sollte man stets in Bewegung bleiben; so haben die Höhlenkrabbler weniger Chancen, den Spieler zu treffen. Es wird empfohlen, ein Stasegewehr, eine Schubkanone oder eine Stoßkanone parat zu haben. Höhlenkrabbler sind immun gegen Feuer.

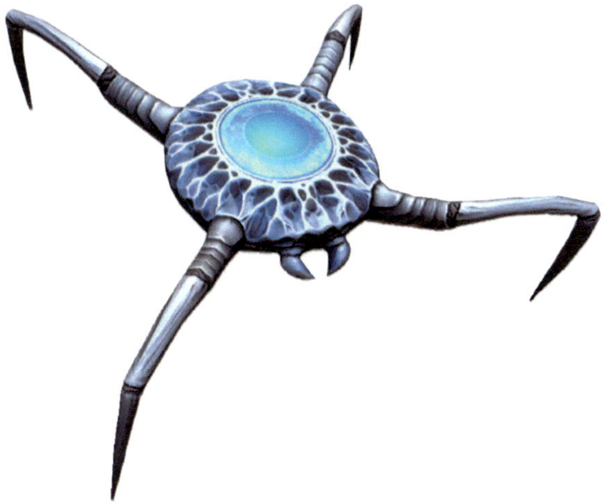

Lebensraum:

- Aurora
- Dunes
- Floating Island
- Mountain Island
- Mountain Range Caves
- Underwater Islands Caves
- Crag Island Alien Cache
- Primary Containment Facility Aquarium

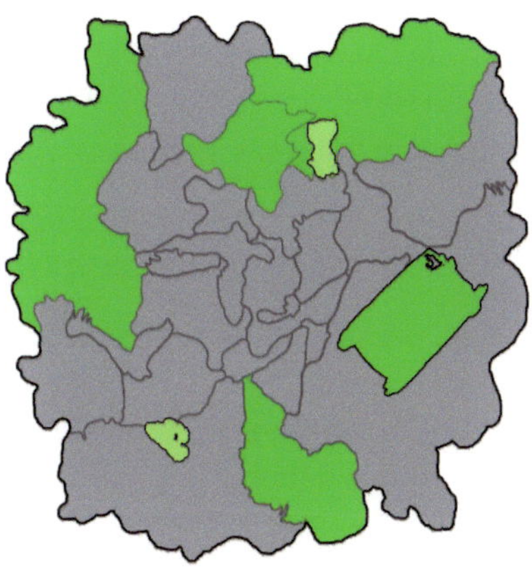

Höhlenmuräne

Englischer Name: Crab Snake

Kategorie	Fleischfresser
Verhalten	Aggressiv
Leben	300
Schaden	35
Aktiv während	Tag und Nacht
Verwertbar	Ja
Inventar-Größe	9 (3x3)
Spawn-Befehl	spawn crabsnake

Die aggressive Höhlenmuräne lebt in den Jellyshroom Caves, versteckt sich dort in Quallenpilzen, wartet auf Beute und greift bei Sichtkontakt an.

Sie besitzt einen langen schlangenartigen Körper, mit durchsichtigen Flossen. Die Oberseite ihres Körpers ist pink, durchzogen von horizontalen rotbraunen Streifen und vielen violetten Rückengeschwülsten, die von einer anderen Lebensform stammen, wahrscheinlich von den Jellyshrooms. Die Unterseite des Körpers ist weiß. Ihr rechteckiges Maul ist mit zwei Paar kleinen Fangzähnen bestückt. Zu beiden Seiten des Mauls befindet sich jeweils eine Kralle mit schwarzen Spitzen. Die Höhlenmuräne hat keine sichtbaren Augen.

Ihr Angriff fügt dem Spieler 20 bis 40 Schaden zu und hält ihn gefangen, ähnlich wie es beim *Reaper Leviathan* der Fall ist.

Nach dem Angriff zieht sie sich in ihren Pilz zurück oder schwimmt umher. Befindet sich der Spieler in einem Fahrzeug und nähert sich dem Quallenpilz einer Höhlenmuräne, so wird sie nicht angreifen, aber Zischgeräusche von sich geben.

Ihre Eier kann man den Pilzen des Jellyshroom Caves entnehmen, wenn sie diese gerade nicht besetzt.

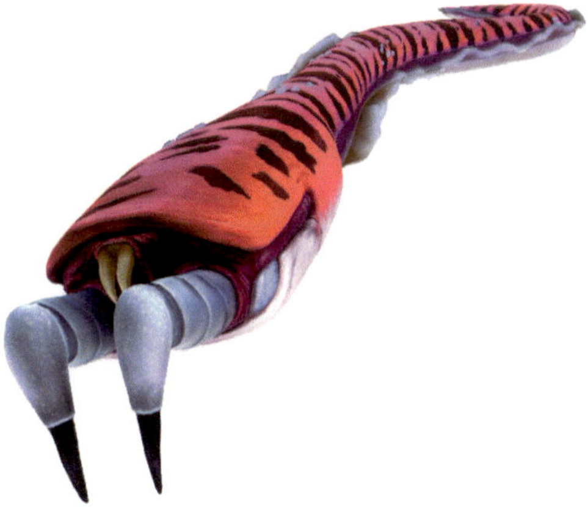

Lebensraum:

- Jellyshroom Cave

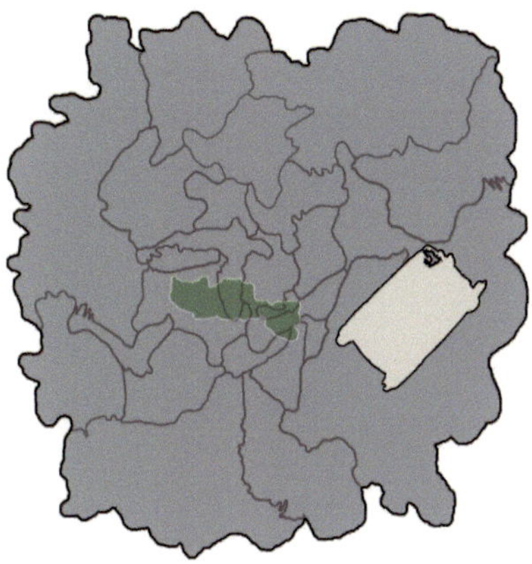

Kaninchenrochen

Englischer Name: Rabbit Ray

Kategorie	Pflanzenfresser
Verhalten	Passiv
Leben	100
Schaden	–
Aktiv während	Tag und Nacht
Verwertbar	Ja
Inventar-Größe	4 (2x2)
Spawn-Befehl	spawn rabbitray

Der Kaninchenrochen ist ein scheues und rochenähnliches Tier, das durch sein buntes Aussehen auffällt. Der Name kommt von zwei gelben Flossenansätzen auf dem Kopf, die an Hasenohren erinnern. Auch das schmale Maul ähnelt dem eines Kaninchens. Der Rochen besitzt zwei Flügel und ein Paar Schwanzflossen.

Wenn man sich einem Kaninchenrochen nähert, gibt dieser sanfte Schreie von sich.

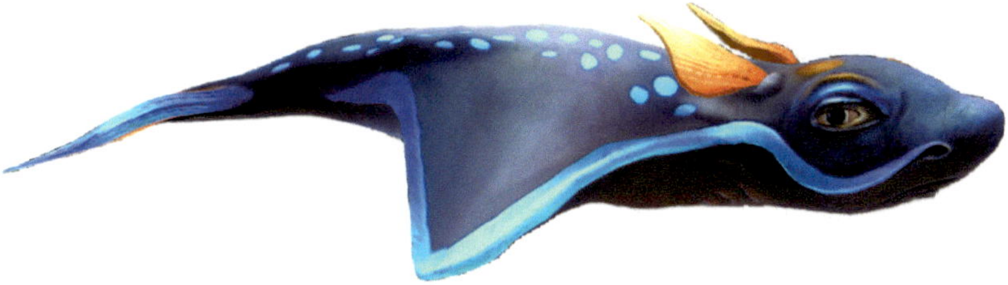

Lebensraum:

- Crash Zone
- Crash Zone Mesas
- Kelp Forest
- Safe Shallows
- Primary Containment Facility Aquarium

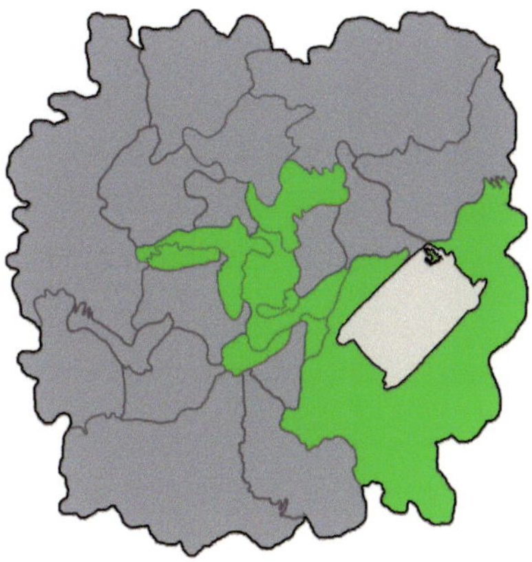

Knochenhai

Englischer Name: Boneshark

Kategorie	Fleischfresser
Verhalten	Aggressiv
Leben	200
Schaden	Beißen: 30
Aktiv während	Tag und Nacht
Verwertbar	Nein
Inventar-Größe	1
Spawn-Befehl	spawn boneshark

Der Knochenhai ist ein sehr aggressives Wesen, das von Licht angezogen wird. Er ist sehr schnell und wendig und deshalb ziemlich gefährlich. Wenn der Spieler sich nähert, greift er sofort an.

Lärm und Licht ziehen ihn an. Schalte bei Fahrzeugen das Licht aus wenn du sie zurücklässt, sonst greifen die Knochenhaie dein Fahrzeug an und zerstören es eventuell in deiner Abwesenheit.

Sein Maul ist voll von rasiermesserscharfen Zähnen. Er besitzt ein stark gepanzertes graues Außenskelett und Brustflossen mit orangenen Mustern.

Knochenhaie sind oft in Gruppen unterwegs und lassen sich von Leuchtfackeln ablenken. Wird man verfolgt, so kann man im Kreis schwimmen, bis der Hai sein Interesse verliert, oder man verwendet eine Stoßkanone.

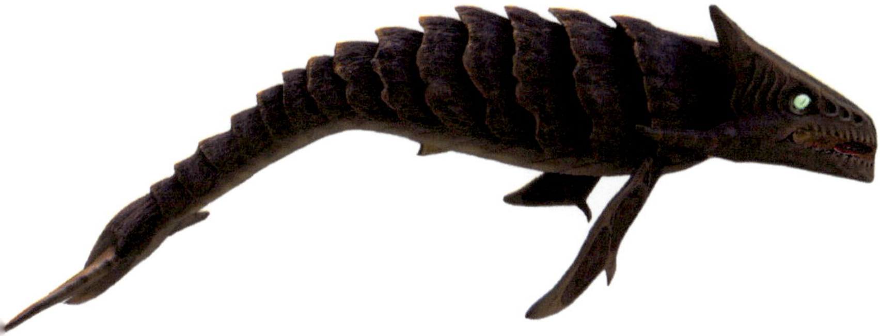

Lebensraum:

- Bulb Zone
- Crag Field
- Crash Zone
- Crash Zone Mesas
- Mushroom Forest
- Underwater islands
- Underwater Islands Caves
- Primary Containment Facility Aquarium

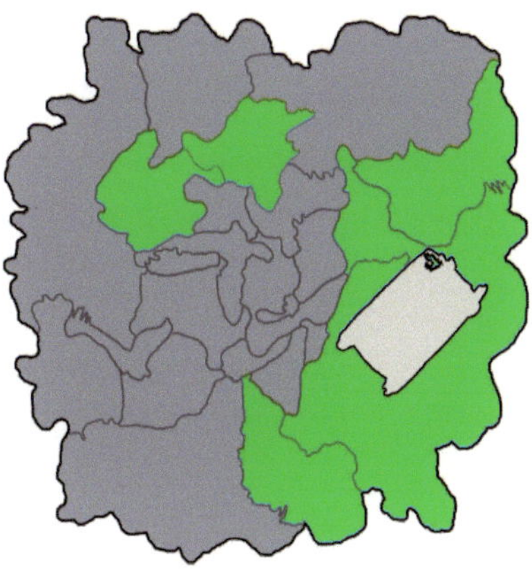

Knuddelfisch

Englischer Name: Cuddlefish

Kategorie	Pflanzenfresser
Verhalten	Passiv
Leben	10.000
Schaden	–
Aktiv während	Tag
Verwertbar	Ja
Inventar-Größe	4
Spawn-Befehl	spawn cutefish

Der Knuddelfisch ist eine Spezies, die nicht wirklich wild vorkommt - tatsächlich ist der Spieler darauf angewiesen, eines der versteckten Eier zu finden und es am besten in einem Aquarium schlüpfen zu lassen.

Der Knuddelfisch hat zwei etwas hervorstehende Augen, zwei kleine Vorderflossen und fünf Tentakeln. Von seinem Kopf aus zieht sich über die gesamte Rückenlänge ein weißer Streifen.

Ab dem Zeitpunkt des Schlüpfens folgt er dem Spieler – solange bis man ihm sagt, dass er damit aufhören (bzw. später wieder damit anfangen) soll. Außerdem kann man mit dem Knuddelfisch spielen!

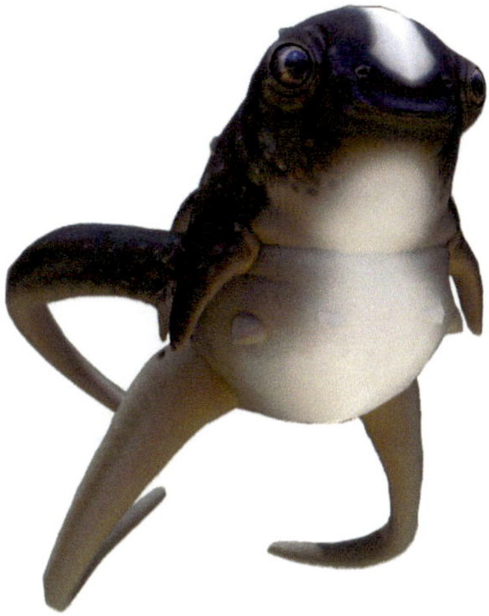

Lebensraum (nur als Ei auffindbar):

- Lost River - Precursor Alien Laborlager -1127 -685 -695
- Deep Grand Reef - Degasi Seebasis (500m) -643 -506 -943
- Dunes - im Krater mit den Schloten -1501 -415 500
- Mushroom Caves Nordwesten - Höhle im großen Baum -866 -149 600
- Mushroom Caves Nordosten - Höhle im großen Baum 711 -224 532

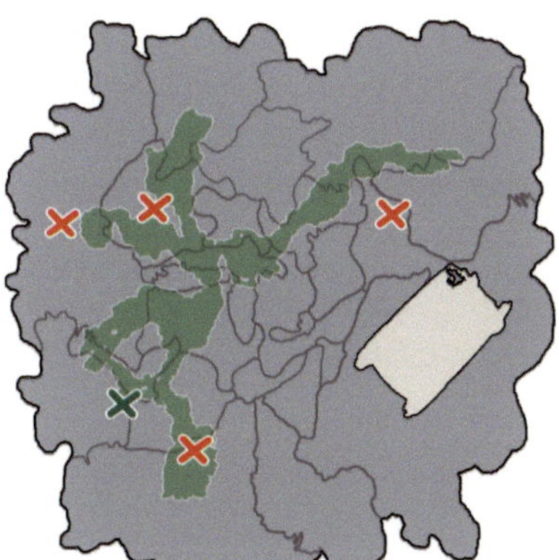

Krabbenkalmar

Englischer Name: Crabsquid

Kategorie	Fleischfresser
Verhalten	sehr aggressiv
Leben	500
Schaden	Hieb: 40 EMP Puls: alle elektrischen Geräte werden kurzzeitig deaktiviert
Aktiv während	Tag und Nacht
Verwertbar	Nein (Nur im Bioreaktor)
Inventar-Größe	3x3
Spawn-Befehl	spawn crabsquid

Der Krabbenkalmar ist ein gefährlicher Jäger. Er stürzt sich mit seinen 10 Beinen auf einen Gegner und schlägt damit ständig auf ihn ein. Er kann auch einen elektromagnetischen Impuls (EMP) auslösen, mit dem er alle elektrischen Geräte kurzzeitig deaktiviert.

Er reagiert sehr aggressiv auf Licht und auch Lärm. Lichtquellen jagt er , bis er sie erlegt hat.

Mit seinen Beinen kann er auf dem Meeresboden schnell laufen. Er benutzt aber auch seinen durchsichtigen Gelsack zum schwimmen, indem er damit Wasser wie mit einer Pumpe anzieht und schnell wieder ausstößt.

Als Jäger sieht er sehr gut mit seinen vier großen Augen und er ist ständig auf der Suche nach Beute.

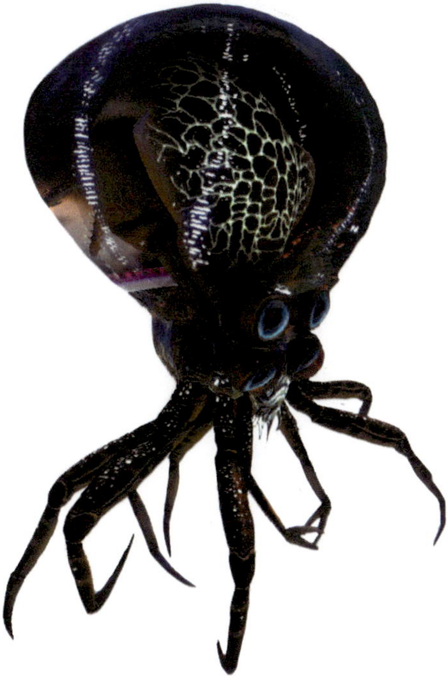

Lebensraum:

- Deep Grand Reef
- Blood Kelp Höhlen (Norden)
- Blood Kelp Zone (Norden)
- Lost River (Corridor und Ghost Canyon)

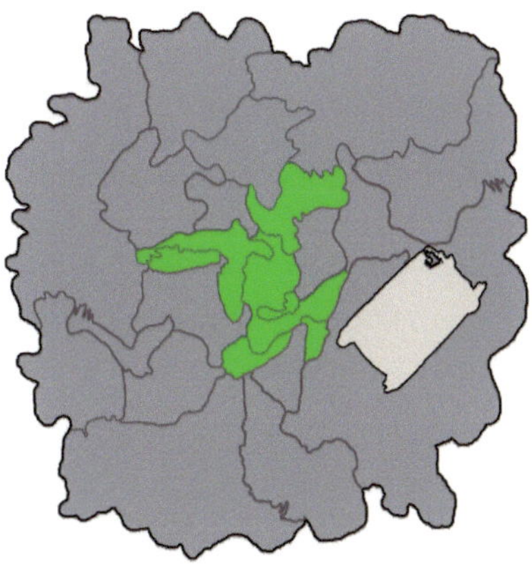

Kracherfisch

Englischer Name: Crashfish

Kategorie	Fleischfresser
Verhalten	Explosiv aggressiv
Leben	25
Schaden	Explosion: je nach Distanz
Aktiv während	Tag und Nacht
Verwertbar	Ja
Inventar-Größe	4 (2x2)
Spawn-Befehl	spawn crash

Der Kracherfisch ist ein mittelgroßer, rundlicher Fisch mit einem Auge, der in einer symbiotischen Beziehung mit der Schwefelpflanze lebt. Diese gewährt ihm Unterschlupf, während sich der Kracherfisch näherkommenden Gefahren annimmt.

Betritt der Spieler einen gewissen Radius um die Schwefelpflanze, so beginnt diese sich langsam zu öffnen – das ist die letzte Möglichkeit, um noch die Flucht zu ergreifen! Wird diese Fluchtmöglichkeit nicht wahrgenommen, so stürzt sich der Kracherfisch wie ein Torpedo auf den Spieler und explodiert. Diese Explosion ist keinesfalls zu unterschätzen, z.B. kann sie eine Seemotte auf einen Schlag zerstören (der Kracherfisch ist übrigens auch schneller als eine Seemotte!).

In der frühen Entwicklungsphase des Spiels war der jetztige Knuddelfisch als Kracherfisch geplant. Die Entwickler entschieden sich schließlich dagegen, den Knuddelfisch als wandelnde Bombe zu benutzen, denn dafür sei er schlichtweg "zu süß".

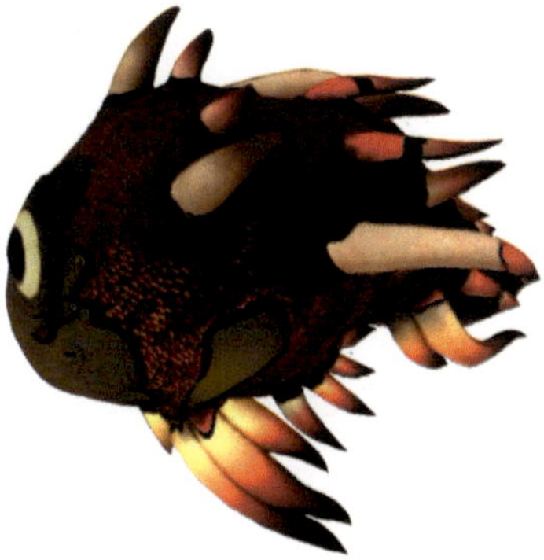

Lebensraum:

- Kelp Forest Caves
- Safe Shallows
- Safe Shallows Caves

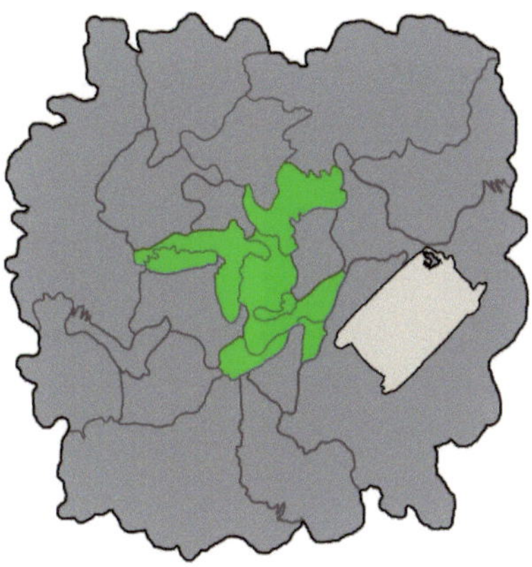

Lavaechse

Englischer Name: Lava Lizard

Kategorie	Fleischfresser
Verhalten	Aggressiv
Leben	200 (immun gegen Thermalklinge)
Schaden	Beißen: 30 Spucken: 30
Aktiv während	Tag und Nacht
Verwertbar	Ja
Inventar-Größe	9 (3x3)
Spawn-Befehl	spawn cavecrawler

Die Lavaechse ist ein großes grünes Wesen mit beeindruckenden Zähnen, denen man nicht zu nahe kommen sollte.

Nicht nur das: Die Lavaechse kann ihrem Namen gerecht tatsächlich durch Lava schwimmen (das bedeutet natürlich, dass Hitzewaffen wie die Thermalklinge gegen die Lavaechse keinerlei Auswirkung zeigen). Dabei bildet sich an ihrem Rücken die typische Rüstung aus abgekühltem Gestein. Außerdem holt sie sich aus der Lava Projektile, die es auf etwaige Ziele abfeuern kann.

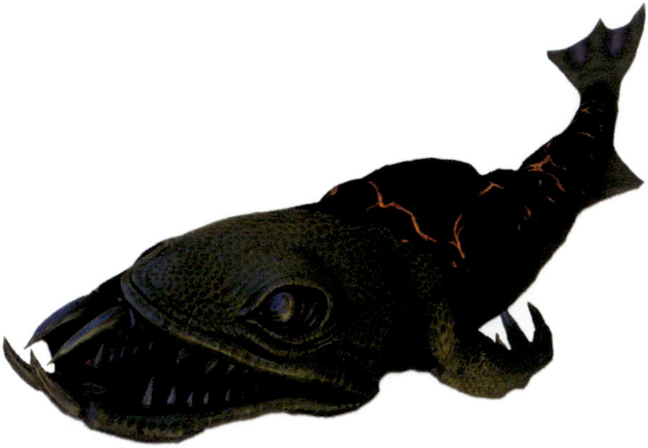

Lebensraum:

- Inactive Lava Zone
- Inactive lava Zone Corridor
- Lava Castle
- Lava Lakes

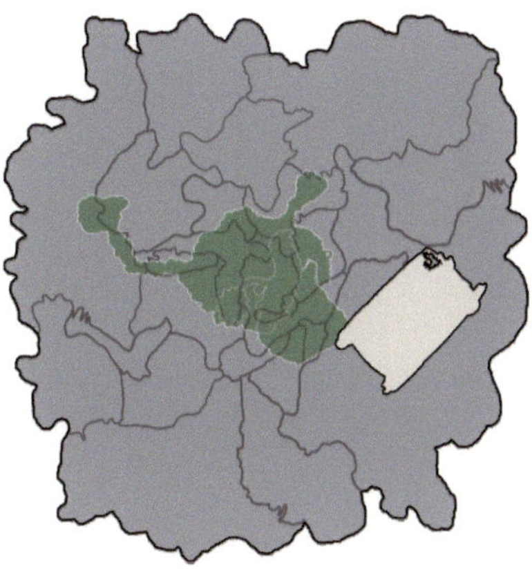

Lavalarve

Englischer Name: Lava Larva

Kategorie	Fleischfresser
Verhalten	Aggressiv
Leben	100
Schaden	–
Aktiv während	Tag und Nacht
Verwertbar	Nein
Inventar-Größe	9 (3x3)
Spawn-Befehl	spawn clavalarva

Die Lavalarve ist ein violettes wurmartiges Wesen, das etwa gleich groß wie oder etwas kleiner als der Spieler ist. Vorneweg: Trotz des Namens "Larve" scheint es sich bei der Lavalarve um eine ausgewachsene Spezies zu handeln, es gibt kein weiteres Entwicklungsstadium.

Angezogen wird die Larve von Energiequellen – im Falle des Spielers fallen darunter natürlich hauptsächlich Fahrzeuge. Nimmt es ein solches wahr, so saugt es sich daran fest und absorbiert die verbleibende Energie des Schiffs.

Anzahl Larven	1	2	3	4	5	6	7+
Zeit notwendig um 1% Energie abzusaugen	33s	18s	12.5s	9s	6.5s	3s	1s

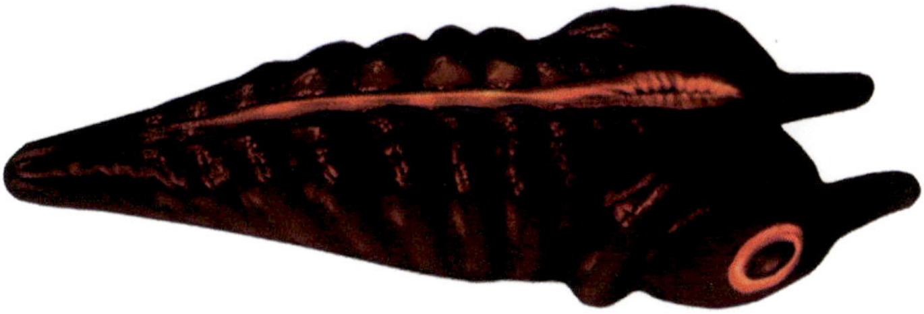

Lebensraum:

- Inactive lava Zone
- Inactive Lava Zone Corridor
- Lava Lakes

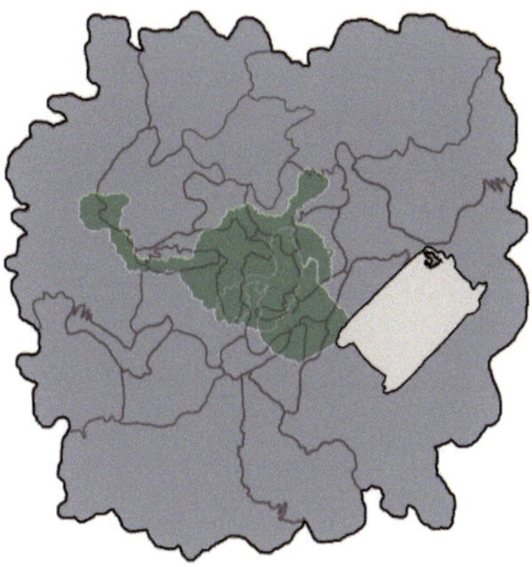

Lochfisch

Englischer Name: Holefish

Kategorie	Pflanzenfresser
Verhalten	Passiv
Leben	30
Schaden	–
Aktiv während	Tag und Nacht
Verwertbar	Nein
Inventar-Größe	1
Spawn-Befehl	spawn holefish

	Nahrung	Wasser
Roh	12	–15
Gepökelt	21	–2
Gekocht	21	3

Der Lochfisch ist eine kleine und essbare Fischart, die sich vereinzelt in der Nähe von Höhlen aufhält. Er ist flink und evasiv, aber trotzdem gut zu fangen und kommt eher seltener in der Spielewelt vor.

Der Kopf sowie der Schwanz des Lochfisches ist blau-violett, der obere Teil seines Körpers ist braun mit gelben Streifen und Punkten. Sein Kopf ist wie ein Pfeil geformt: Sein Maul befindet sich an der vorderen Spitze des Pfeils und die beiden Flossen oben und unten dienen der Steuerung. Sein Name kommt von dem runden Loch im hinteren Teil seines Körpers.

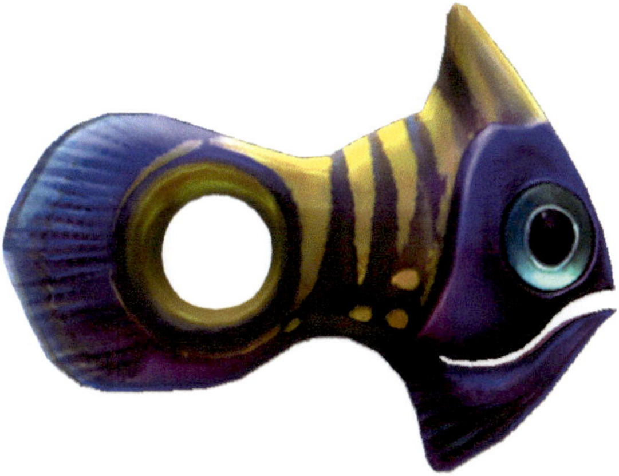

Lebensraum:

- Crash Zone
- Bulb Zone Caves
- Mushroom Forest
- Mushroom Forest Caves
- Safe Shallows
- Safe Shallows Caves
- Primary Containment Facility Aquarium

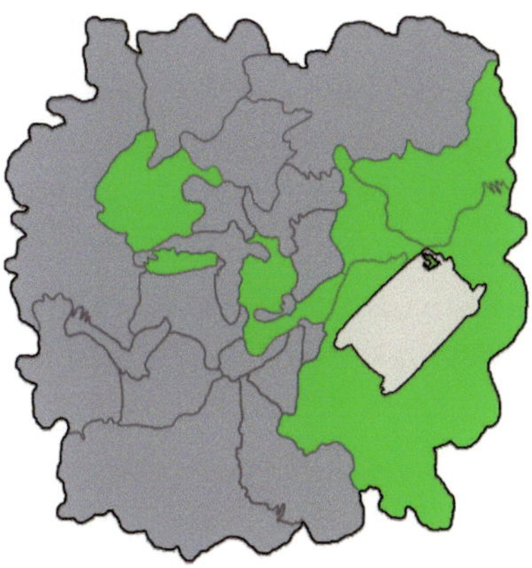

Oculus

Englischer Name: Oculus

Kategorie	Pflanzenfresser
Verhalten	Aggressiv
Leben	20
Schaden	–
Aktiv während	Tag und Nacht
Verwertbar	Ja
Inventar-Größe	1
Spawn-Befehl	spawn oculus

	Nahrung	Wasser
Roh	11	–7
Gepökelt	30	–2
Gekocht	30	2

Der Oculus ist in den Jellyshroom Caves anzufinden. Er ist einfach zu fangen und essbar. Mit einem Energielevel von 630 im Bioreaktor und einem Inventarplatz hat er das beste Verhältnis von Energie zu Größe im Spiel.

Der türkis-violette Fisch sieht dem *Glubscher* sehr ähnlich, hat jedoch im Gegensatz zu diesem keinen Schnabel und fünf Tentakeln statt einer Schwanzflosse.

Der Oculus bewacht oft in Schwärmen die Jellyshroom Caves. Er gibt klickende Laute von sich und scheint Angst vor Licht zu haben.

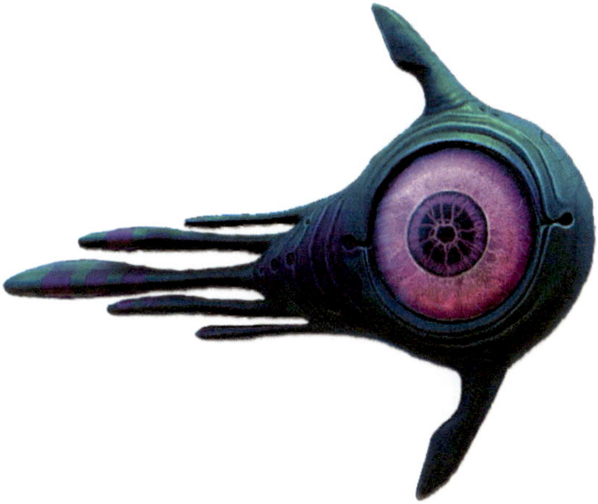

Lebensraum:

- Jellyshroom Cave
- Primars Containment Facility Aquarium

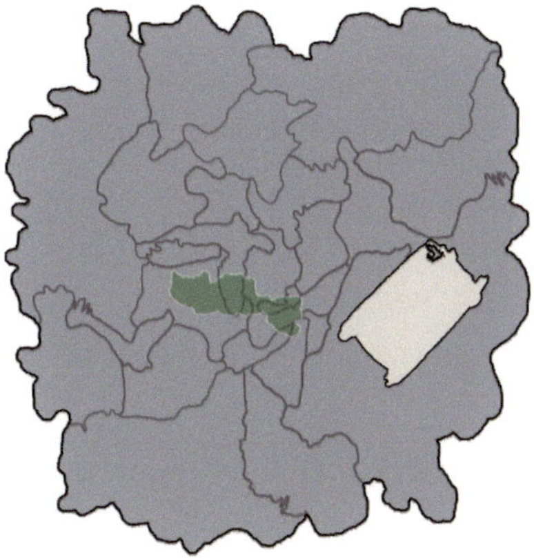

Paddelkäfer

Englischer Name: Shuttlebug

Kategorie	Fleischfresser
Verhalten	Passiv
Leben	50
Schaden	–
Aktiv während	Tag und Nacht
Verwertbar	Ja
Inventar-Größe	4 (2x2)
Spawn-Befehl	spawn jumper

Paddelkäfer sind eine recht seltsame, kleine Spezies von Aasfressern. Sie besitzen ein großes Auge sowie drei Arme und 3 Heckflossen. Letztere weisen eine orange Biolumineszenz auf.

Diese Art hat keine besonderen oder ungewöhnlichen Verhaltensmuster – tatsächlich schwimmen sie entweder in kleinen Bereichen umher oder sie bewegen sich nur auf der Stelle.

Der englische Name "shuttlebug" rührt vermutlich von der Form des Fisches her, die sehr einem Federball – einem "shuttlecock" – ähnelt.

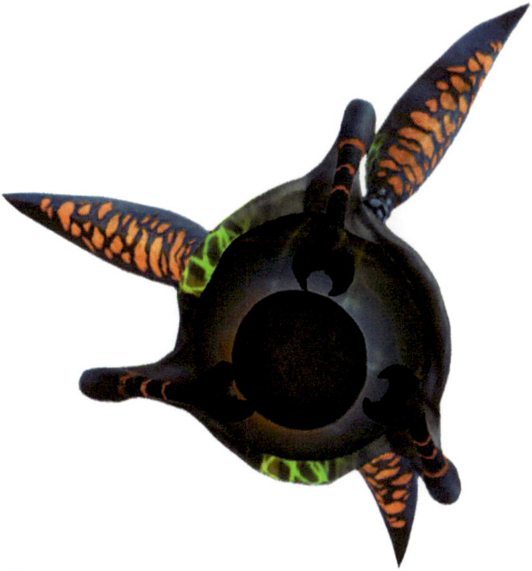

Lebensraum:

- Bulb Zone
- Crag Field
- Crash Zone
- Deep Sparse Reef
- Dunes
- Dunes Caves
- Grassy Plateaus Caves
- Mountain Range Caves
- Mountains
- Mushroom Forest Caves
- Safe Shallows
- Safe Shallows Caves
- Sea Treader's Path
- Sea Treader's Tunnel Caves Sparse Reef
- Primary Containment Facility Aquarium

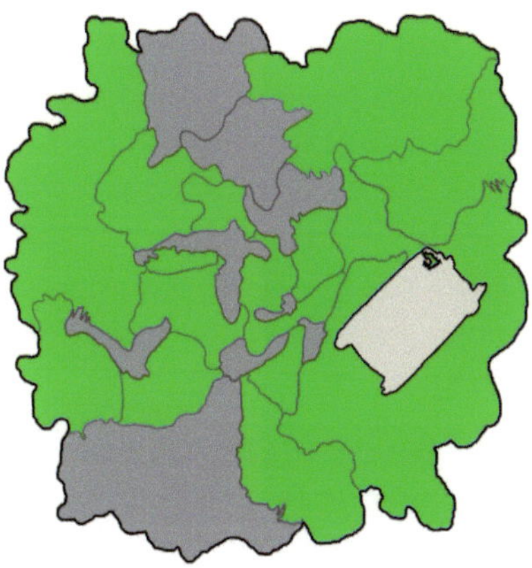

Phantom

Englischer Name: Ghost Leviathan

Kategorie	Fleischfresser
Verhalten	Aggressiv
Leben	5000
Schaden	Beißen: 85
Aktiv während	Tag und Nacht
Verwertbar	Nein
Inventar-Größe	–
Spawn-Befehl	spawn ghostleviathan spawn ghostleviathanjuvenile

Phantome sind Leviathane, die im Spiel als Jungtiere und als ausgewachsene Tiere anzutreffen sind. Die beiden Varianten unterscheiden sich lediglich in ihrer Körperlänge (67 Meter bzw. 107 Meter). Der dünne, innere Körper der Phantome ist mit leuchtenden orangen Streifen übersät und hat in regelmäßigen Abständen kleine "Fühler". Der innere Körper ist von einem bläulichen transparenten äußeren Körper umgeben. Der Kopf weist eine T-Form auf, ähnlich einem Hammerhai.

Im Spiel sind innerhalb der Karte insgesamt sechs Phantome zu finden: zwei im Grand Reef, eins in der nördlichen Blood Kelp Zone und drei Jungtiere im Lost River. Begibt der Spieler sich außerhalb der Karte, so tauchen in 30-Sekunden-Abständen Phantome auf, bis es nach anderthalb Minuten insgesamt drei sind. Sie verhalten sich sehr aggressiv und stoppen ihre Verfolgung nur, wenn man sich wieder zurück in die Karte begibt.

Der Lost River ist offenbar der Ort, an dem junge Phantome schlüpfen und aufwachsen. Dort gibt es auch einen großen Baum, wo man Phantom-Eier sehen kann, die in den Baum verwachsen sind.

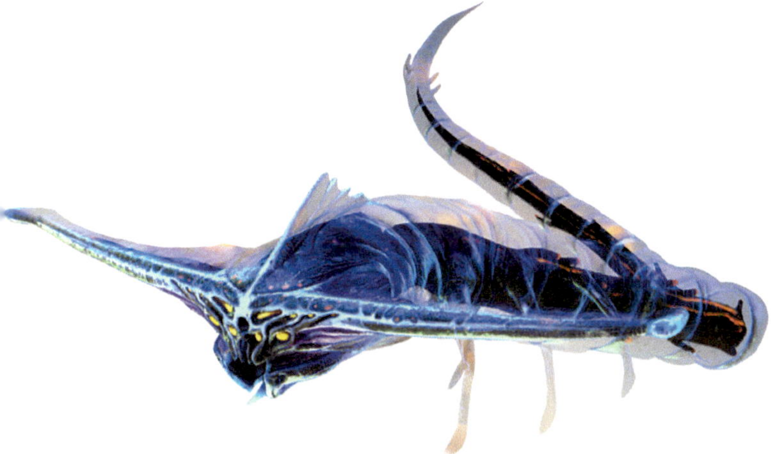

Lebensraum:

- Crater Edge
- Grand Reef
- Lost River
- Bones Field
- Ghost Forest
- Mountains Corridor
- Northern Blood Kelp Zone

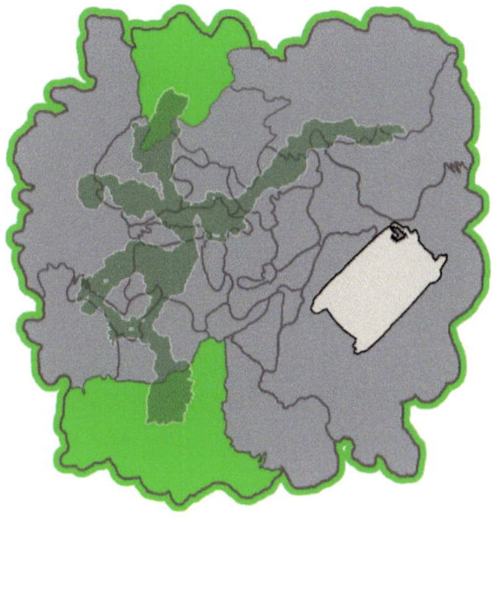

Pirscher

Englischer Name: Stalker

Kategorie	Fleischfresser
Verhalten	Aggressiv
Leben	300
Schaden	Beißen: 30
Aktiv während	Tag und Nacht
Verwertbar	Ja
Inventar-Größe	9 (3x3)
Spawn-Befehl	spawn stalker

Der Pirscher ist eine der größeren Fischarten im Spiel und besitzt einen langen Körper mit sieben Ausbuchtungen, die senkrecht aus seinem Rücken ragen. Er hat Brust- und Beckenflossen und eine dem Wal ähnliche Schwanzflosse. Seine lange Schnauze erinnert an die eines echten Gavials (eine Art von Krokodil). Die Farbe seines Körpers ist grün-violett.

Pirscher werden von Metallobjekten angezogen. Manchmal, wenn sie Teile in ihr Nest bringen, fällt ihnen dabei ein Zahn aus. Diesen kann der Spieler einsammeln und zum Craften von emailliertem Glas verwenden.

Die Fischart verfolgt häufig Glubscher , da sie diese als Beute präferieren. Ein Biss des Pirschers fügt dem Spieler 30 Schaden zu. Vorsicht ist bei Nacht geboten: Pirscher gehören zu den wenigen Wesen, die nicht biolumineszent und daher bei Dunkelheit schwer zu erkennen sind. Außerdem erhöht sich nachts ihr Aggressionslevel. Sie sollten daher gemieden werden. Man kann jedoch auch versuchen, sie zu zähmen, indem man ihnen Fische (vorzugsweise Glubscher) anbietet. Nach der Fütterung sind die Pirscher friedlich und bedanken sich mit einem Metallobjekt als Geschenk.

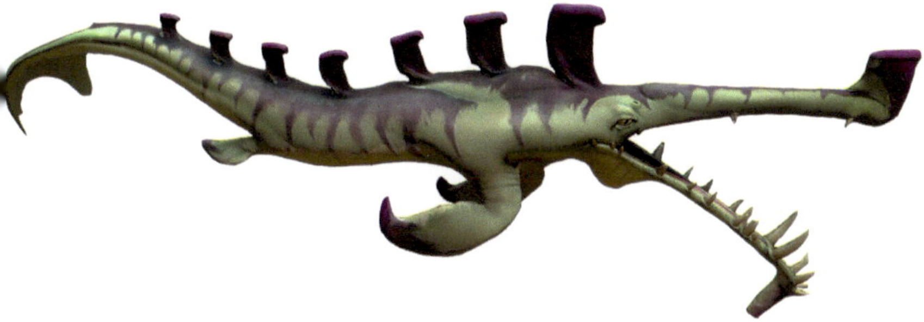

Lebensraum:

- Crash Zone
- Kelp Forest
- Kelp Forest Caves
- Primary Containment Facility Aquarium

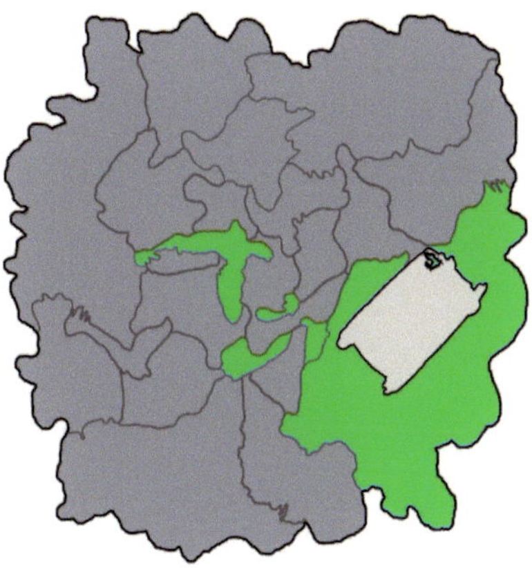

Purpurrochen

Englischer Name: Crimson Ray

Kategorie	Pflanzenfresser
Verhalten	Passiv
Leben	100
Schaden	–
Aktiv während	Tag und Nacht
Verwertbar	Nein
Inventar-Größe	–
Spawn-Befehl	spawn ghostrayred

Der Purpurrochen ist ein großer Rochen, der sich hauptsächlich in den Inactive Lava Zones aufhält. Das Verhalten ist identisch zum *Geisterrochen* – der englische Debug-Name "ghostrayred" deutet ebenfalls darauf hin, dass es sich nur um eine andersfarbige, größere und nicht transparente Variante des Geisterrochen handelt.

Purpurrochen zeigen keinerlei Interesse am Spieler und wollen ihn nicht verletzen.

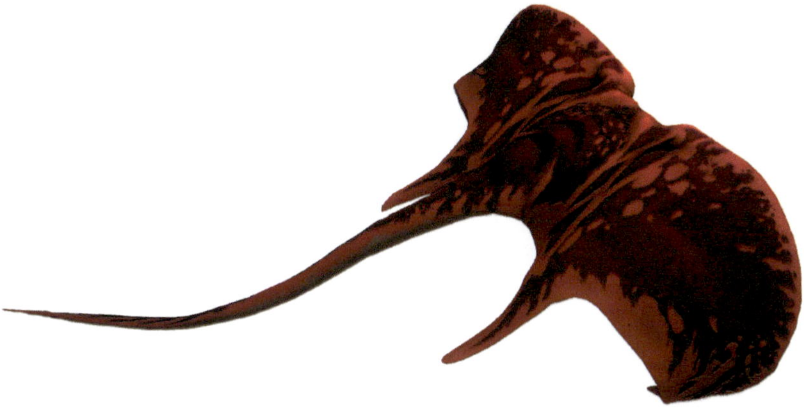

Lebensraum:

- Aurora
- Dunes
- Floating Island
- Mountain Island
- Mountain Range Caves
- Underwater Islands Caves
- Crag Island Alien Cache
- Primary Containment Facility Aquarium

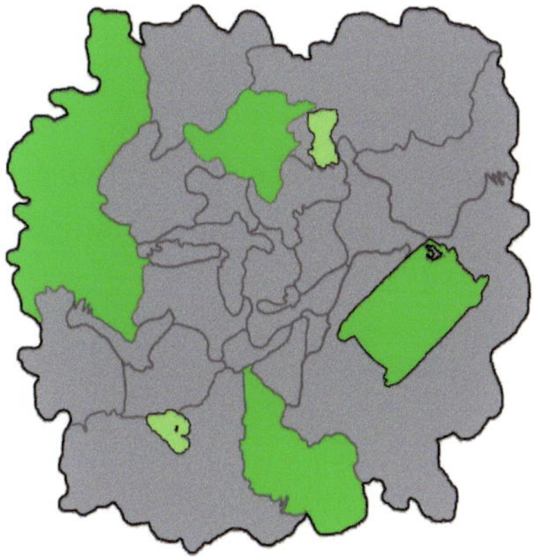

Quallenrochen

Englischer Name: Jellyray

Kategorie	Pflanzenfresser
Verhalten	Passiv
Leben	100
Schaden	–
Aktiv während	Tag und Nacht
Verwertbar	Ja
Inventar-Größe	9 (3x3)
Spawn-Befehl	spawn jellyray

Quallenrochen sind sehr große, leuchtende Wesen, die mit ihren neun Tentakeln offenbar ziellos durchs Wasser gleiten. Ab und an begeben sie sich in die Nähe von anderen Lichtquellen. Ob sie diese mit den sechs Kreisen auf dem Torso wahrnehmen, ist nicht klar – aber die Vermutung liegt nahe, dass es sich dabei um Augen handelt.

Ihr Fleisch ist hochgiftig und von daher braucht sich der Quallenrochen auch nicht ständig vor Jägern in Acht nehmen.

Quallenrochen, *Geisterrochen*, *Purpurrochen* und *Kaninchenrochen* teilen sich laut den Datenbankeinträgen im Spiel einen gemeinsamen Vorfahren.

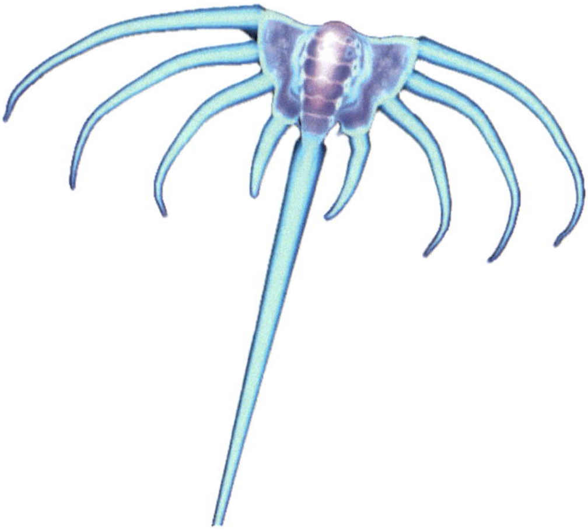

Lebensraum:

- Mushroom Forest
- Mushroom Forest Caves

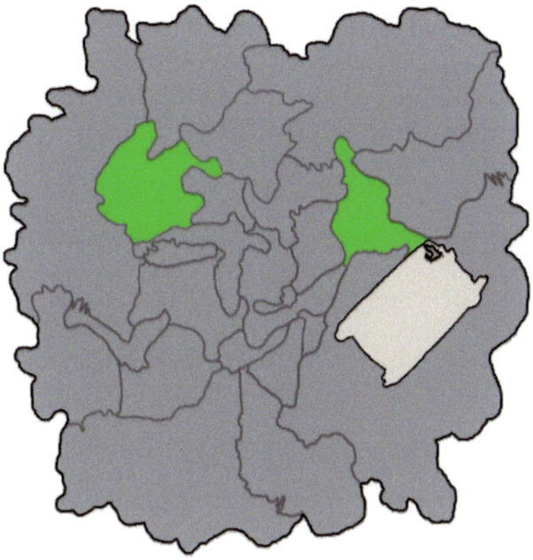

Reaper Leviathan / Cheliceratops

Englischer Name: Reaper Leviathan

Kategorie	Fleischfresser
Verhalten	Aggressiv
Leben	5000
Schaden	Beißen: 80 Packen: Dieser Angriff wird ausgeführt, wenn das Ziel unter 80 Leben hat, er tötet sofort.
Aktiv während	Tag und Nacht
Verwertbar	Nein
Inventar-Größe	–
Spawn-Befehl	spawn reaperleviathan

Der Cheliceratops ist ein großes, aggressives Tier der Leviathan-Klasse. Es gibt im gesamten Spiel genau 22 dieser Leviathane. Es ist die drittgrößte aggressive Kreatur im Spiel und die insgesamt fünftgrößte.

Mit einer Durchschnittslänge von 55 Metern stellt der Cheliceratops den Spieler weit in den Schatten und ist nur um ein Haar kleiner als der *Zyklop*. Mit den starken Vorderkrallen kann es seine Beute festhalten und sogar direkt töten – wenn keine entsprechende Rüstung getragen wird.

In der Inactive Lava Zone und dem Mountains Corridor im Lost River können mehrere Cheliceratops-Skelette gefunden werden. Sie wurden offenbar von Seedrachen erlegt, die noch tiefer unten keine Nahrung mehr fanden.

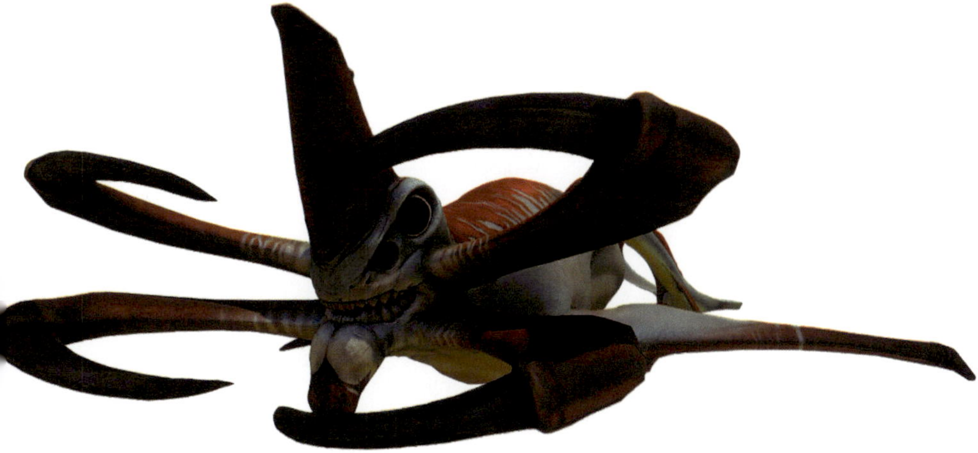

Lebensraum:

- Aurora
- Crash Zone
- Crash Zone Mesas
- Dunes
- Mountains

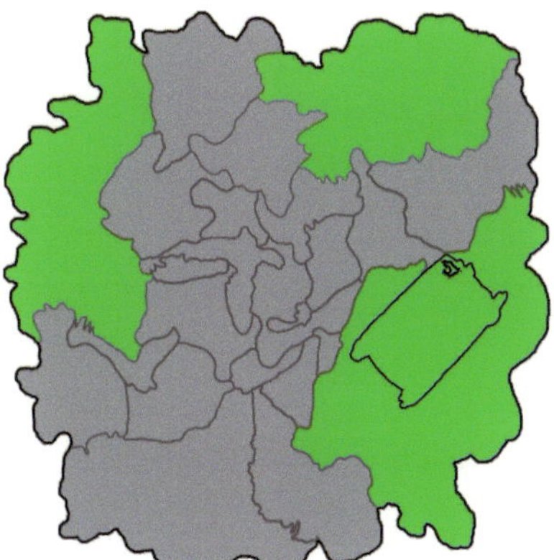

Reginald

Englischer Name: Reginald

Kategorie	Pflanzenfresser
Verhalten	Passiv
Leben	30
Schaden	–
Aktiv während	Tag und Nacht
Verwertbar	Ja
Inventar-Größe	1
Spawn-Befehl	spawn reginald

	Nahrung	Wasser
Roh	16	-10
Gepökelt	44	–2
Gekocht	44	4

Der Reginald ist ein recht schmaler, grünlicher Fisch, der insgesamt etwa so groß wie der Kopf des Spielers ist. Er besitzt eine große, rosa Flosse, die im Dunkeln leuchtet.

Sie befinden sich gerne in der Nähe von Riffrücken-Leviathanen und sind dort in der Regel in kleinen Schulen von vier bis fünf Fischen aufzufinden.

Die Jagd nach dieser Art lohnt sich, denn Reginald hat die höchsten Nahrungswerte unter allen Kreaturen im Spiel.

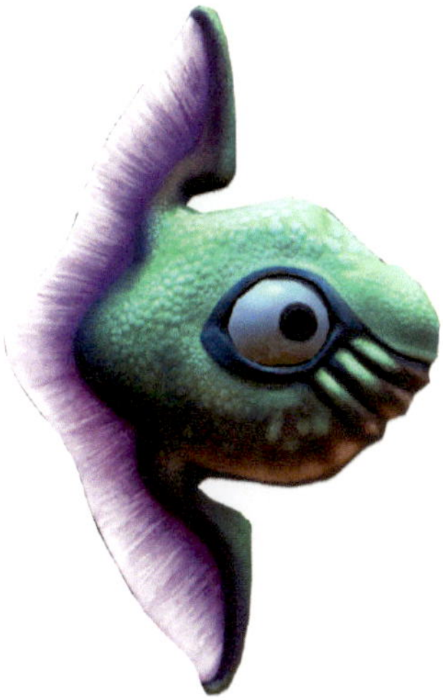

Lebensraum:

- Crag Field
- Crash Zone
- Crash Zone Mesas
- Deep Sparse Reef
- Grand Reef
- Grand Reef Caves
- Grassy Plateaus
- Grassy Plateaus Caves
- Lost River
- Ghost Canyon
- Ghost Forest
- Junction
- Mountain Range Caves
- Mountains
- Sea Treader's Path
- Sea Treader's Tunnel Caves
- Sparse Reef
- Primary Containment Facility Aquarium

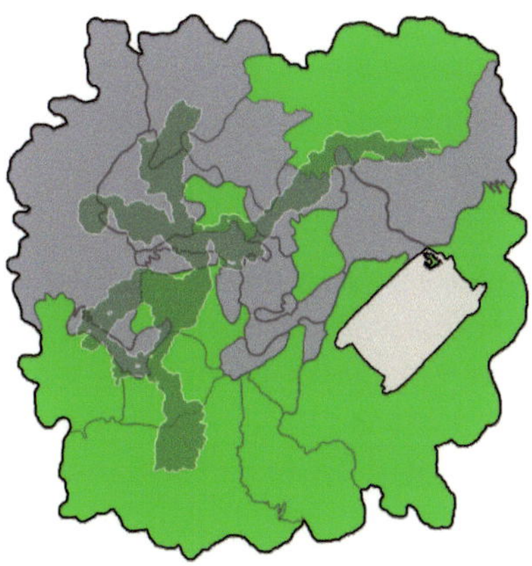

Reiffisch

Englischer Name: Hoopfish

Kategorie	Pflanzenfresser
Verhalten	Passiv
Leben	20
Schaden	–
Aktiv während	Tag und Nacht
Verwertbar	Ja
Inventar-Größe	1
Spawn-Befehl	spawn hoopfish

	Nahrung	Wasser
Roh	12	–6
Gepökelt	23	–2
Gekocht	23	2

Der Reiffisch ist ein kleiner violett-blauer Fisch, von dessen Kopf aus ein Reif einmal rund um den Körper herumführt. Dieser ist bioluminiszent und von daher ist diese Art auch aus weiter Distanz klar wiederzuerkennen.

Laut seines Datenbankeintrages bedient sich der Reiffisch einer außergewöhnlichen Fortbewegungsmethode: Die grünen Fühler verändern die Zusammensetzung des Wassers vor ihm, was ihm erlaubt, in den dadurch geschaffenen Raum mit geringerer Dichte "hineinzusegeln". Im Spiel selbst ist dieses Verhalten nicht klar zu erkennen.

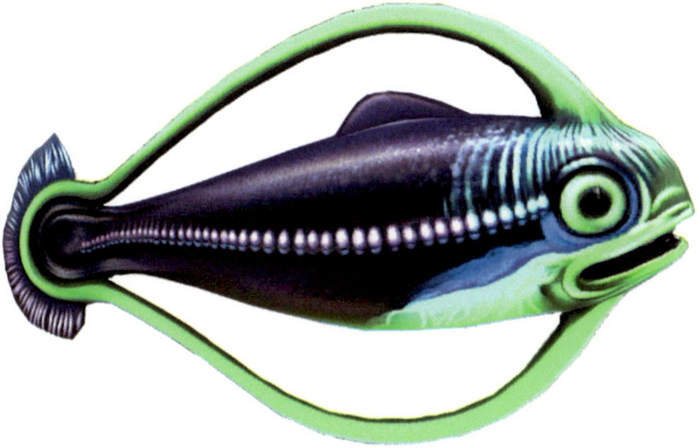

Lebensraum:

- Bulb Zone
- Crag Field
- Dunes
- Grand Reef
- Grassy Plateaus
- Kelp Forest
- Kelp Forest Caves
- Mountains
- Sea Treader's Path
- Sea Treader's Tunnel Caves
- Underwater Islands
- Primary Containment Facility Aquarium

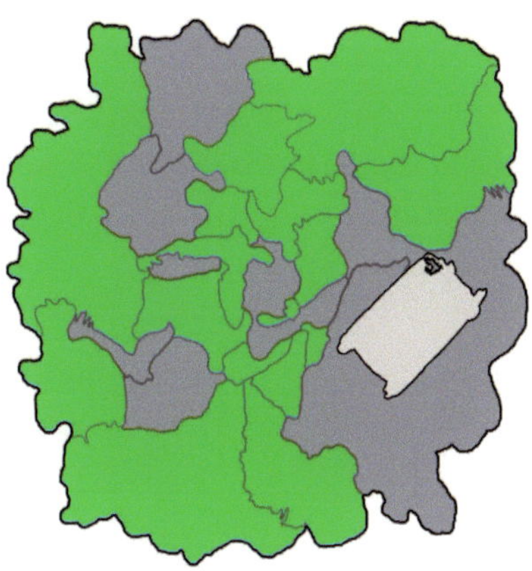

Reißer

Englischer Name: Blighter

Kategorie	Fleischfresser
Verhalten	Aggressiv
Leben	10
Schaden	Beißen: 7
Aktiv während	Tag und Nacht
Verwertbar	Nein
Inventar-Größe	–
Spawn-Befehl	spawn blighter

Der Reißer ist ein enger Verwandter des *Beißers*, der sich nur in wenigen Punkten von ihm unterscheidet:

Die Augen des Reißers sind gänzlich weiß. Der Datenbankeintrag legt nahe, dass diese Art aufgrund der Dunkelheit in seinem Lebensraum keine große Verwendung für die Augen fand und sie sich deshalb zurückbildeten.

Die Farbe des Reißers ist weiß und gelb-golden. Die Antenne leuchtet rot. Allgemein wirkt der Reißer wie eine stilisierte Mischung aus Kaulquappe und Anglerfisch.

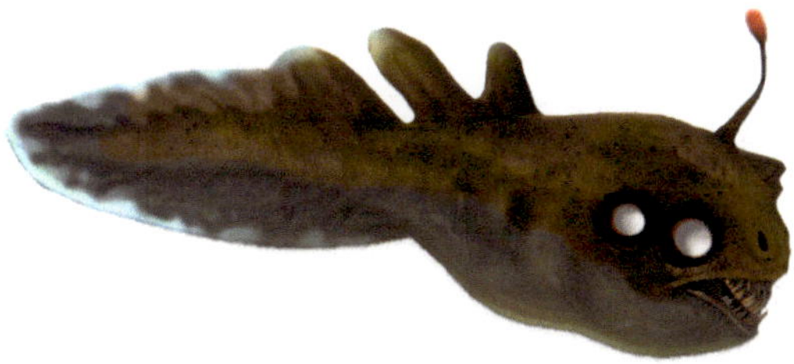

Lebensraum:

- Blood Kelp Caves
- Blood Kelp Zone

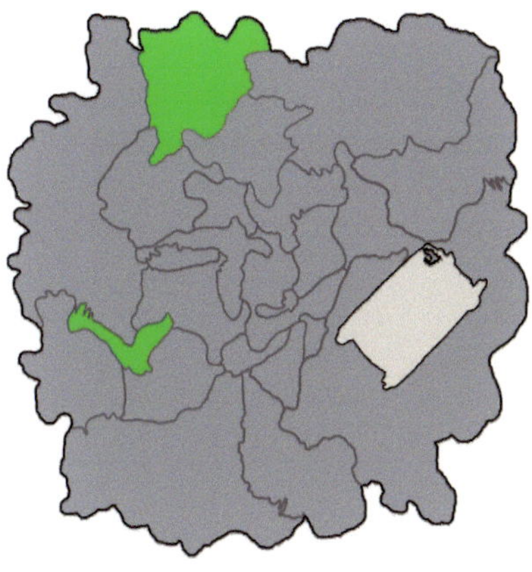

Riffrücken

Englischer Name: Reefback Leviathan

Kategorie	Pflanzenfresser
Verhalten	Passiv
Leben	10.000
Schaden	–
Aktiv während	Tag und Nacht
Verwertbar	Ja
Inventar-Größe	16 (4x4)
Spawn-Befehl	spawn reefback spawn reefbackbaby (Jungtier)

Der Riffrücken ist ein riesiges Wesen der Leviathan-Klasse. Es bewegt sich mithilfe dreier Tentakeln fort. Der Rückenpanzer vom ausgewachsenen Riffrücken ist in der Regel mit einer Vielzahl von Pflanzen bewachsen, darunter:

- Adrige Nessel
- Blutgras
- Eingerollter Papyrus
- Gepunktetes Schilf
- Regress Shell
- Rote Wiege
- Schönveilchen
- Säurepilz
- Tigerpflanze
- Windegras

Auch wenn Riffrücken selbst keine Gefahr darstellen, solltest du dich insbesondere wegen der Tigerpflanzen nur vorsichtig an sie heranbewegen.

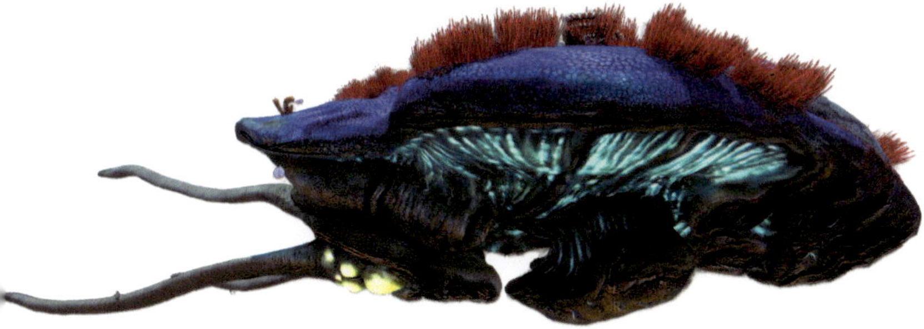

Lebensraum:

- Bulb Zone
- Crag field
- Dunes
- Grassy Plateaus
- Mushroom Forest
- Sparse Reef
- Underwater Islands

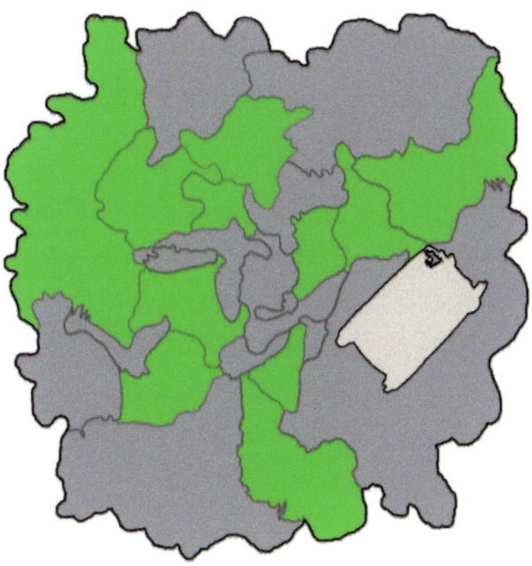

Sandhai

Englischer Name: Sand Shark

Kategorie	Fleischfresser
Verhalten	Aggressiv
Leben	250
Schaden	Beißen: 30
Aktiv während	Tag und Nacht
Verwertbar	Ja
Inventar-Größe	9 (3x3)
Spawn-Befehl	spawn sandshark

Der Sandhai ist eine große fischähnliche Kreatur, die komplett mit einem segmentierten Exoskelett umhüllt ist. Zusätzlichen zu seinen insgesamt vier Augen und der wohl namensgebenden großen Haiflosse auf dem Kopf verfügt der Sandhai als einer der wenigen Fische über kleine Beinchen, 12 an der Zahl. Diese dienen laut dem entsprechenden Datenbankeintrag vermutlich hauptsächlich dazu, das Eingraben im Sand zu erleichtern.

Sandhaie graben sich so im Sand ein, dass nur ihre Flosse herausragt und warten dann auf vorbeischwimmende Beute. Falls sie solche bemerken, bewegen sie sich blitzgeschwind aus dem Sand in einer geraden Linie auf das Ziel zu. Falls du einen Sandhai abhängen möchtest, solltest du also öfter die Richtung wechseln.

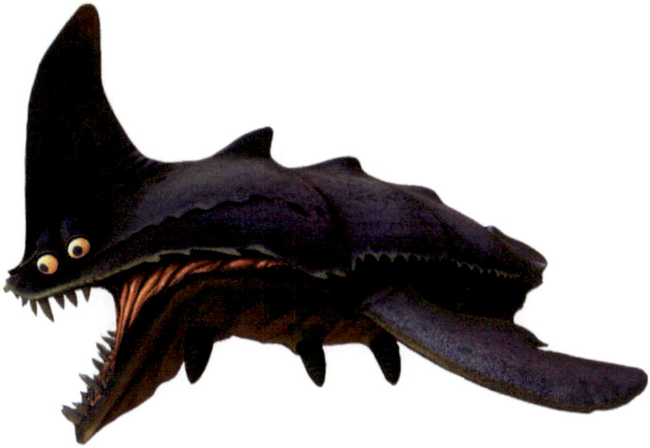

Lebensraum:

- Crash Zone
- Dunes
- Grassy Plateaus

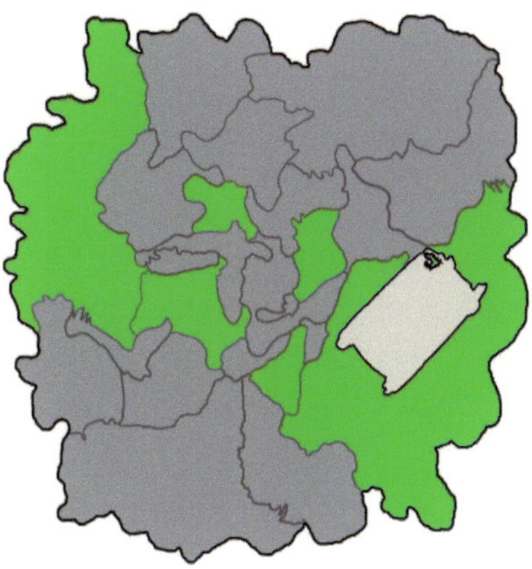

Schockwels

Englischer Name: Ampeel

Kategorie	Fleischfresser
Verhalten	Aggressiv
Leben	3000
Schaden	Beißen: 45 Schocken: 15
Aktiv während	Tag und Nacht
Verwertbar	Ja
Inventar-Größe	9 (3x3)
Spawn-Befehl	spawn shocker

Schockwelse sind sehr große aal- oder schlangenähnliche Kreaturen, deren Körper über die gesamte Länge hinweg mit kleinen bioelektrischen Zacken versehen sind. Der Körper ist dabei in mehrere kleinere Segmente unterteilt, pro Segment gibt es vier dieser Zacken. Zwischen den Zacken kann man oft umherzuckende Blitze beobachten – eine ernstzunehmende Warnung, für jeden, der sich diesen Kreaturen nähern will.

Das Seemotten-Perimeter-Abwehrsystem hat keine Wirkung gegen Schockwelse, was besonders deswegen aufmerksam im Hinterkopf zu behalten ist, weil Schockwelse den Seefahrzeugen des Spielers sehr stark zusetzen können (auch dem Zyklopen!).

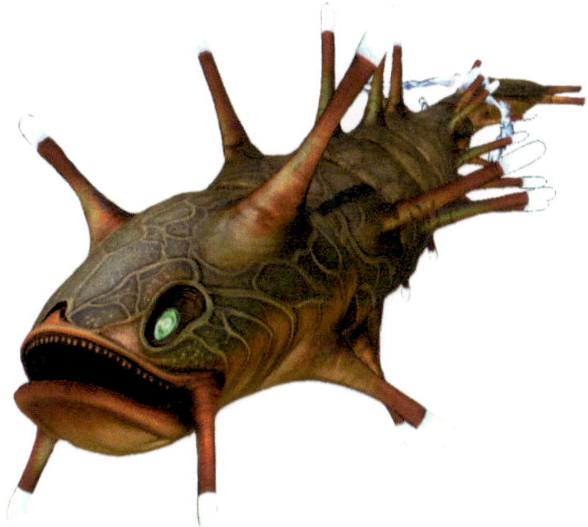

Lebensraum:

- Blood Kelp caves
- Blood Kelp Zone
- Bulb Zone

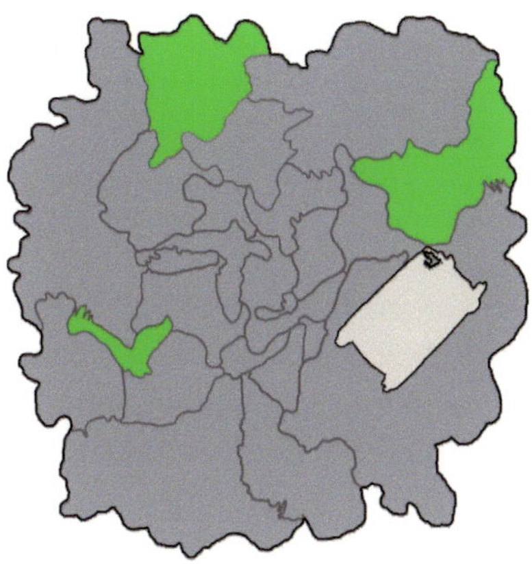

Schwebefisch

Englischer Name: Hoverfish

Kategorie	Pflanzenfresser
Verhalten	Passiv
Leben	30
Schaden	–
Aktiv während	Tag und Nacht
Verwertbar	Ja
Inventar-Größe	1
Spawn-Befehl	spawn hoverfish

	Nahrung	Wasser
Roh	13	–9
Gepökelt	23	–2
Gekocht	23	3

Der recht kleine Schwebefisch zeichnet sich durch seine auffallend gelbe Zeichnung mit blauen, leuchtenden Punkten und seine sechs fast horizontal vom Körper abstehenden Beinchen aus, an deren Ende sich jeweils eine kleine Schwebescheibe aus einer transparenten Membran befindet.

Diese sind es auch, die es ihm erlauben, seinem Namen gerecht durchs Wasser zu "schweben".

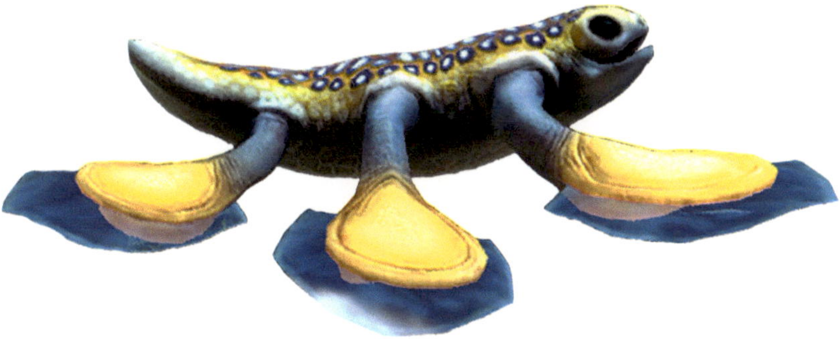

Lebensraum:

- Crash Zone
- Crash Zone Mesas
- Kelp Forest
- Primary Containment Facility Aquarium

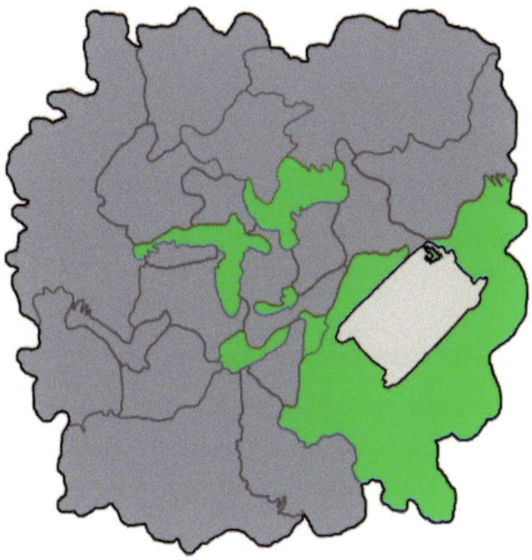

Schweber

Englischer Name: Floater

Kategorie	Parasit
Verhalten	Passiv
Leben	40
Schaden	–
Aktiv während	Tag und Nacht
Verwertbar	Ja
Inventar-Größe	1
Spawn-Befehl	spawn floater

Schweber sind passive Kreaturen, die eigentlich aus zwei in Symbiose lebenden unterschiedlichen Spezies bestehen: Der rosane Hauptkörber ist eine davon, die umgebende Membran besteht aus kleinen Mikroorganismen und ist damit die andere.

Zwischen der Membran und dem Hauptkörper verwahren die Schweber kleine Mengen Helium, die ihnen einen gewaltigen Auftrieb verleihen.

Schweber können sich sowohl an Kreaturen, an Gegenständen, als auch an Transportmitteln und dem Spieler selbst vergreifen. Dabei richten sie geringfügigen Schaden an und ziehen das Ziel, an dem sie sich festgesaugt haben, nach oben. Ein einziger Schweber genügt, um einen Zyklopen komplett aus dem Gleichgewicht zu bringen und quasi unsteuerbar zu machen.

Nichtsdestotrotz kann es eine gute Idee sein, stets ein paar Schweber mit sich herumzutragen, denn mit ihnen lassen sich Felsen aus dem Weg von Höhleneingängen räumen oder sinkende Schiffe retten (letzteres ist nur für erfahrene Spieler empfohlen).

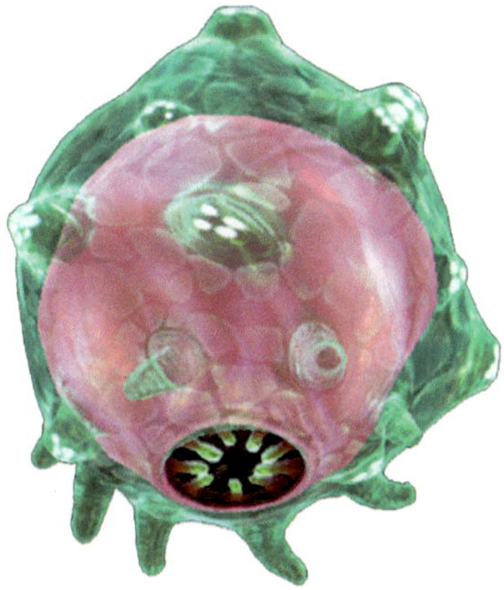

Lebensraum:

- Blood Kelp Zone
- Floating Island
- Grassy Plateaus
- Safe Shallows
- Underwater Islands

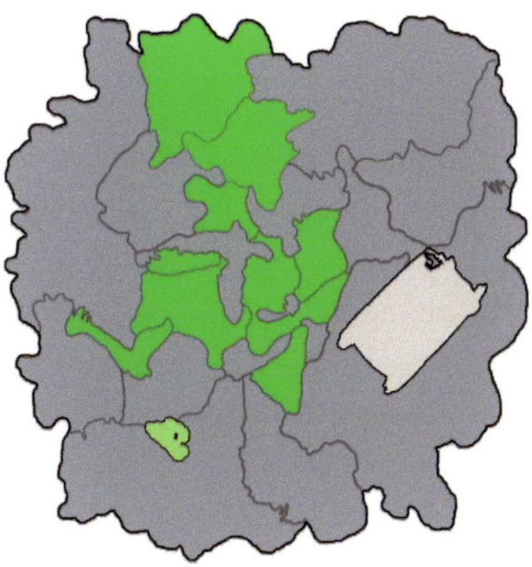

Seedrache

Englischer Name: Sea Dragon Leviathan

Kategorie	Fleischfresser
Verhalten	Aggressiv
Leben	5000
Schaden	Beißen: Sofortiger Tod Zerquetschen: 40 Feueratem: 20 Meteor: 80
Aktiv während	Tag und Nacht
Verwertbar	Nein
Inventar-Größe	–
Spawn-Befehl	spawn seadragon

Der Seedrache ist eine gigantische Kreatur der Leviathan-Klasse und mit einer Länge von durchschnittlich 112 Metern die größte aggressive Kreatur im Spiel. Es gibt im gesamten Spiel genau drei (lebendige) Seedrachen.

Sein gut gepanzerter grüner Torso endet in 7 Tentakeln. Am Körper finden sich an vielen Stellen kleine biolumineszent gelb leuchtende Flecken.

Spoiler: Tatsächlich spielten die Seedrachen eine tragende Rolle in der Infektion des Planeten mit dem Khaara-Bakterium. Vor etwas weniger als tausend Jahren experimentierten die Precursor mit einem Seedrachenei in der Disease Research Facility, allerdings zerstörte daraufhin ein ausgewachsener Seedrache die Anlage und befreite somit Khaara, woraufhin die Precursor den Planeten unter Quarantäne stellten. Besagter Seedrache kann im Spiel als Skelett außerhalb der *Disease Research Facility* aufgefunden werden – das Rammen der Anlage ging für den Seedrachen offenbar mit einem tödlichen Schädeltrauma einher.

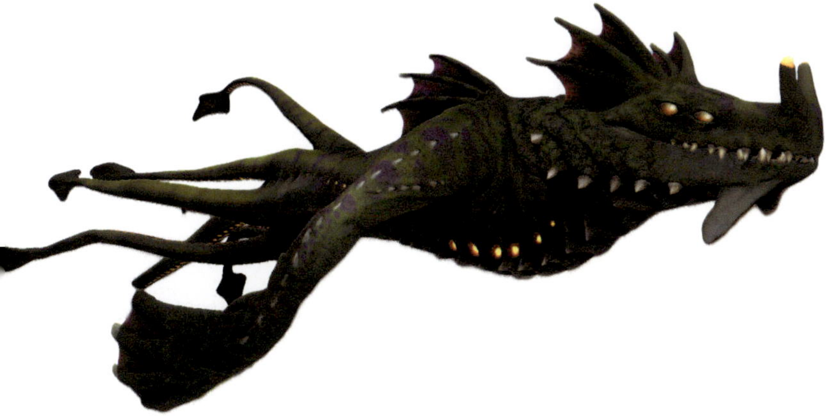

Lebensraum:

- Inactive lava Zone
- Lava Lakes

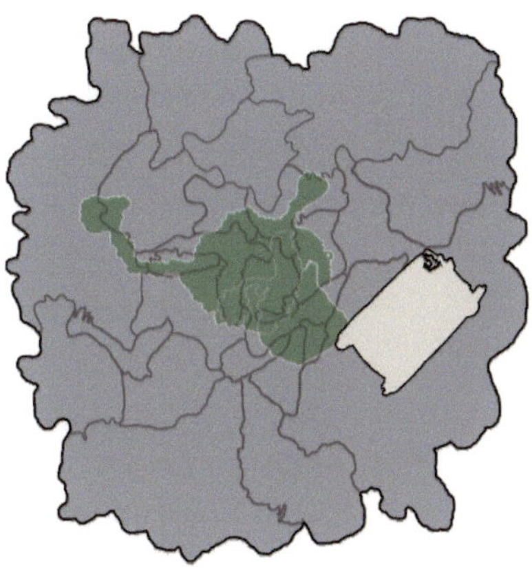

See-Imperator

Englischer Name: Sea Emperor Leviathan

Kategorie	–
Verhalten	Passiv
Leben	–
Schaden	–
Aktiv während	Tag und Nacht
Verwertbar	Nein
Inventar-Größe	–
Spawn-Befehl	–

Der See-Imperator ist das größte Lebewesen im Spiel und eines der wichtigsten Lebewesen in der Storyline von Subnautica. Das einzige lebende Exemplar findet man in der Haupforschungseinrichtung der Aliens (engl. *Primary Containment Facility*) in den Lava Lakes.

Dort ist das Exemplar seit Jahrhunderten gefangen. Die Precursor Aliens haben herausgefunden, dass der See-Imperator ein Enzym besitzt, dass die *Kharaa Infektion* heilen kann. Sie fingen den See-Imperator und versuchten das Enzym und damit ein Heilmittel zu erlangen, doch leider vergeblich.

Der Spieler muss ihm helfen und aus Pflanzen ein Enzym herzustellen, dass die jungen See-Imperatoren aus den dort vorhandenen 5 Eiern schlüpfen lässt. Diese sondern das Heilungsenzym automatisch ab und heilen alle Wesen in ihrer Umgebung. Sie verlassen die Forschungseinrichtung (Sie sind noch klein genug dafür) und können später in den Biomen *Dunes*, *Blood Kelp Zone*, *Mountains*, *Crag Field* und *Grand Reef* gefunden werden.

Mehrere dieser See-Imperatoren trifft man in der Fortsetzung *Subnautica Below Zero* später in der Eisregion von Subnautica wieder an.

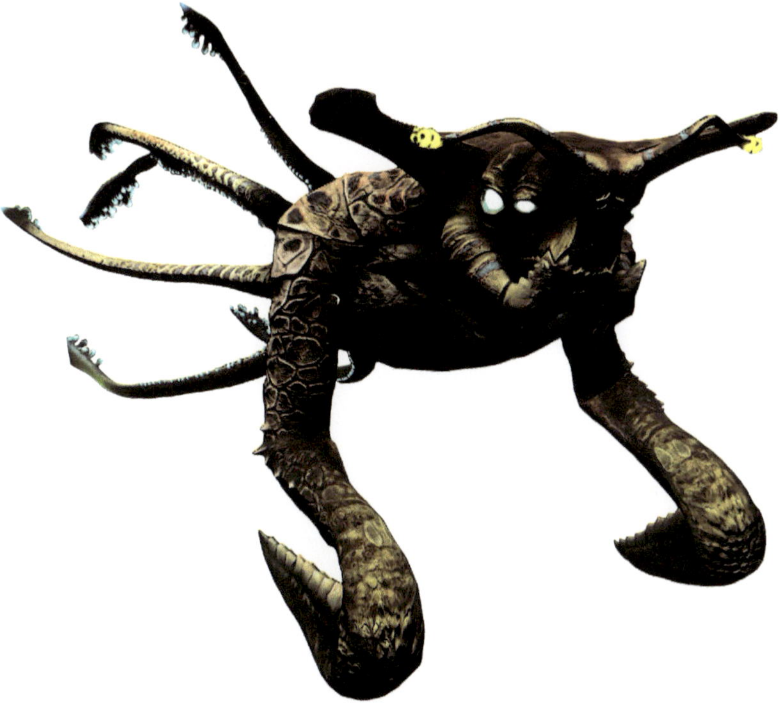

Lebensraum:

- Primary Containment Facility Aquarium

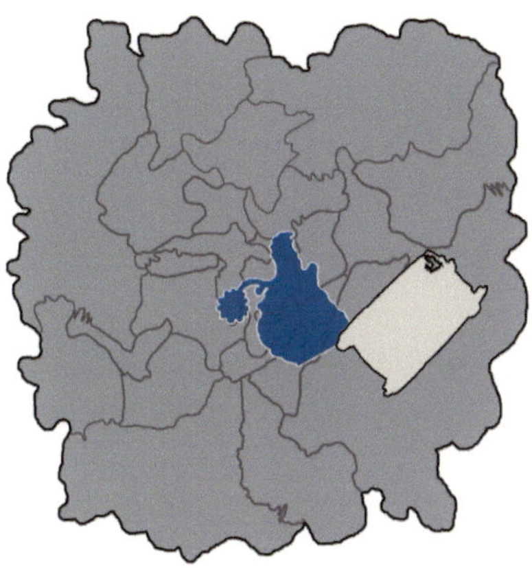

Seewanderer

Englischer Name: Sea Treader Leviathan

Kategorie	Pflanzenfresser
Verhalten	Defensiv
Leben	3000
Schaden	Kicken/Stampfen: 40
Aktiv während	Tag und Nacht
Verwertbar	Nein
Inventar-Größe	–
Spawn-Befehl	spawn seatreader

Der Seewanderer ist ein großes Wesen der Leviathan-Klasse, das sich hauptsächlich im Grand Reef und entlang des Sea Treader's Path aufhält. Die Grundfarbe des Wanderers ist ein tiefes Blau, das jedoch an den meisten Stellen von biolumiszentem Orange überdeckt wird.

Der Seewanderer gehört mit seinem einzigartigen Körperbau definitiv zu den außergewöhnlicheren Wesen in Subnautica. Er besteht hauptsächlich aus einem großen Torso und zwei Beinen mit je zwei Gliedern. Das dritte, frontal ausgerichtete Bein ist tatsächlich der lange Kopf bzw. Schnabel des Seewanderers. Außerdem besitzt er insektenähnliche Facettenaugen. Bei jedem Schritt des Seewanderers erscheinen an den Stellen, wo er aufgetreten ist, 0-3 Schieferablagerungen.

Seewanderer verhalten sich eigentlich passiv und greifen nur dann an, wenn man sich in ihren Weg stellt (oder sie zuerst angreift).

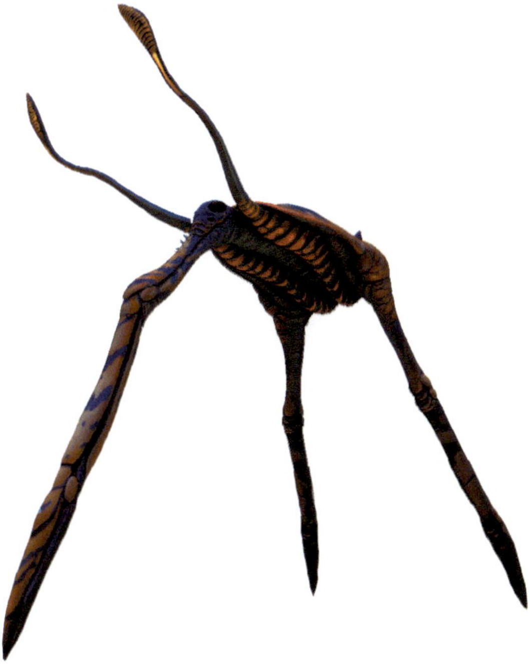

Lebensraum:

- Grand Reef (nur Nordosten)
- Sea Treader's Path

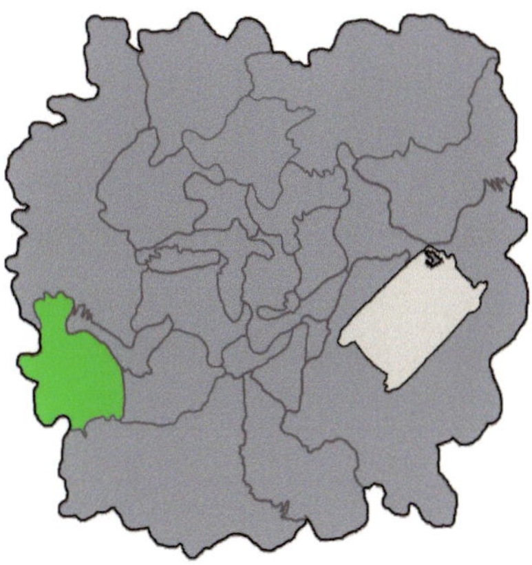

Skyray

Englischer Name: Skyray

Kategorie	Pflanzenfresser
Verhalten	Passiv
Leben	100
Schaden	–
Aktiv während	Tag und Nacht
Verwertbar	Nein
Inventar-Größe	–
Spawn-Befehl	spawn skyray

Der Skyray ist eine Mischung aus Vogel und Rochen und flattert immer fröhlich in der Nähe vom Festland umher. Siehst du also einen von ihnen, kannst du davon ausgehen, dass die nächste Insel nicht lange auf sich warten lässt!

Meist sind sie in kleinen Gruppen unterwegs oder man trifft auf sie, während sie sich gerade auf der Mountain oder Floating Island ausruhen. Das Näherkommen des Spielers verscheucht die Gruppe Flugtiere dann.

Skyrays ertrinken, wenn sie sich unter Wasser befinden und sind mit Höhlen- und Blutkrabblern eine der einzigen drei Spezies im Spiel, die überhaupt oberhalb der Wasseroberfläche überleben können.

Man kann auf Skyrays außerdem "surfen", indem man einfach auf sie springt und versucht, auf ihnen zu balancieren. Das klappt zugegebenermaßen meistens eher schlecht als recht.

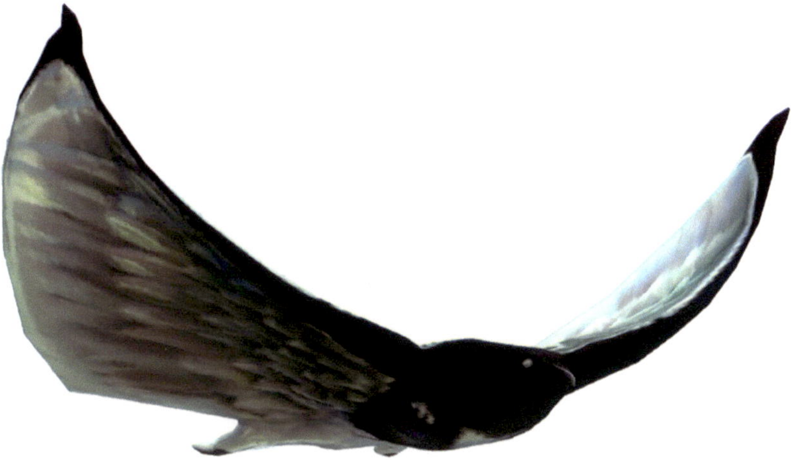

Lebensraum:

- Aurora
- Crash Zone
- Floating Island
- Mountain Island
- Safe Shallows

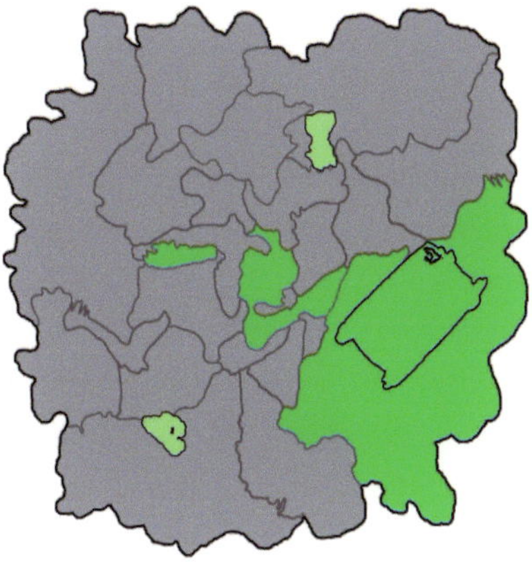

Spatenfisch

Englischer Name: Spadefish

Kategorie	Pflanzenfresser
Verhalten	Passiv
Leben	30
Schaden	–
Aktiv während	Tag und Nacht
Verwertbar	Ja
Inventar-Größe	1
Spawn-Befehl	spawn spadefish

	Nahrung	Wasser
Roh	13	–6
Gepökelt	23	–2
Gekocht	23	3

Spatenfische sind mittelgroße, recht flache und annähernd dreieckig gebaute Fische, deren Torso in der Mitte von einem einzelnen, sehr großen Auge geziert wird. Die Schuppenfarbe des Spatenfischs ist ein dunkles Türkis mit helleren Flecken, die Flossen haben einen blassen Rotton, der biolumineszentes Leuchten von sich gibt.

Sie sind recht einfach zu fangen und besonders hinter Riffrücken oft in Gruppen von bis zu 5 Fischen unterwegs, was sie zu einer nützlichen Nahrungsquelle machen kann.

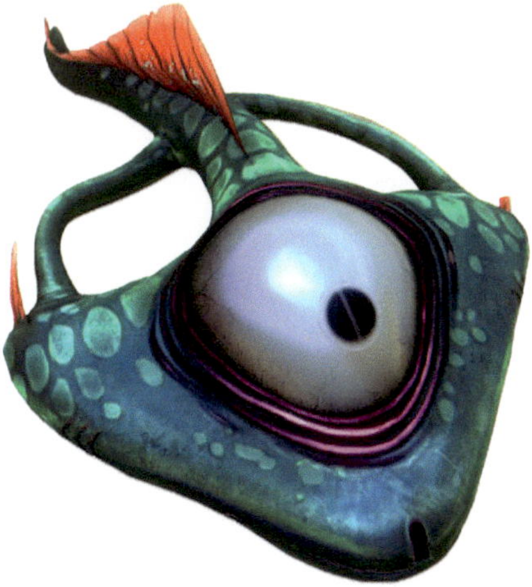

Lebensraum:

- Dunes
- Deep Sparse Reef
- Grand Reef
- Grand Reef Caves
- Grassy Plateaus
- Mushroom Forest
- Sea Treader's Path
- Sea Treader's Tunnel Caves
- Sparse Reef
- Underwater Islands

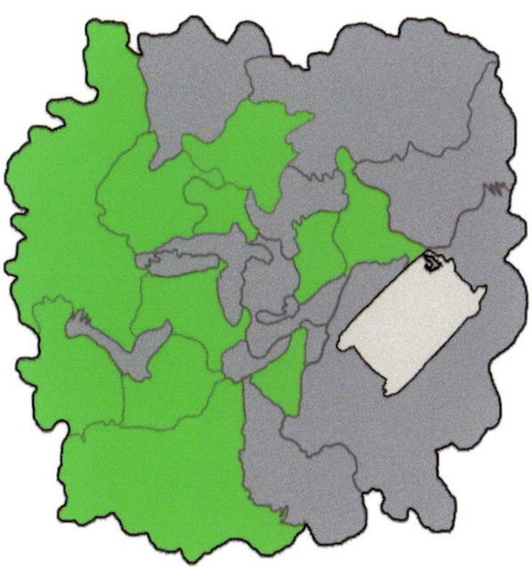

Steinlaus

Englischer Name: Rockgrub

Kategorie	Aasfresser
Verhalten	Passiv
Leben	30
Schaden	–
Aktiv während	Tag und Nacht
Verwertbar	Nein
Inventar-Größe	–
Spawn-Befehl	spawn rockgrub

Die Steinlaus ist ein sehr kleines Lebewesen, das sich hauptsächlich in tieferen Höhlengebieten aufhält. Tatsächlich ist es das kleinste Tier im Spiel. Der Datenbankeintrag weist außerdem darauf hin, dass es sich bei der Steinlaus um einen Verwandten des Sandhais handelt.

Die Steinlaus hat eine derart starke Biolumineszenz, dass es in der Nacht schwer ist, das Tier selbst zu erkennen, weil das umgebende Licht so hell ist.

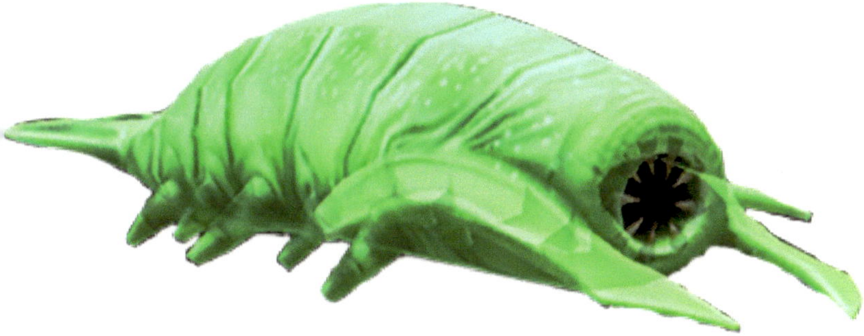

Lebensraum:

- Bulb Zone
- Bulb Zone Caves
- Dunes
- Dunes Caves
- Deep Sparse Reef
- Grassy Plateaus Caves
- Mountain Island
- Mountains
- Sparse Reef

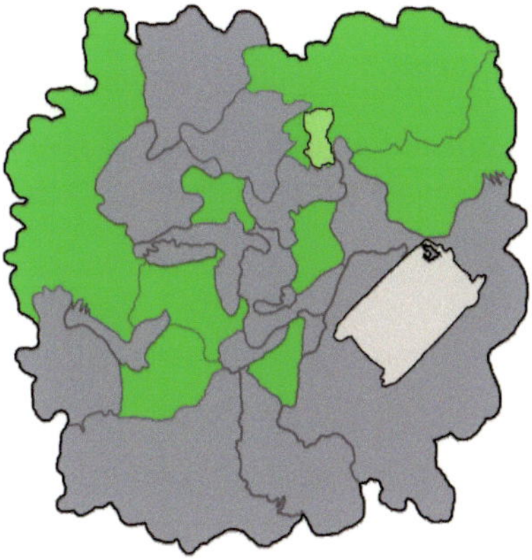

Warper

Englischer Name: Warper

Kategorie	Fleischfresser
Verhalten	Passiv (gegenüber nicht infizierten Kreaturen) Aggressiv (gegenüber infizierten Kreaturen)
Leben	100
Schaden	Klauenangriff: 65 Projektil: 5
Aktiv während	Tag und Nacht
Verwertbar	Nein
Inventar-Größe	–
Spawn-Befehl	spawn warper

Warper sind biomechanische Lebensformen, die zur Eindämmung des Khaara-Bakteriums von den Precursorn in der Disease Research Facility geschaffen wurden (dort triffst du übrigens auch noch auf Warper-Einzelteile und einen inaktiven Warper).

Obwohl de Datenbankeintrag den Warper als Fleischfresser identifiziert, stellt er auch fest, dass Warpern die Verdauungs- und Atmungssysteme gänzlich fehlen.

Sie feuern kleine Projektile auf infizierte Lebensformen, die das Ziel bei einem Treffer direkt zum Warper teleportieren.

Besondere Vorsicht ist geboten, denn Warper können den Spieler sogar aus einem Fahrzeug heraus teleportieren – mit Ausnahme des *Zyklopen*.

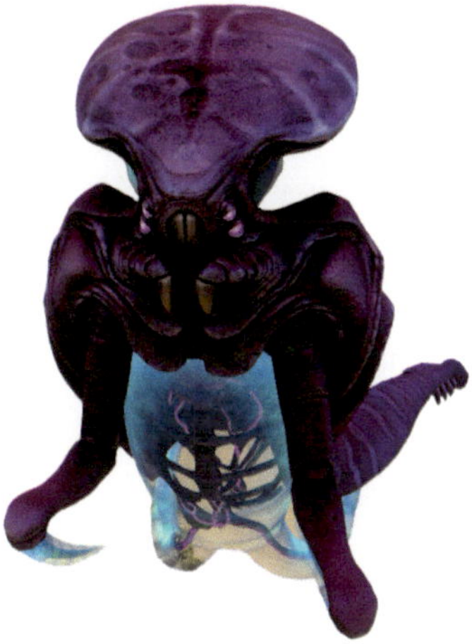

Lebensraum:

- Blood Kelp Zone
- Deep Grand Reef
- Dunes
- GrandReef
- Inactive Lava Zone
- Inactive Lava Zone Corridor
- Lava Lakes
- Lost River
- Junction
- Mountain Island
- Sea Treader's Path

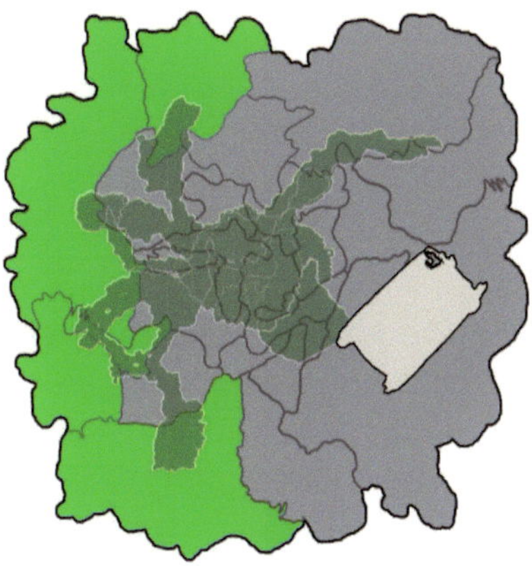

Wirbelfisch

Englischer Name: Spinefish

Kategorie	Pflanzenfresser
Verhalten	Passiv
Leben	20
Schaden	–
Aktiv während	Tag und Nacht
Verwertbar	Ja
Inventar-Größe	1
Spawn-Befehl	spawn hoopfish

	Nahrung	Wasser
Roh	12	-6
Gepökelt	23	–2
Gekocht	23	2

Der Wirbelfisch ist ein kleiner nahezu vollständig transparenter Fisch, von dessen Kopf aus wie bei seinem Verwandten, dem *Reiffisch*, ein Ring (bzw. "Wirbel") einmal rund um den Körper herumführt.

Der gesamte Körper ist schwach grün biolumineszent. Im Gegensatz zu seinem freundlicher aussehendem Verwandten ist der Wirbelfisch offenbar blind – das geht aus seinem Datenbankeintrag hervor. Dieser erzählt ebenfalls davon, dass Wirbelfische dank ihres knochigen Aussehens oft tote Fische imitieren, um etwaigen Jägern aus dem Weg zu gehen. Dieses Verhalten ist im Spiel selbst allerdings leider nicht zu beobachten.

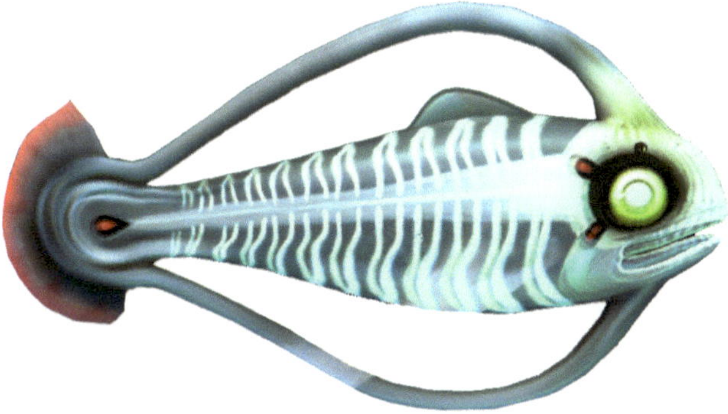

Lebensraum:

- Bulb Zone
- Crag field
- Dunes
- Grand Reef
- Grassy Plateaus
- Kelp Forest
- Kelp Forest Caves
- Mountains
- Sea Treader's Path
- Sea Treader's Tunnel Caves
- Underwater islands
- Primary Containment Facility Aquarium

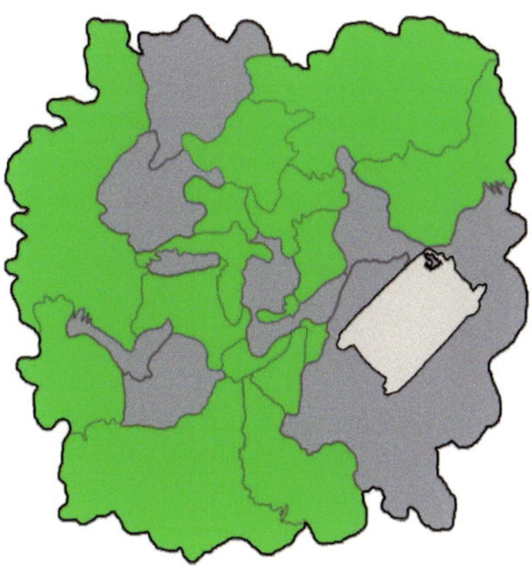

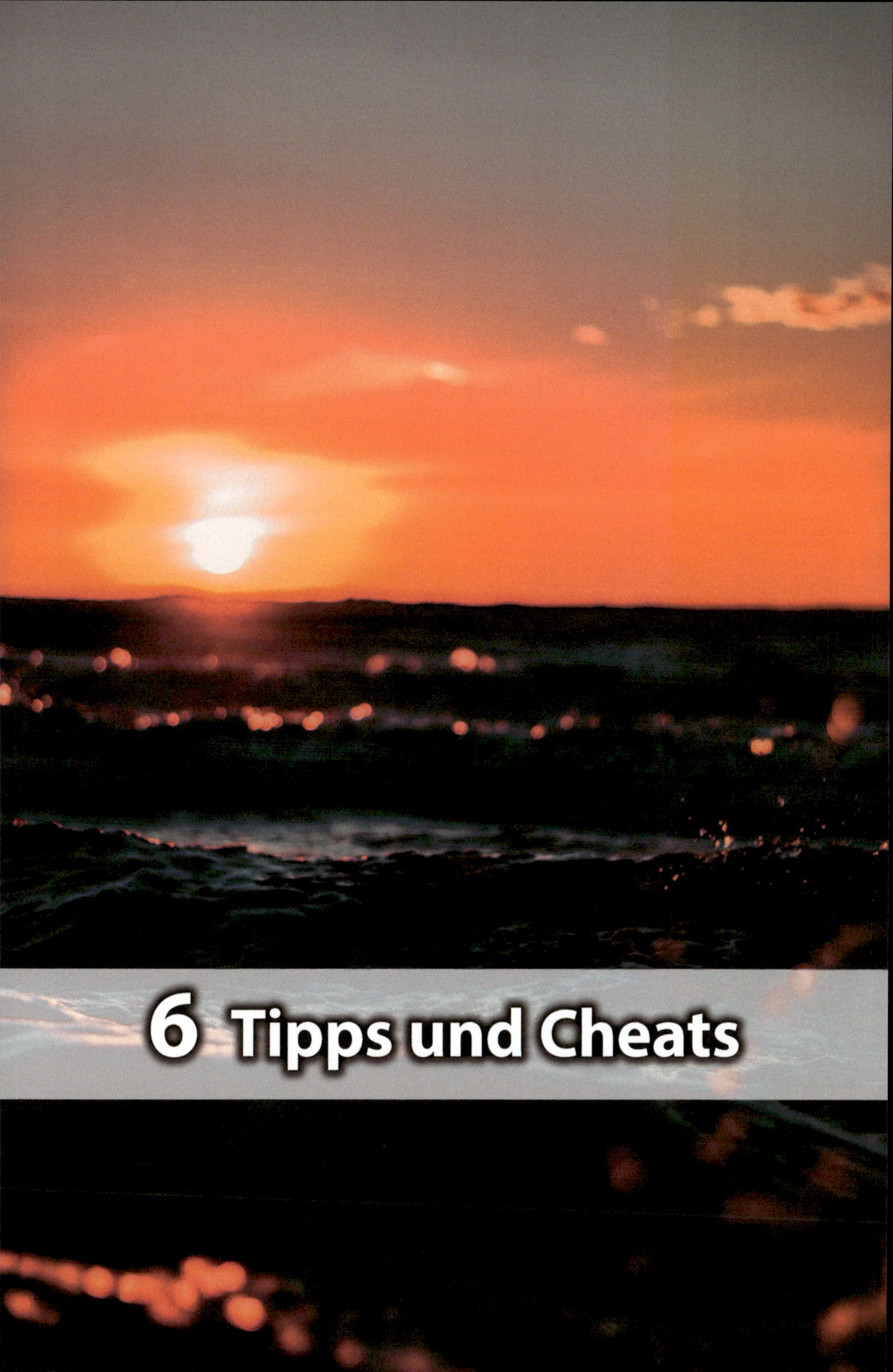

6 Tipps und Cheats

6.1 Allgemeine Tipps

Im folgenden Kapitel geben wir dir ein paar Tipps zu wichtigen Spielelementen.

Wegfindung

- Die beiden Inseln (*Floating Island* und *Mountains*) sind ganz leicht zu finden. Steige oben auf deine Rettungskapsel und schaue zur *Aurora*. Folgst du nun dem Blick nach links über den Bug immer weiter Richtung Norden bis du auf dem Wasser eine große Wolke siehst. Ein ähnliche Wolke siehst du, wenn du von der Aurora über das Heck nach rechts Richtung Süden schaust. Hinter der Nördlichen Wolkenwand versteckt sich die *Mountains* Insel mit der *Quarantäne-Vollstreckungsplattform* und hinter der südlichen die *Floating Island* mit den *Degasi Basen*.
- Setze Signalbojen an Orten ab, die du wiederfinden möchtest. Vor allem bei deinen Basen und wichtigen Orten wie z. B. den Eingängen in den Lost River. Im PDA kannst du Signale aus- und auch wieder anschalten, damit du nicht zu viele auf deinem Bildschirm hast. Außerdem kannst du die Farben der Signale anpassen.
- Du findest in diesem Buch und auch im Internet viele Positionsangaben zu Subnautica wie z. B. 105 -91 -350 Diese Angabe zeigt dir für den ersten Wert (x) die Nord-Süd Richtung. Ein positiver Wert geht nach Norden (von der Mitte aus gesehen), ein negativer Wert nach Süden. Der zweite Wert (y) bestimmt die Tauchtiefe und der letzte Wert (z) gibt die West-Ost Richtung an (Positiv Richtung Westen, negativ Richtung Osten.

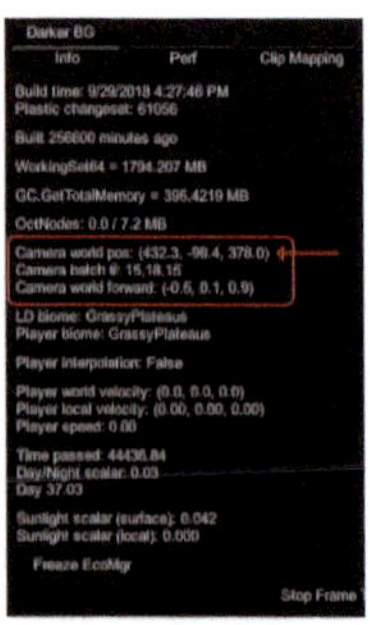

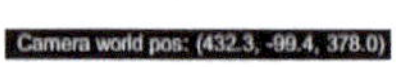

- Du kannst mit der Taste *F1* am PC (Xbox *Select* und *X*) ein Hilfsfenster am rechten Bildschirmrand einschalten. Dort siehst du unter *Camera world pos: (x y z)* deine aktuelle Position. In diesem Fenster erfährst du auch noch den Namen des Bioms, indem du dich gerade befindest und noch einige weitere Daten.
- Du suchst nach Fragmenten, Wracks oder besonderen Rohstoffen? Baue in der Gegend, in der du suchst eine Basis mit Stromversorgung und einem *Scannerraum*. Mehrere *Reichweitenmodule* vergrößern die Reichweite des Scannerraums enorm.

Überleben

Sauerstoff

- Du kannst mehrere *Sauerstoffflaschen* mit dir nehmen und sie wechseln, wenn eine fast leer ist. Du musst die leere Sauerstoffflasche zum nachfüllen ausrüsten und in einem Gebiet mit Sauerstoff sein (Oberfläche, Basis, Fahrzeug).

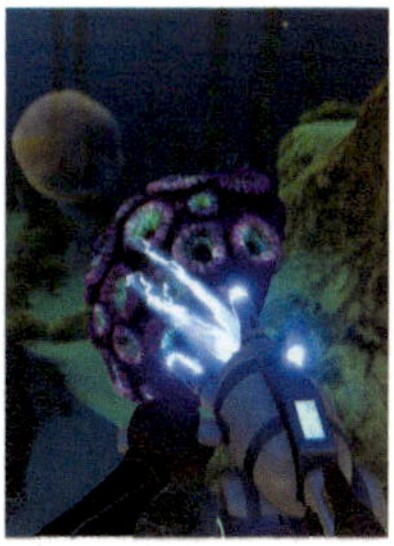

- *Hirnkorallen* sondern 3 Blasen mit Luft ab, die dir insgesamt für 30 Sekunden Sauerstoff geben. Das kann beim Tauchen in die Tiefe und in Höhlen sehr praktisch sein. Warum nicht eine Koralle mitnehmen? Benutze die *Schubkanone* auf eine *Hirnkoralle* und du kannst sie mitnehmen. Sie gibt die Luftblasen sogar ab, während sie an der Schubkanone hängt.
- Du willst ein tief gelegenes Gebiet erforschen, hast aber noch kein Fahrzeug, dass so tief tauchen kann? Tauche mit deinem Fahrzeug so tief wie möglich, tauche dann ohne Fahrzeug so schnell wie möglich nach unten und nimm genügend Rohstoffe für eine kleine Basis mit. Baue auf dem Seeboden eine kleine Basis. Diese kann dich nun mit Luft versorgen und der Erforschung steht nichts mehr im Weg! Du kannst sogar *Sauerstoffleitungen* weiter verlegen um deine Reichweite zu erhöhen.Vergiss nicht eine *Luke* und eine *Stromversorgung* zu bauen! Eine Basis mit einem bepflanzten *Pflanztopf* liefert dir außerdem Essen und Trinken!

Essen

- Am Anfang genügen die *Fische*, die du fangen kannst zur Nahrungsherstellung. Vorsicht, hast du einen Bereich leer gefischt dauert es länger bis sich der Fischbestand regeneriert, lass lieber ein paar Fische übrig. Du kannst Fische auch im *Lebensform-Zuchtbehälter* züchten. Setze einfach 2 Fische einer Gattung in einen Lebensform-Zuchtbehälter und sie werden sich vermehren. Im *Aquarium* funktioniert die Vermehrung leider nicht.
- Sobald du Außen- und Innenbeete bauen kannst, solltest du einige Pflanzen anbauen. Pflanzen wie der *Bulbobaum* geben dir Nahrung, Wasser und können in Bioreaktoren als Treibstoff verwendet werden. Als Nahrung sind *Chinesische Kartoffeln* gut geeignet, aber du wirst wohl mehr Wasser als Essen benötigen.

Trinken

- Aus *Blasenfischen* kannst du genügend Wasser zu Beginn herstellen. Mit *Salz* und *Röhrenkorallenproben* erhältst du *Chlor*, mit dem du sogar zwei *Wasserrationen* herstellen kannst.
- Sobald du Pflanzen anbauen kannst, werden dich *Wassermelonen* und *Bulbobäume* mit ausreichend Wasser zuverlässig versorgen.
- Nimm auf weite Expeditionen immer Notrationen mit.
- Ein *Wasserfilter* ist eine gute Wasserquelle, verbraucht jedoch viel Strom und benötigt lange für die Herstellung. Pflanzen schaffen die Wasserversorgung in einer Basis besser. Der Vorteil des *Großen gefilterten Wasser* aus dem Filter ist, dass es sofort 50% Wasservorrat auffrischt. Als Mitnahme-Notration sehr gut geeignet!

Verteidigung

- Nicht auf Gegner zu treffen ist die beste Verteidigung. Das Sonar des Zyklopen hilft, große Gegner frühzeitig zu orten!
- Keine Aufmerksamkeit erregen: Schleichfahrt und langsame Fahrt im Zyklop erregen weniger Aufsehen. Verlässt du ein Fahrzeug schalte das Licht aus. Generell sind einige Unterwasserbewohner von Licht und Lärm genervt und greifen schneller an!
- *Täuschkörper* oder entsprechende *Torpedos* können Gegner ablenken und Dir Zeit zur Flucht geben.
- Das *Perimeter Abwehrsystem* der *Seemotte* vertreibt sogar Leviathane kurzzeitig!
- Du willst eine Konfrontation mit deinem Gegner? Der *Krebs* ist sehr ausdauernd und sein *Bohrerarm* kann mit der Zeit sogar Leviathane töten. Gegner zu töten bringt jedoch nichts, da diese nach einiger Zeit wieder an ihrem alten Ort spawnen.
- *Pirscher* kannst du mit gefangenen Fischen füttern und sie so für kurze Zeit zähmen. *Glubscher* werden bevorzugt.

6.2 Cheats und Konsole

Die Konsole / Cheats aktivieren

Du kannst im Spiel nicht einfach einen Code eingeben, dazu mußt du erst die Konsole öffnen. Je nach deinem System (PC, Xbox, PS4) funktioniert dies anders oder gar nicht.

Konsole am PC aktivieren

Die Konsole ist standardmäßig deaktiviert, du mußt sie einmalig wie folgt aktivieren:

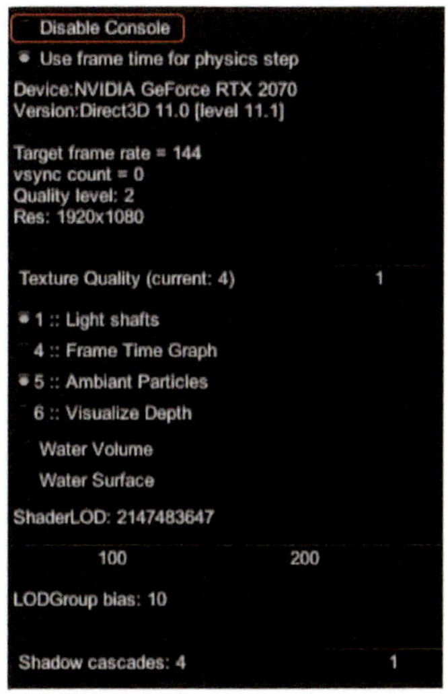

- Sei am besten in deiner Basis (damit dir der Sauerstoff nicht ausgeht!)
- Drücke *F3* und es öffnet sich ein Fenster (siehe rechts).
- Drücke *F8* es öffnet sich zusätzlich im Hintergrund das Feedbackformular. Dieses Formular gibt dir einen Mauszeiger, daher mußt du es zusätzlich öffnen!
- Nun gehst du mit dem Mauszeiger in das Menü links oben und klickst auf *Disable Console*. Der Auswahlpunkt vor dem Text muss entfernt sein.
- Schließe beide Fenster durch erneutes Drücken von *F3* und *F8*.
- Nun kannst du jederzeit im Spiel durch Drücken der *Enter-Taste* die Konsole öffnen und einen Cheat eingeben. Die Konsole ist ein kleines graues Textfenster links unten am Bildschirmrand.

Ab und zu kommt es vor, dass sich die Konsole nicht öffnet, obwohl sie aktiviert wurde. Drücke zuerst *F3* um das Menüfenster links oben zu öffnen. Dann drücke daraufhin *ENTER* und die Konsole sollte sich jetzt links unten am Bildschirmrand öffnen!

Konsole auf der Xbox öffnen

Die Developer-Konsole auf der Xbox öffnest du mit folgender Kombination. Drücke diese Tasten auf dem Controller gleichzeitig:

X + A + RB + LB

Dann kannst du den entsprechenden Code aus der Liste eingeben.

Konsole auf der PS4 öffnen

Die Developer-Konsole auf der Playstation öffnest du mit folgender Kombination. Drücke diese Tasten auf dem Controller gleichzeitig:

□ + ╳ + R1 + L1

Dann kannst du den entsprechenden Code aus der Liste eingeben.

In einigen Versionen des PS4 Spiels funktioniert das Öffnen der Developer-Konsole nicht, weil sie deaktiviert wurde. In der aktuellen Version sollte sie funktionieren!

Subnautica Below Zero

> In *Subnautica Below Zero* funktionieren die Codes und deren Aktivierung in jedem System genau identisch!

Konsolenbefehle

Öffne die Konsole und tippe den Cheat ein. Ein *#* steht für die Eingabe einer Zahl und *name* steht für den Namen eines Gegenstands oder Bauplan. Bestätige mit *Enter*.

Befehle für Bauen, Gegenstände und Baupläne

item *name #*	platziert eine bestimmte Menge an Items in das inventar des Spielers
clearinventory	löscht das gesamte Inventar
spawn *name #*	platziert eine bestimmte Menge an Items vor dem Spieler

cure #	heilt den Spieler und alle Kreaturen in eineReichweite vom Bakterium Kharaa
infect #	infiziert den Spieler und alle Kreaturen in Reichweite # mit dem Bakterium Kharaa
playerinfection #	ändert die Stufe der Infektion des Spielers von 1-5 bei 5 wird der Spieler geheilt
sub cyclops	spawnt den Zyklopen vor dem Spieler
sub aurora	spawnt die Aurora hinter dem Spieler
sub escapepod	respawnt Rettungskapsel 5
filterwater	jede Wasserfiltermaschine auf der Karte produziert ein großes gefiltertes Wasser
filtersalt	jede Wasserfiltermaschine auf der Karte produziert Salz
vehicleupgrades	der Spieler erhält jedes Fahrzeugmodul
cyclopsupgrades	der Spieler erhält jedes Zyklopmodul
seamothupgrades	der Spieler erhält jedes Seemottenmodul
exosuitupgrades	der Spieler erhält jedes Krebsmodul
exosuitarms	der Spieler erhält jeden Krebs-Arm

spawnloot	Rohstoffe werden gespawnt (Quarz, Kupfererz, Eisenerz, Salzvorkommen, Gold, 4x Metallbergung)
tools loot	Werkzeuge werden gespawnt (Reparaturwerkzeug, Seegleiter, Leuchtfackel, Transfusor, Schubkanone, Stasegewehr)
madloot	der Spieler erhält Gegenstände und Werkzeuge (Feldmesser, Konstruktionswerkzeug, 3x Batterie, 3x Computerchip, 5x Creepvine Sample, 10x Titanium, 10x Glas)
bobthebuilder	vereint die Befehle fastbuild, unlockall, nocost, fastgrow, fasthatch, radiation und fügt Konstruktionswerkzeug, Scanner, Feldmesser und Reparaturwerkzeug in das Inventar des Spielers hinzu
resourcesfor *name*	der Spieler erhält alle Ressourcen, die er für ein bestimmtes Item braucht
ency *name*	schaltet einen Datenboxeintrag frei
ency all	schaltet alle Datenboxeinträge frei
damage *#*	erhöht Schaden
instagib	schaltet auf den Instagib-Modus um

invisible	der Spieler wird von Kreaturen ignoriert
filterfast	verkürzt die Wasserfilterzeit
fastscan	verkürzt die Scannzeit
fastgrow	verkürzt die Wachstumsdauer von Pflanzen
fasthatch	Eier schlüpfen schneller
fastbuild	mit dem Konstruktionswerkzeug können innerhalb von Sekunden Module gebaut werden
nocost	unbegrenzte Nutzung von Fabrikator, Konstruktionswerkzeug, Mobile Fahrzeugstation, Fahrzeugerweiterungskonsole, Modifizierungsstation, auch wenn benötigte Items fehlen
noenergy	Energieverbrauch aller Fahrzeuge, Werkzeuge und Basen wird ab oder angeschaltet
nosurvival	Nahrungs- und Wasserbedarf des Spielers wird deaktiviert
oxygen	unbegrenzter Sauerstoff
nitrogen	Unterwasserzeit wird erhöht, Dekompressionskrankheit wird hinzugefügt
radiation	Strahlung wird deaktiviert
fixleaks	Strahlungslecks in der Aurora werden repariert

leak	Lecks in allen Zyklopen werden geschaffen
flood	jeder Zyklop wird geflutet
damagesub	jeder Zyklop wird beschädigt
destroycyclops	jeder Zyklop wird zerstört
restorecyclops	jedes Zyklopwrack wird repariert
vfx cyclopssmokeeffect (value)	schaltet den Zyklopen-Rauchmodus frei
bubbles	Blasen erscheinen um den Spieler
seaglide	ein (ungeladener) Seegleiter erscheint vor dem Spieler
dig #	entfernt den Boden um den Spieler mit einem Durchmesser von # Metern
unlock *name*	ein bestimmter Bauplan wird freigeschaltet
lock *name*	ein bestimmter Bauplan wird gesperrt
unlockall	alle Baupläne werden freigeschaltet
unlockdoors	alle Türen der Aurora und der Basen der Außerirdischen werden geöffnet (außer Türen, die nur mit einem Laserschneider geöffnet werden können)

Namen für Ressourcen:

Diese Namen werden für den *item* und *spawn* Befehl benötigt:

Titan	titanium	Schwefel	sulphur
Metallschrott	scrapmetal	Säurepilz	acidmushroom
Kupfer	copper	Tiefenpilz	whitemushroom
Quarz	quartz	Schlingpflanzen-probe	creepvinepiece
Höhlenschwefel	crashpowder	Schlingpflanzen-samenbüschel	creepvineseed-cluster
Salz	salt	Blut-Öl	bloodoil
Blei	Lead	Röhrenkorallen-probe	coralchunk
Silbererz	silver	Tischkorallen-probe	jeweleddiskpiece
Gold	gold	Gel Sack	jellyplant
Diamant	diamond	Gas Kapsel	gaspod
Rubin	aluminumoxide	Aerogel	aerogel
Uraninit	uraninitecrystal	Benzol	benzene
Lithium	lithium	Salzsäure	hydrochloricacid
Magnetit	magnetite	Polyanalin	polyaniline
Nickelerz	nickel	Hochdichte Fasern	aramidfibers
Pirscherzahn	stalkertooth	Ionenkristall	precursorioncrys-tal
Kyanit	kyanite		

Technische Befehle

freedom/creative/survival/hardcore	Spielmodus wird geändert
day	es wird auf Tag umgeschaltet
night	es wird auf Nacht umgeschaltet
daynight #	eine bestimmte Uhrzeit wird eingestellt (0=Mitternacht, 0,5=Mittag usw.)
daynightspeed #	der Tag/Nacht-Wechsel wird beschleunigt
cinematics	Animation des Spielers wird geschaltet
debugsound	Sound wird geschaltet
entreset	alle Güter des Spiels werden neugeladen
gamereset	das Spiel wird zur letzten Speicherung zurückgesetz
farplane #	Sichtdistanz wird geändert
fog	Nebel wird aus-/eingeschaltet
fov #	Kamerazoom wird geschaltet
freecam	der Spieler wird verlassen und die Umgebung kann frei erkundet werden. Mit den Tasten 1-5 wird die Geschwindigkeit dann geändert
fps	FPS wird gezeigt
nobloom	Bloom wird entfernt

noshadows	Schatten werden entfernt
printbiome	am Bildschirm wird das Biom angezeigt, in dem sich der Spieler befindet
sizeref	der "Wasabi One"-Taucher wird gespawnt
speed *#*	die Spielgeschwindigkeit wird erhöht
target	Zieldebugging wird geschaltet
schoolfishai	KI eines Fischschwarms wird geschaltet
vsync	VSync wird geschaltet
vr	Möglichkeiten: Keine, Stereo, Split, Oculus, Morpheus

Teleport Befehle

warpforward *#*	teleportiert den Spieler # Meter vorwärts
warpme	teleportiert den Spieler in seine letztbesuchte Basis
warp *x y z*	teleportiert den Spieler zu den angegebenen Koordinaten x= Breite y=Tiefe z=Länge
goto *name*	teleportiert den Spieler zum angegeben Ort. Die Namen sind im Buch bei Wracks und Basen angegeben.

biome *name*	teleportiert den Spieler in das angegebene Biom

Die Namen der einzelnen Biome für den *biome* Befehl:

Safe Shallows	safe	Dunes	dunes
Kelp Forest	kelp	Mountains	mountains
Kelp Forest Höhlen	kelp_cave	Mountains Höhlen	mountains_cave
Grassy Plateaus	grassy	Deep Grand Reef	deepgrand
Grassy Plateau Höhlen	grassy_cave	Blood Kelp Zone	bloodkelp
Mushroom Forest	mushroom	Underwater Islands	underislands
Mushroom Forest Höhlen	mushroom_cave	Grand Reef thermal vents	smokers
Bulb Zone	koosh	Inactive Lava Zone	inactivelavart
Bulb Zone Höhlen	koosh_cave	Floating Islands	islands
Jellyshroom Höhlen	jellyshroom	Large Mushroom Tree	tree
Sparse Reef	sparsereef	Lost River	lostriver
Grand Reef	grandreef	Active Lava Zone / Lava Lakes	lavazone

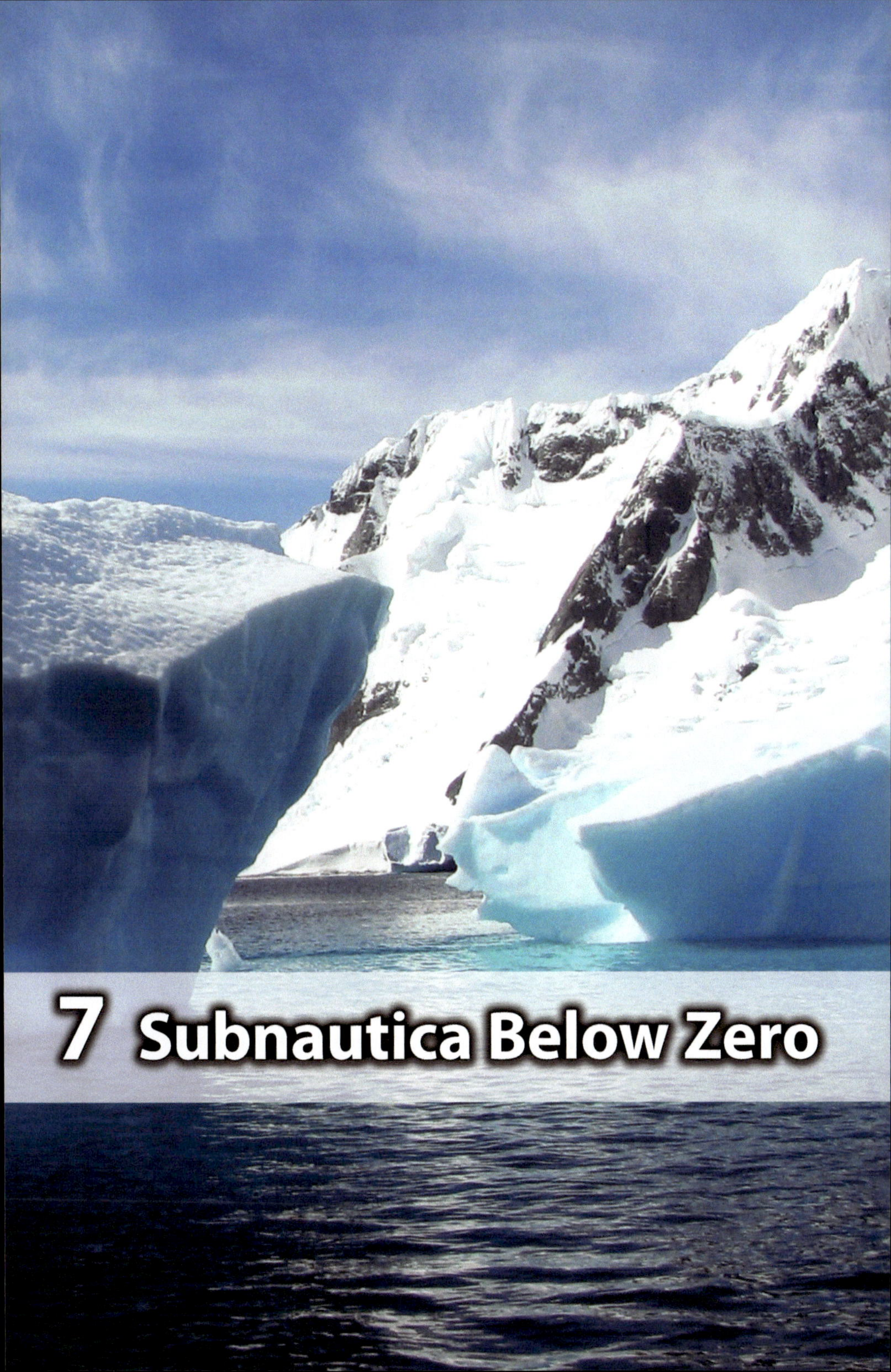

7 Subnautica Below Zero

7.1 Below Zero - Überblick

Zeitplan und Fertigstellung

Subnautica Below Zero wurde Anfang 2019 als DLC Addon für Subnautica geplant und im Early Access herausgegeben. Inzwischen hat es sich zu einem eigenständigen Spiel mit neuer Welt und neuer Story entwickelt. Da es die gleiche Engine und viele Objekte aus Subnautica übernommen hat, ist es eher eine sehr große Erweiterung. Es ist komplett ohne das Hauptspiel Subnautica lauffähig und für PC, Xbox, Playstation und Switch erhältlich.

Erscheinungsdatum:	14. Mai 2021
Aktuelle Version (PC):	53872 vom Oktober 2025

Story Überblick

Die *Alterra Corporation* hat durch *Ryley Robinson* (Charakter aus Subnautica) vom *Planeten 4546B*, seinen Rohstoffvorkommen und der außerirdischen Technologie erfahren und Expeditionen dorthin entsandt.

Robin Ayou, eine Xenologin (Expertin für fremde oder außerirdische Kulturen), hasst die *Alterra Corporation* und arbeitet für eine von *Alterra* aufgekauft Firma. Ihre Schwester *Sam* arbeitet für Alterra in der Polarregion auf dem *Planeten 4546B*. Robin erhält schließlich von Alterra die Nachricht, dass ihre Schwester auf dem Planeten aufgrund eigener Nachlässigkeit ums Leben gekommen ist. Einige Hinweise lassen sie allerdings an dieser Version zweifeln und sie macht sich mit einem kleinen Notfalllandungspod auf nach 4546B um den Tod ihrer Schwester aufzuklären. Sie versucht während eines Meteoritensturms zu landen, um Alterra nicht auf sich aufmerksam zu machen, stürzt bei dem Versuch aber ab. Ihr bleibt nur ihr Notfallpod im eisigen Wasser als erste kleine Basis. Von dort macht sie sich auf, die Vorfälle rund um die Alterra Corporation und ihre Schwester aufzuklären.

Achtung Spoileralarm: Auf ihren Expeditionen trifft sie auf die Hinterlassenschaften von Alterra und deren Experimente. Sie erkundet einige Basen der außerirdischen *Erbauer* und tritt sogar mit einem der Aliens, dem Erbauer *Al-An* in "näheren" Kontakt. Auch die letzte Überlebende der *Degasi*, *Marguerit Maida*, spielt eine wichtige Rolle im weiteren Verlauf. Robin muss schließlich *Al-An* helfen den Planeten zu verlassen und die Ereignisse um *Sams* Tod aufklären.

Neuerungen und Änderungen

- **Karte & Region**: Es gibt eine komplett neue Karte. Below Zero spielt nun in einer verschneiten und vereisten Polarregion des Planeten 4546B. Das Gebiet ist kleiner als das des Hauptspiels.
- **Neues Element Kälte**: Man muss sich vor Kälte schützen, vor allem wenn man sich auf dem Land bewegt. Dazu gibt es verschiedene Möglichkeiten wie z. B. heiße Quellen oder wärmende Pflanzen.
- **Elektrostürme**: Von Zeit zu Zeit toben *elektrische Stürme* über die Planetenoberfläche. Diese können sehr gefährlich werden.
- **Neue Fahrzeuge**: Der *Seebahn* und das *Schneefuchs Hoverbike* sind zwei neue Fahrzeuge in Subnautica Below Zero. Den *Zyklopen* und die *Seemotte* gibt es in Below Zero nicht mehr. Der *Krebs* bleibt aber erhalten.
- **Neue Kreaturen**: Einige Kreaturen wurden aus dem Hauptspiel übernommen oder sind nur geringfügige Abwandlungen. Es kommen jedoch auch zahlreiche neue Kreaturen vor.
- **Gegenstände und Objekte**: Werkzeuge, Basiselemente, Fragmente und Baupläne gibt es genau so wie in der Hauptgeschichte. Es gibt ein paar neue Werkzeuge wie z.B. den *Klopfer* mit dem man *Eiswürmer* ablenken kann oder einen Handscanner für Mineralien.

Karte und Biome

Es gibt wieder Land- und Unterwasserbiome in Below Zero. Die Landbiome sind diesmal etwas größer ausgefallen als in Subnautica, generell ist die spielbare Fläche jedoch kleiner. Auch die vielen Höhlensysteme sind nicht so groß wie im ersten Teil des Spiels. Daher hat sich auch am Fahrzeugangebot einiges verändert.

Oberflächenkarte Below Zero

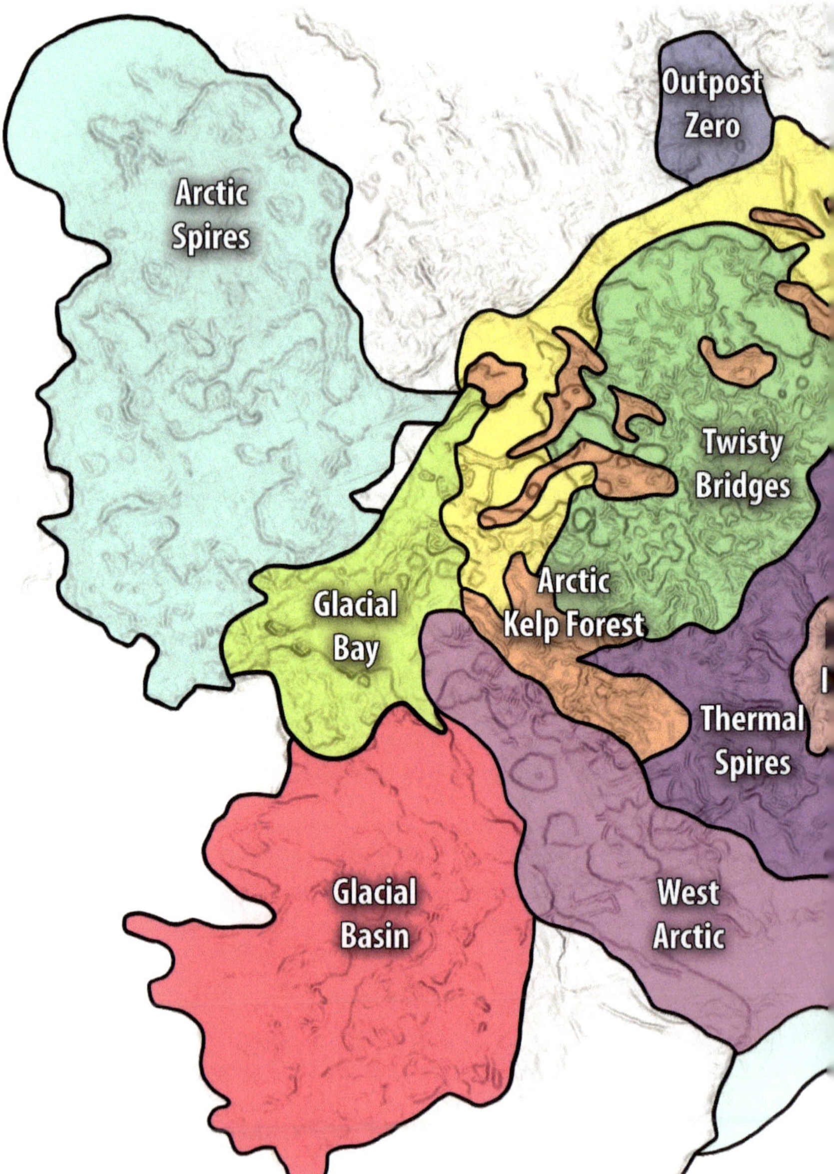

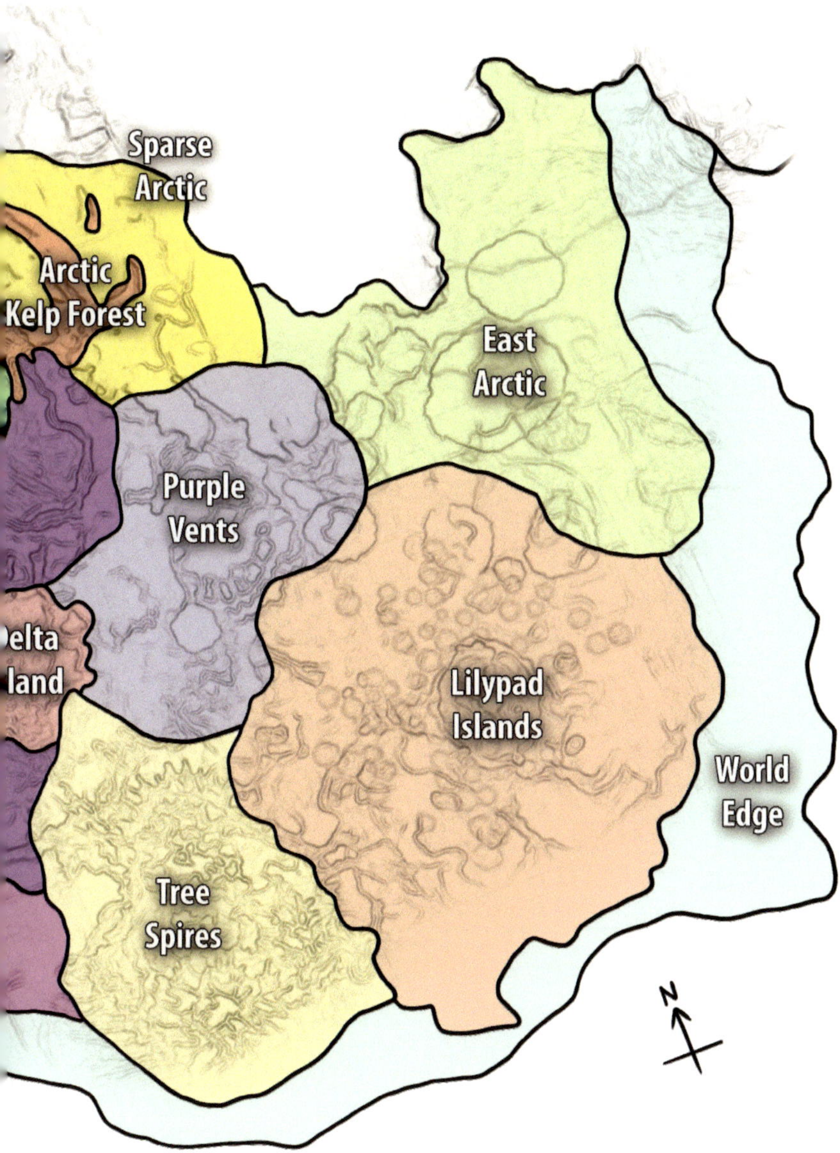

Sparse Arctic
Arctic Kelp Forest
East Arctic
Purple Vents
elta
land
Lilypad Islands
World Edge
Tree Spires
N

Übersichtskarte mit Basen, Artefakten und Leviathanen

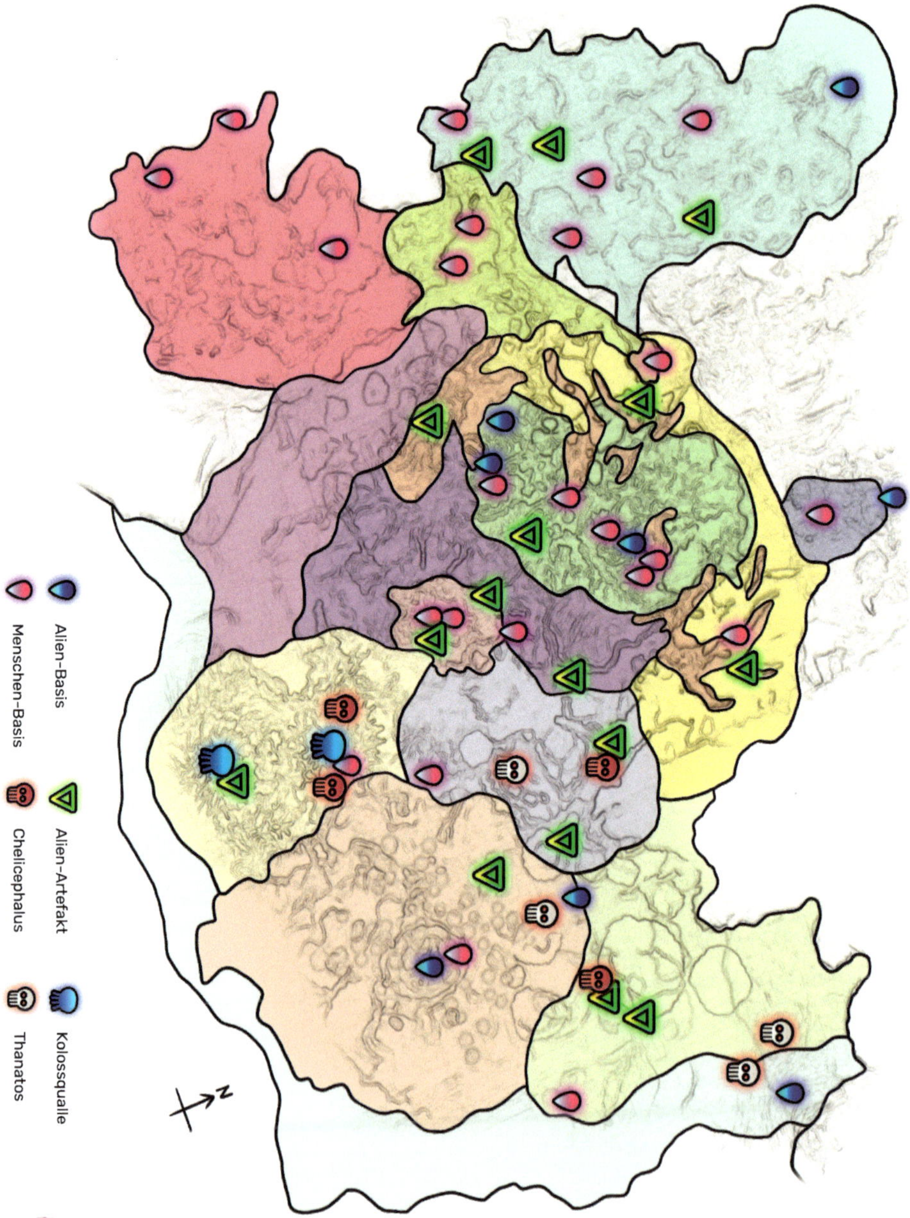

Die ersten Spielschritte

- Nach der Ankunft sammle alles Brauchbare rund um die Absturzstelle ein.
- Begib dich zum Meer und tauche zu deinem Notfallpod, in dem du einen Replikator und deine erste Lagerfläche findest. Der Pod befindet sich im *Sparse Arctic* Biom in der Nähe zu den *Arctic Kelp Forest* und den *Twisted Bridges* Biomen mit ausreichend Material in der weiteren Umgebung.
- Erkunde die weitere Umgebung rund um deinen Rettungspod. Kommst du in die Nähe von Funksignalen, werden dir diese als oranges Signal am Bildschirm angezeigt. Erkunde alle Signalorte, dort findet du brauchbare und wichtige Ausrüstung (z. B. den *Handscanner*).
- Betrittst du aus südöstlicher Richtung das *Twisted Bridges* Biom erhältst du eine SOS Funkmeldung, der du nachgehen solltest. Achtung, du musst tiefer tauchen! Dies führt dich in deine erste Alienbasis der *Erbauer* und deinem ersten Alienkontakt.
- Begib dich von deinem Pod aus Richtung Süd-Südost und du fängst das Signal der *Deltastation* auf *Delta Island* auf. Auf dem Weg dorthin findest du das *Thermal Spires* Biom mit neuen wichtigen Rohstoffen und vielen Fragmenten der *Seebahn*.
- Auf der Insel findest du neben Hinweisen zu Sams Geschichte und deinem ersten menschlichen Kontakt auch das *Konstruktionswerkzeug* und einige *Basisteile* zum einscannen.
- Nun steht deiner ersten größeren Unterwasserbasis mitsamt der ersten kleinen Seebahn nichts mehr im Weg.

Änderungen am Spiel: Seit dem Early Access Start von *Below Zero* wurde die Story komplett umgeworfen und umgestaltet. Daher sind in älteren Publikationen und Webseiten noch Infos zur alten Storyline zu finden. Zum Beispiel hat sich der Name der Aliens mehrmals geändert. Wurden sie in *Subnautica* noch *Precursor* genannt, wurden sie in *Below Zero* zuerst *Almanac* und letztendlich *Die Erbauer* (englisch *The Architects*) genannt.

7.2 Fahrzeuge

Alte Fahrzeuge aus dem Hauptspiel

Die *Seemotte* und der *Zyklop* aus dem Hauptspiel sind nicht mehr verfügbar. Eine sehr fehlerhafte Version der Seemotte kann noch über Cheats gespawnt werden (*spawn seamoth*). Der *Krebs* hingegen ist auch in Below Zero wieder ein wichtiges Fahrzeug mit den Erweiterungen, die aus dem Hauptspiel bekannt sind.

Die Seebahn

Die *Seebahn* (Englisch *Seatruck*) ersetzt die Seemotte und den Zyklop und ist ein Mischung aus beiden. Die Seebahn (nur das Cockpitelement - siehe Bild unten ganz links) allein entspricht in etwa der Seemotte.

An die Seebahn können weitere einzelne Abteile angehängt werden. Die Abteile müssen separat als Fragmente gefunden werden und sind mit verschiedenen Funktionen ausgestattet (wie z.B. Aquarium, Fabrikator und Lagerraum). Je mehr Abteile an einer Seebahn hängen, desto langsamer wird sie. Ein Abteil kann man auch auf dem Dach einzeln steuern, um es so besser ankoppeln zu können.

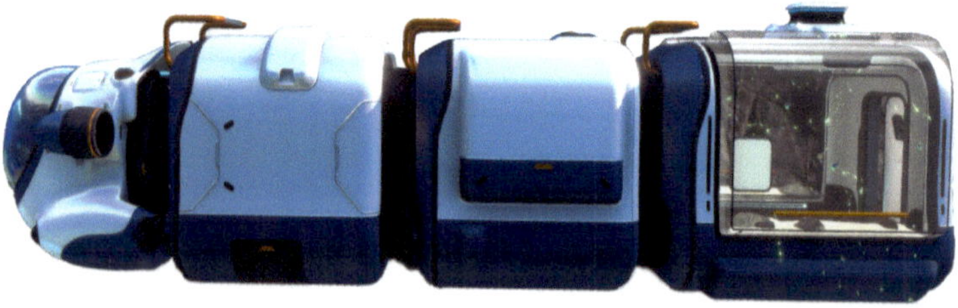

Es gibt für die Seebahn wieder zahlreiche Aufrüstungsmodule wie drei Tiefenmodule bis 1000 Meter Tiefe, Afterburner, Motorupgrade oder Perimeter Verteidigung.

Folgende Abteile (samt Fundort) sind für die Seebahn erhältlich:

Abteil	Fundort
Kabine	Purple Vents, Thermal Spires, Twisty Bridges
Schlafabteil	Purple Vents
Fabrikator	Deep Twisty Bridges, Purple Vents
Lager	Deep Twisty Bridges
Aquarium	Lilypad Islands, Purple Vents
Krebsdock	Deep Purple Vents
Teleporter	Scanne 10 Erbauer Artefakte

Das *Seebahn-Dock* ist die bessere Alternative zum Tauchdock, denn es bietet Platz für eine Seebahn mit mehreren Abteilen. Diese wird automatisch repariert und die Energiezellen aufgeladen. Außerdem hat man praktischen Zugang zu den Abteilen.

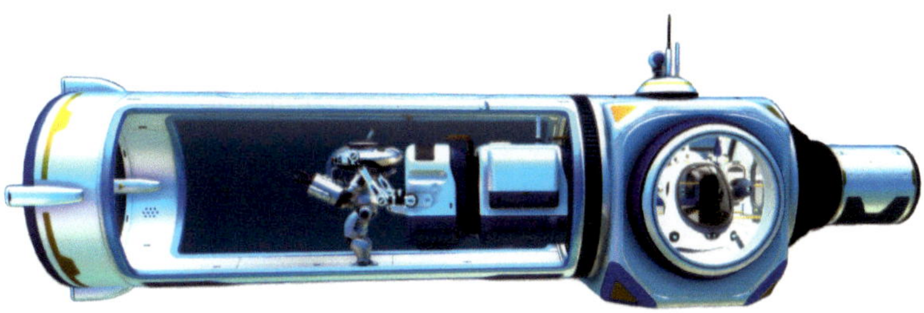

Schneefuchs Hoverbike

Der *Schneefuchs* (Englisch *Snowfox*) ist eine Art Schwebemotorrad für rasante Fahrten über das Eis. Er kann aufgesammelt und im Inventar transportiert werden, außerdem gibt es zwei Aufrüstmodule und eine Dockstation.

Der Vorteil ist nicht nur die schnelle Fortbewegung über die Eislandschaft, sondern auch der Schutz vor Kälte durch die Wärmeentwicklung der Schwebedüsen.

Fragmente zum Scannen findest du im *Glacial Basin*, *Marguerit Maida's Basis* und im *Phi Robotics Center* (Alterra Station im Glacial Basin).

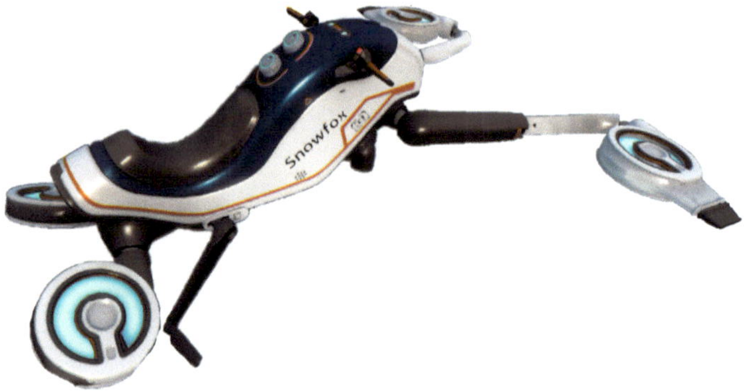

Die *Schneefuchs-Schweberampe* ist eine Dockingstation, die den Schneefuchs wieder mit Energie auflädt und ihn auch automatisch repariert. Zum Scannen der Baupläne findest du im *Phi Robotics Center* (Alterra Station im Glacial Basin) einige Schweberampen.

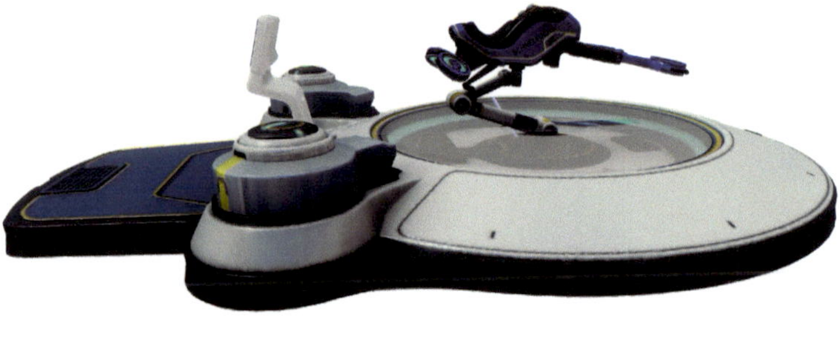

Fundorte der Module für Seebahn und Schneefuchs

Tiefenmodul 1	Wird mit Seebahnkabine gelernt. Im Fabrikator herstellbar.
Tiefenmodul 2	Wird mit Seebahnkabine gelernt. In Modifizierungsstation herstellbar.
Tiefenmodul 3	Wird mit Seebahnkabine gelernt. In Modifizierungsstation herstellbar.
Nachbrenner	Lilypad Islands (In den Seekoboldnestern in den tieferen Spalten)
Zugkraft	Lilypad Islands (In den Seekoboldnestern in den tieferen Spalten)
Perimeterabwehr	Marguerit Maida's Basis (Am Boden zwischen Müll)
Seebahndock	Wird mit Tauchdock zusammen gelernt: Marguerit Maida's Basis oder Koppa Minenbasis
Schneefuchs Sprungmodul	Deep Purple Vents
Schneefuchs Eiswurm-Abwehr	Arctic Spires (Datenbox bei Alterra Standort)

Krebsfragmente findest du in der *Koppa Minenstation*, *Outpost Zero* und der *Phi Excavation Site*. Weitere Module für den *Krebs* findest du in der *Koppa Minenstation*, den Seekoboldnestern der *Lilypad Islands*, im *Bug der Mercury II* und in den *Crystal Caves*.

7.3 Kreaturen

Es folgt eine Übersicht über alle bis jetzt in Below Zero verfügbaren Kreaturen. Es werden hier nur neue Kreaturen gegenüber dem Grundspiel Subnautica vorgestellt.

Brachialhai / Brute Shark

Kategorie	Fleischfresser
Verhalten	Aggressiv
Leben	200
Schaden	Beißen: 30
Spawn-Befehl	spawn bruteshark

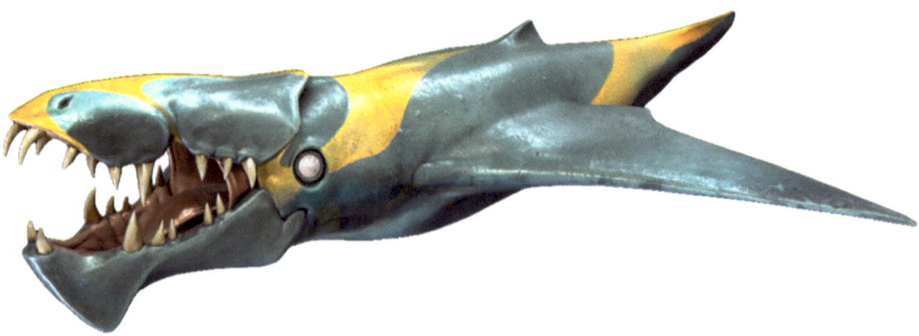

Der *Brachialhai* ist ein Raubtier, das mit wenig natürlichen Feinden zu kämpfen hat. Brute Sharks sind in den Biomen *Lilypad Islands*, *Tree Spires* und *Twisty Bridges* heimisch und jagen dort kleine bis mittelgroße Fische und nicht zuletzt den Spieler - wenn sie ihn denn zu fassen bekommen...

Cryptosuchus

Kategorie	Fleischfresser
Verhalten	Aggressiv
Leben	200
Schaden	Beißen: 30 (Fahrzeug 9)
Spawn-Befehl	spawn cryptosuchus

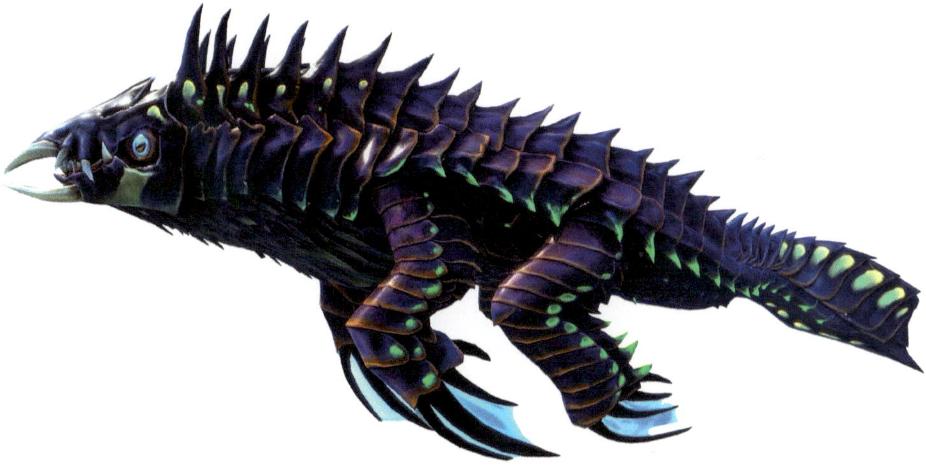

Der *Cryptosuchus* schwimmt die *Purple Vents* und *Thermal Spires* auf suche nach Beute ab. Man muss ihm allerdings schon sehr nahe kommen, ehe er angreift.

Attackiert man ihn (eine Messerattacke genügt schon), ergreift er nach 1 bis 2 Treffer die Flucht.

Eisschütze / Brinewing

Kategorie	Fleischfresser
Verhalten	Aggressiv
Leben	100
Schaden	Vereisen
Spawn-Befehl	spawn brinewing

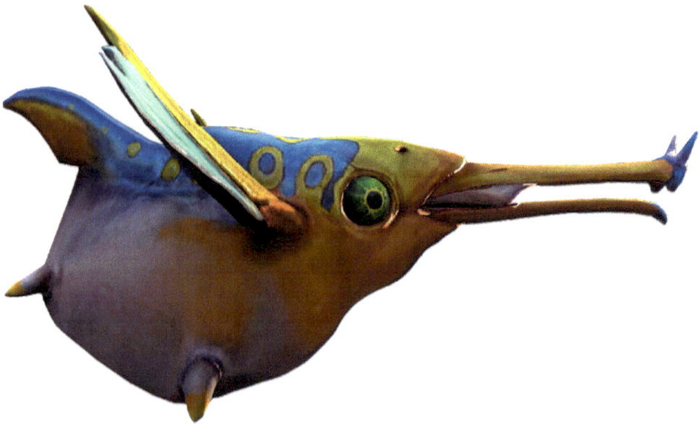

Die *Eisschützen* sind in der *Sparse Arctic* auf der Suche nach Beute. Sie sammeln in einer großen Blase Wasser, die langsam immer dicker wird.

Durch ihren langen Schnabel schießen Sie das gesammelte Wasser als Eisstrahl auf ihre Beute (oder den Spieler), die dadurch eingefroren wird. Für den Spieler ist dies zuerst ungefährlich, da man dadurch keinen Schaden erhält. Allerdings ist man für eine gewisse Zeit bewegungsunfähig und kann von anderen Kreaturen angegriffen werden oder der Sauerstoff geht einem aus.

Kegelpinguin / Pengwing

Kategorie	Fleischfresser
Verhalten	Passiv (Aggressiv, wenn angegriffen)
Leben	50
Schaden	Beißen: 3-30 (nur Pengwings)
Spawn-Befehl	spawn penguin spawn penguinbaby

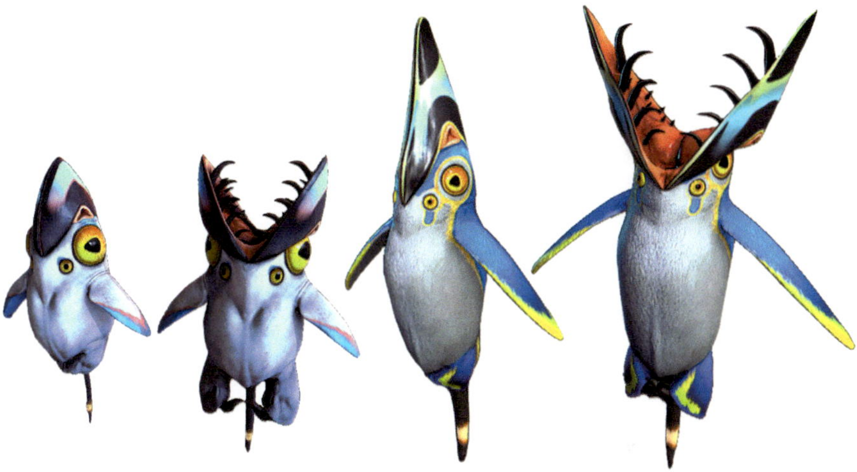

Kegelpinguine und ihre Jungtiere (Englisch: *Penglings)* erinnern stark an echte Pinguine. Sie sind sowohl unter Wasser als auch über die Eisschollen watschelnd anzutreffen. Generell verhalten sie sich passiv gegenüber dem Spieler, doch Pengwings greifen an, wenn man sie oder eines ihrer Jungtiere zuerst angreift.

Krakenhai / Squidshark

Kategorie	Fleischfresser
Verhalten	Aggressiv
Leben	1000
Schaden	Beißen: 40 (12 an Fahrzeugen)
Spawn-Befehl	spawn squidshark

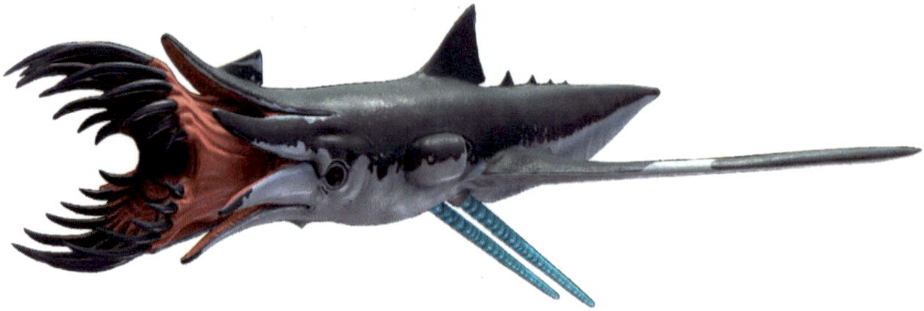

Der *Krakenhai* ist – seinem Namen entsprechend – eine bizarre Mischung aus Hai und Maul eines Kalmars. Wenn er normal schwimmt ist seine Kopfform nicht außerordentlich bedrohlich, aber reißt er sein Maul auf, entblößt er eine große Menge Zähne und tentakelähnliche Fortsätze. Hat der Spieler oder eine Kreatur, die der Squidshark angreift, weniger als 40 Leben wird er von ihm gefressen.

Fahrzeuge können durch seine elektrisch geladenen Tentakel kurzzeitig deaktiviert werden.

Pinnacaris / Pinnacarid

Kategorie	Fleischfresser
Verhalten	Passiv
Leben	100
Schaden	–
Spawn-Befehl	spawn pinnacarid

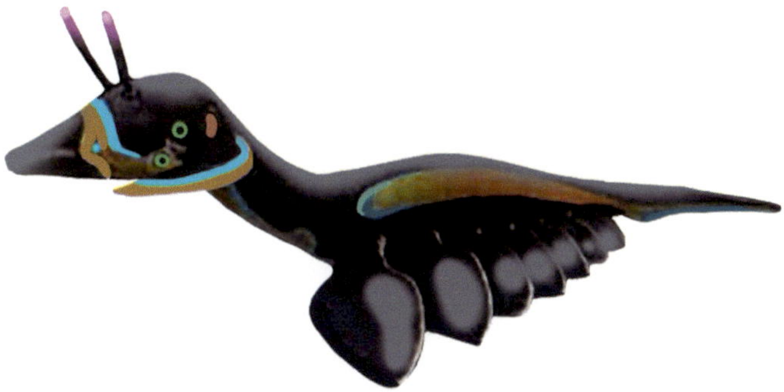

Die *Pinnacariden* sind Kreaturen, die in Verhalten und Lebensraum in etwa den Robben der echten Welt entsprechen. Sie können sowohl an land als auch im Wasser leben.

Sie jagen kleinere Fische; für den Spieler sind sie harmlos. Der Spieler kann sie durch Fische in seiner Hand anlocken.

Schneepirscher / Snowstalker

Kategorie	Fleischfresser
Verhalten	Aggressiv
Leben	200
Schaden	Beißen: 35
Spawn-Befehl	spawn snowstalker

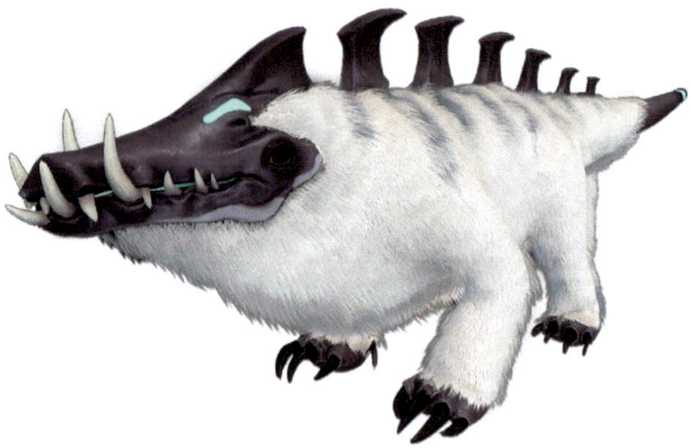

Beim *Schneepirscher* handelt es sich offenbar um einen entfernten Verwandten des *Pirschers*, der sich an das Leben über dem Meeresspiegel angepasst hat - dennoch ist er auch im Wasser nicht zu unterschätzen. Der Scheepirscher kann außerdem auf seinen Hinterbeinen aufrecht stehen.

Er scheint die Lieblingsbeute der Eiswürmer zu sein und lässt sich leicht mit einer Leuchtfackel vertreiben.

Stachefalle / Spikey Trap

Kategorie	Fleischfresser	
Verhalten	Aggressiv	
Leben	Spikey Trap	
Schaden	Greifen: 1	Verdauen: 60
Spawn-Befehl	spawn spikeytrap	

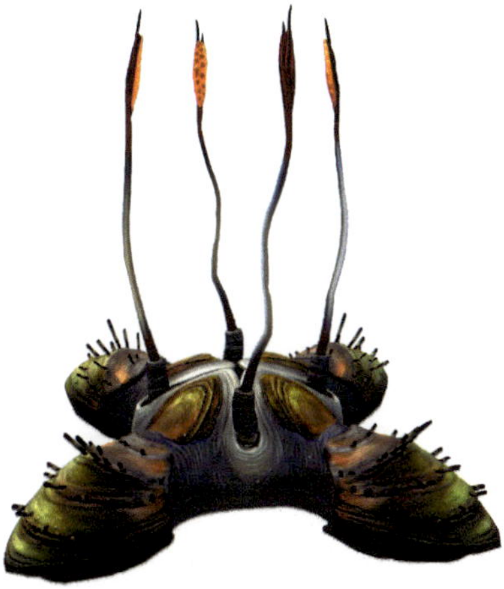

In den Tiefen der *Deep Twisty Bridges* und der *Lilypads Cave* wartet dieses fleischfressende Ungetüm auf achtlose Fische oder Taucher. Es greift sie mit seinen Fangarmen und verschlingt sie.

Man kann sich mit den Fäusten oder einem Messer befreien, ehe die *Stachelfalle* einen verschlingt.

Steinbrecher / Rock Puncher

Kategorie	Fleischfresser
Verhalten	Territorial
Leben	200
Schaden	Schlagen: 10
Spawn-Befehl	spawn rockpuncher

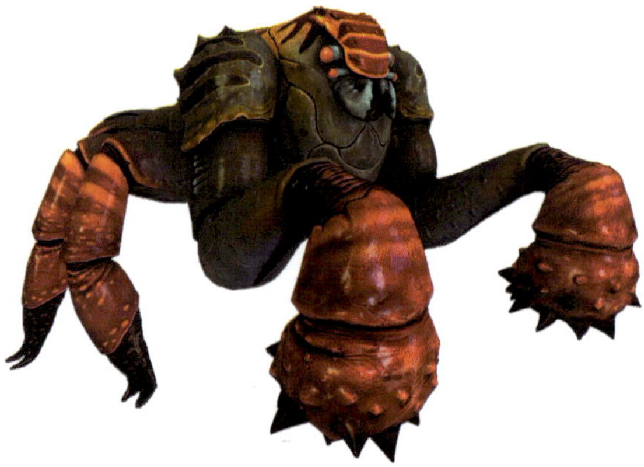

Steinbrecher ernähren sich hauptsächlich von *Steinläusen*. Sie sind generell keine aggressiven Tiere, aber sie greifen an, wenn man ihnen zu Nahe kommt. Dann verfolgen sie einen auch oder springen den Spieler an. Ihr Angriff besteht aus einem starken Schlag mit den Vorderarmen.

Symbiont / Symbiote

Kategorie	Fleischfresser
Verhalten	Aggressiv
Leben	100
Schaden	Beißen: 7
Spawn-Befehl	spawn symbiote

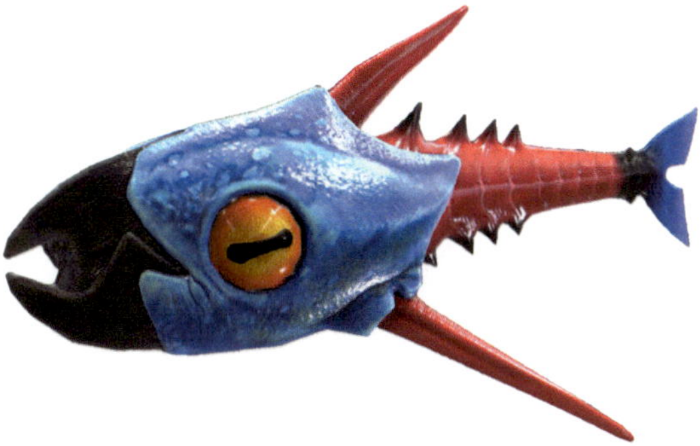

Dieser kleine Fisch lebt in einer symbiotischen Beziehung mit dem *Riesenlochfisch*. Sie scharen sich in Schulen um ihn, beschützen ihn vor Angreifern und versorgen ihn mit Nahrung. Im Gegenzug legen sie ihre Eier im gel-artigen mittleren Bereich des Riesenlochfischs ab.

Symbionten sind als Nahrungsmittel verwertbar.

Trichterfisch / Nootfish

Kategorie	Fleischfresser
Verhalten	Passiv
Leben	100
Schaden	–
Spawn-Befehl	spawn nootfish

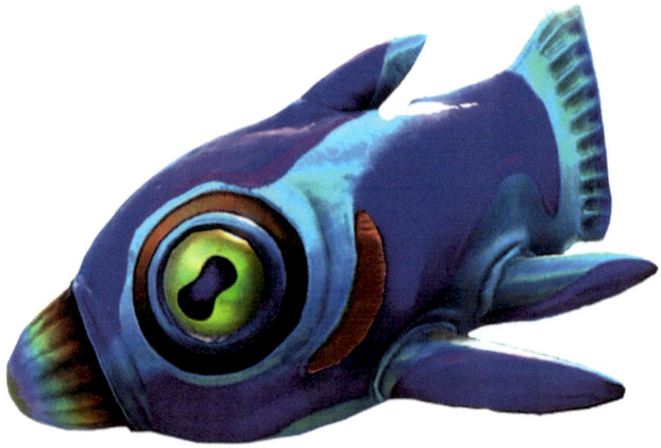

Der *Trichterfisch* saugt mit seinem trichterförmigen Maul kleine Fische und Lebewesen auf. Aufgrund seiner Größe stellt er für Menschen keine Gefahr dar. Man findet ihn in den *Lilypad Islands*.

Wird er bedroht reißt er sein Maul weit auf um eventuelle Gegner abzuschrecken.

Augenqualle / Eye Jelly

Kategorie	Pflanzenfresser
Verhalten	Defensiv
Leben	20
Schaden	Tentakel: 10 (1-3 an Fahrzeugen)
Spawn-Befehl	spawn jellyfish

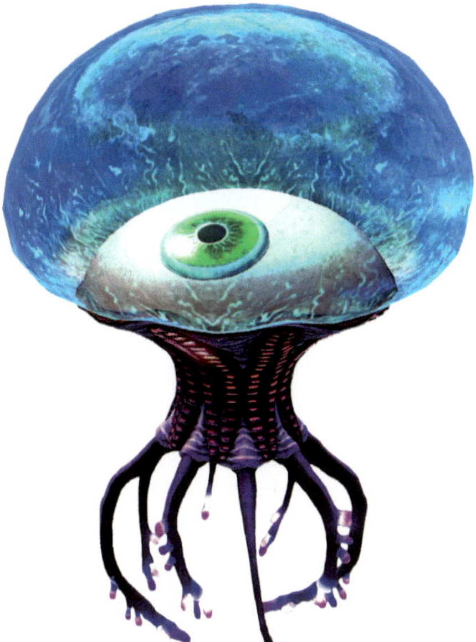

Die *Augenqualle* ist eine neugierige Quallenart, die sich Tauchern und Fahrzeugen nähert. Sie greift nicht an und man kann sich ihrem oberen Bereich gefahrlos nähern. Kommt man jedoch ihrem unteren Körper zu nahe stoßen ihre Tentakel einen Stromstoß aus, der alles (auch Fahrzeuge) in der Nähe beschädigt.

Dreiauge / Triops

Kategorie	Pflanzenfresser
Verhalten	Passiv
Leben	30
Schaden	–
Spawn-Befehl	spawn triops

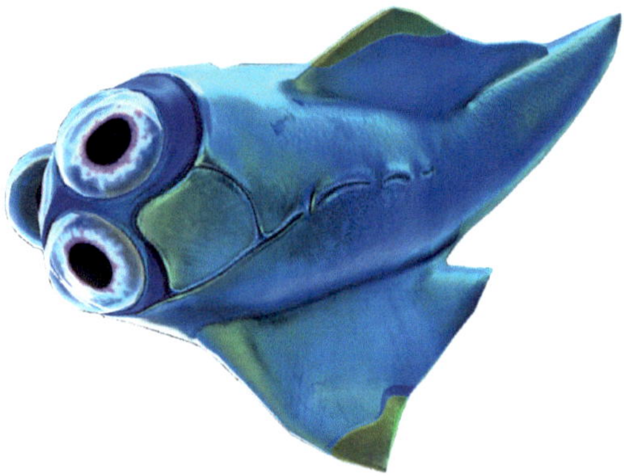

Das essbare *Dreiauge* kommt meist in Höhlensystemen vor. Damit es in der Dunkelheit besser sieht, hat es drei Augen die den vorderen Sichtbereich abdecken und ihm eine 240° Sicht ermöglichen.

Eisglubscher / Arctic Peeper

Kategorie	Pflanzenfresser
Verhalten	Passiv
Leben	30
Schaden	–
Spawn-Befehl	spawn arcticpeeper

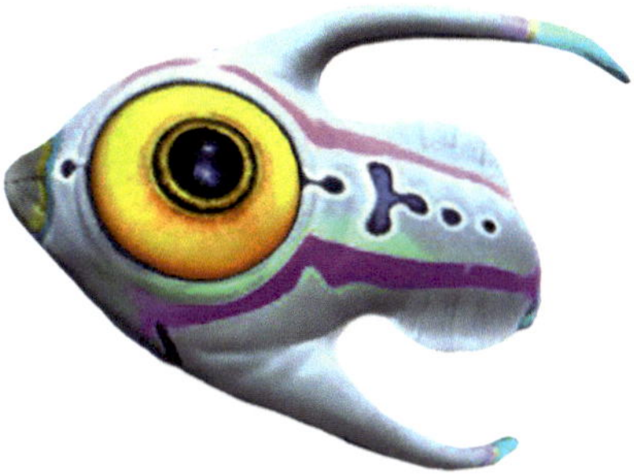

Der *Eisglubscher* ist die arktische Variante des aus dem Grundspiel nur allzu bekannten *Glubschers*. Die Unterschiede sind nur ästhetischer Natur: längere, sich verdünnende Flossen; andere Form der Vertiefungen an den Seiten; andere Farbe; leicht andere Form der Rückflosse und ein paar weitere Kleinigkeiten.

Blaurochen / Arctic Ray

Kategorie	Pflanzenfresserfresser
Verhalten	Passiv
Leben	100
Schaden	–
Spawn-Befehl	spawn arcticray

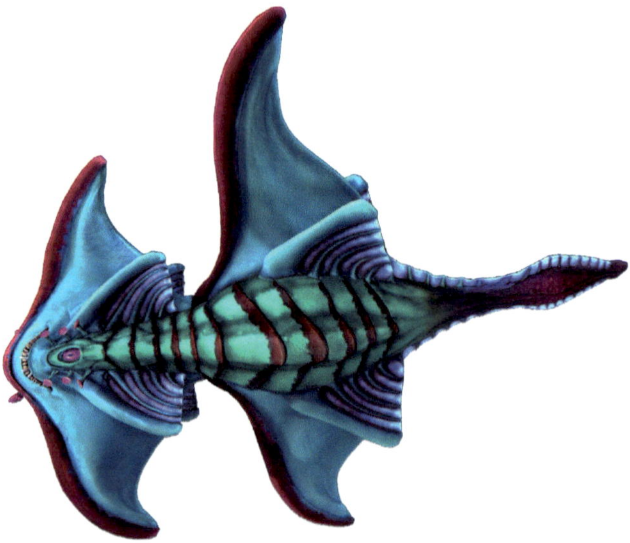

Der *Blaurochen* ist ein pflanzenfressender Rochen, der selbst aber vom *Brute Shark* gejagt wird. Dem Spieler wird er nicht gefährlich.

Grätenfisch / Spinefish

Kategorie	Pflanzenfresserfresser
Verhalten	Passiv
Leben	20
Schaden	–
Spawn-Befehl	spawn spinefish

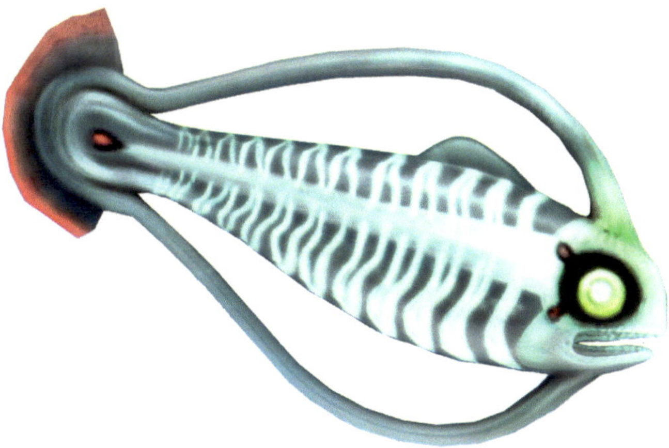

Der *Grätenfisch* ist wie sein Verwandter, der *Reiffisch*, essbar und relativ leicht zu fangen. Nähert man sich ihm, stellt er sich tot, sobald er jedoch Gefahr wahrnimmt, flieht er.

Himmelsrochen / Skyray

Kategorie	Pflanzenfresserfresser
Verhalten	Passiv
Leben	100
Schaden	–
Spawn-Befehl	spawn skyray

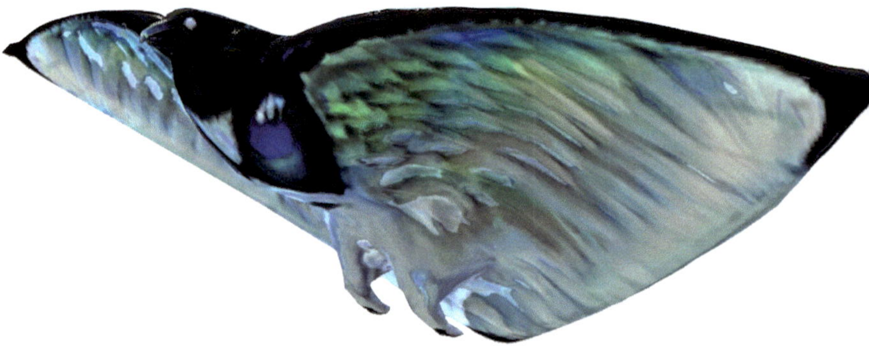

Über Land und in Küstennähe kann man im Himmel die *Himmelsrochen* fliegen sehen.

Sie sind typische Vögel und ernähren sich von Samen.

Seekobold / Sea Monkey

Kategorie	Pflanzenfresser
Verhalten	Passiv neugierig
Leben	300
Schaden	Nicht aggressiv
Spawn-Befehl	spawn seamonkey

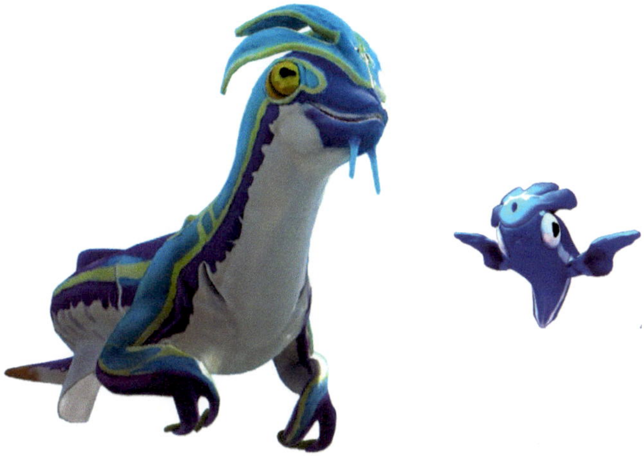

Der *Seekobold* ist zwar kein aggressives Tier, aber ist zu Beginn der Story nervig. Kommst du ihnen zu nahe stehlen sie dir Objekte! Möchtest du es zurückhaben, musst du den Seekobold erst fangen. **Spoileralarm**: Später im Spiel bringen sie dir dagegen Geschenke!

Seekobolde bauen Nester für ihre Eier, um die sich oft *Seekobold Babys* tümmeln. In ihren Nestern findest du viele Objekte zum scannen.

Perlauge (Blau oder Gold) / Trivalve

Kategorie	Pflanzenfresser
Verhalten	Passiv
Fundorte Eier	Arctic Spires (Blau) -1142.3, 48.6, 427.9 Deep Lilypads Cave (Gold) 676.3, -553.9, -1091.9 West Arctic (Blau) -732.1,7.5, -904.9 und -747.9, 6.0, -889.1
Spawn-Befehl	spawn trivalveblue spawn trivalveyellow

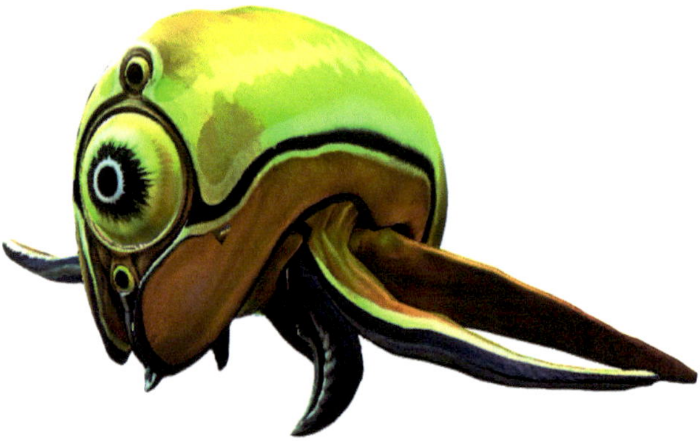

Das *Perlauge* ist ein sehr possierlicher Fisch. Er scheint Emotionen zu zeigen und ist in der Lage kleine Tricks zu lernen.

Der Spieler kann mit ihnen interagieren und spielen. Das *Perlauge* folgt einem Spieler auch oder bleibt auf Befehl (rechte Maustaste) zurück. Es ist sogar in der Lage an Land zu überleben und sich mit seinen Tentakeln oder rollend fortzubewegen.

Man erhält diese Fische nur durch Eier und Aufzucht. Die Eier der blauen Spezies sind in den *Arctic Spires* und in der *West Arctic* zu finden. Die Eier der goldenen Variante findet man nur im Biom *Deep Lilypads Cave*.

Propellerfisch / Spinnerfish

Kategorie	Pflanzenfresser
Verhalten	Passiv
Leben	30
Schaden	–
Spawn-Befehl	spawn spinnerfish

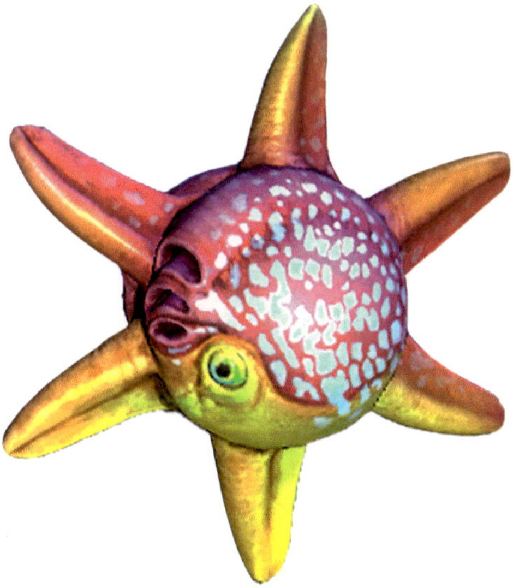

Der *Propellerfisch* ist ein Fisch, der sich nicht mit seinen Flossen durchs Wasser fortbewegt, sondern mithilfe der sechs kleinen Körperöffnungen, durch die er mit hohem Druck Wasser ausstößt. Die Platzierung dieser Öffnungen führt dazu, dass er sich meist rotierend fortbewegt.

Riesenlochfisch / Titan Holefish

Kategorie	Pflanzenfresser
Verhalten	Passiv
Leben	2000
Schaden	–
Spawn-Befehl	spawn titanholefish

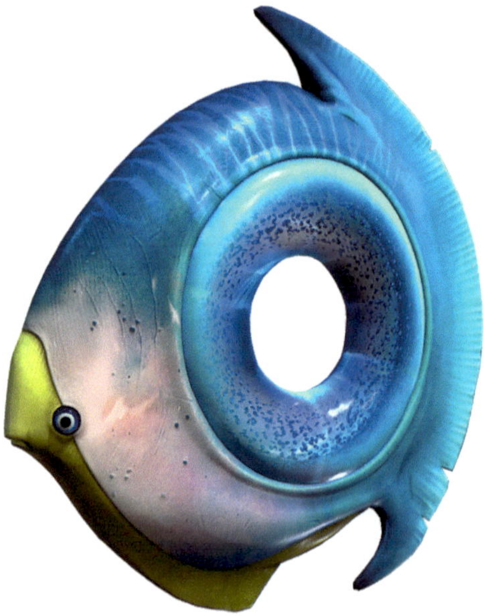

Der *Riesenlochfisch* ist ein großer Pflanzenfresser, der in einer symbiotischen Beziehung mit der *Symbiont*-Spezies lebt. Der Spieler kann aus der gelee-artigen Masse im Zentrum des Riesenlochfischs Sauerstoff gewinnen und so längere Zeit unter der Meeresoberfläche bleiben.

Seepfau / Lily Paddler

Kategorie	Pflanzenfresser
Verhalten	Defensiv
Leben	100
Schaden	–
Spawn-Befehl	spawn lilypaddler

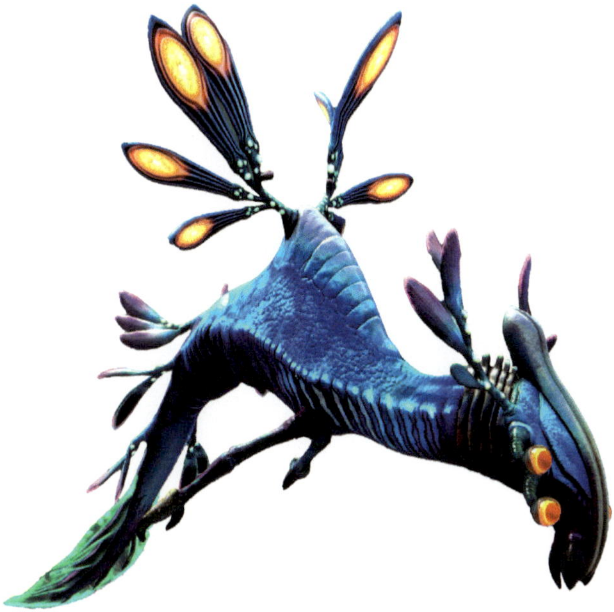

Der *Seepfau* ist ein mittelgroßer Pflanzenfresser, der mit seinen beiden Armen Futter sammelt.

Fühlt er sich bedroht hypnotisiert er seinen Gegner. Der Spieler wird dadurch orientierungslos und alle Anzeigen und Töne sind verzerrt. Der Seepfau greift nicht weiter an, sondern flieht dann lieber.

Sichelflosser (Rot oder Blau) / Feather Fish

Kategorie	Pflanzenfresser
Verhalten	Passiv
Leben	30
Schaden	–
Spawn-Befehl	spawn featherfish spawn featherfishred

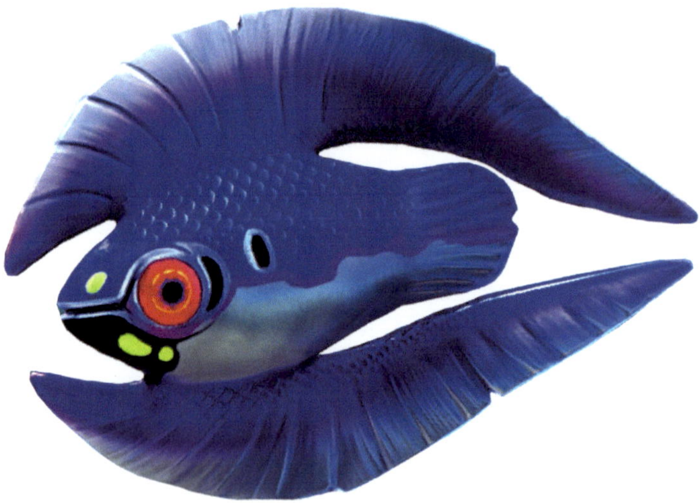

Der *Sichelflosser* ist ein typischer Fisch und sehr schmackhaft. Die blaue Farbe hilft ihm sich zu tarnen und unentdeckt zu bleiben. Die rot-schwarze Variante kommt eher in tieferem Wasser vor.

Torpedofisch / Discusfish

Kategorie	Pflanzenfresser
Verhalten	Passiv
Leben	20
Schaden	–
Spawn-Befehl	spawn discusfish

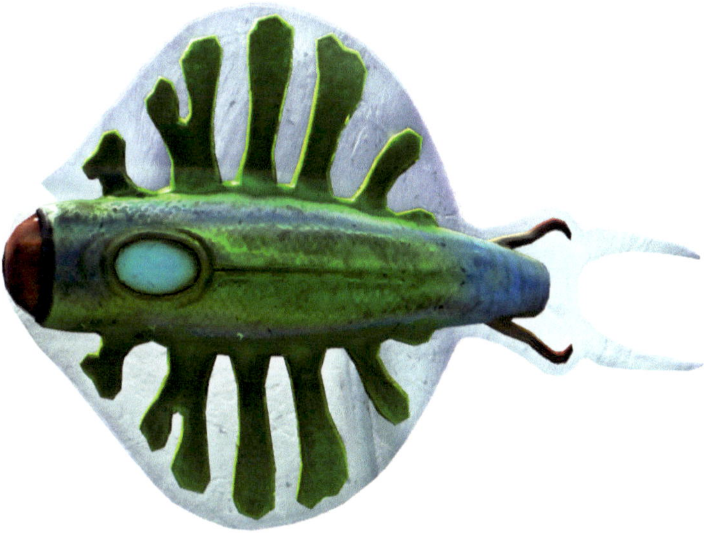

Der *Torpedofisch* ist essbar und in der Nähe von Pflanzen in den *Tree Spires* und *Deep Lilypads Cave* zu finden.

Er flieht bei Gefahr und ist sonst eher unspektakulär.

Chelicephalus / Chelicerate

Kategorie	Leviathan
Verhalten	Aggressiv
Leben	5000
Schaden	Beißen: 75 (15-30 an Fahrzeugen)
Spawn-Befehl	spawn chelicerate

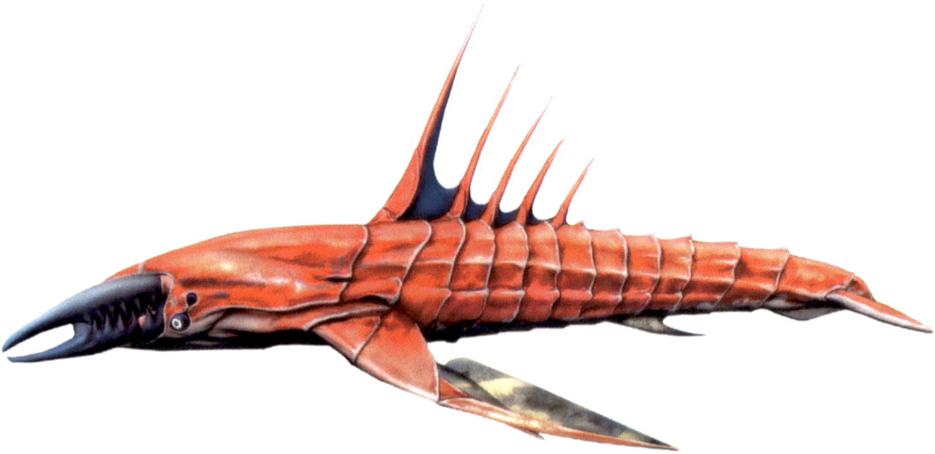

Es sind insgesamt 4 dieser gefährlichen Leviathane in den Biomen *Purple Vents* und *Tree Spires* zu finden. 3 weitere kommen leicht abgewandelt als Geisterchelicephalus in der großen Leere im *World Edge* Biom vor.

Wie allen anderen aggressiven Leviathanen sollte man ihnen am besten aus dem Weg gehen.

Eiswurm / Ice Worm

Kategorie	Leviathan
Verhalten	Aggressiv
Leben	nicht verletzbar
Schaden	Verschlingen (Tod), Horn: 50
Spawn-Befehl	spawn icewormspawner

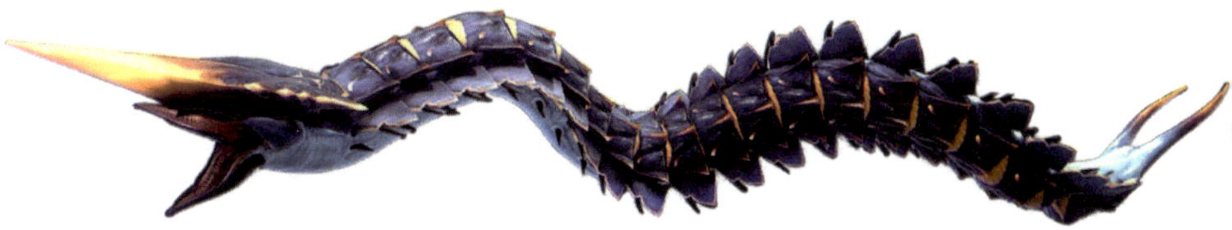

Eiswürmer verstecken sich unter dem Eis und greifen an, wenn sie Geräusche oder starke Bewegungen über dem Eis wahrnehmen (Wie Herumfahren mit dem Snowfox oder häufiges herumspringen). Sie können den Spieler mit nur einem einzigen Angriff aus dem Boden heraus aufspießen und fressen.

Der *Klopfer* ist ein Gerät, das Störsignale aussendet und so Eiswürmer fernhält.

Kolossalqualle / Ventgarden

Kategorie	Leviathan
Verhalten	Passiv
Leben	–
Schaden	–
Spawn-Befehl	spawn largeventgarden / smallventgarden

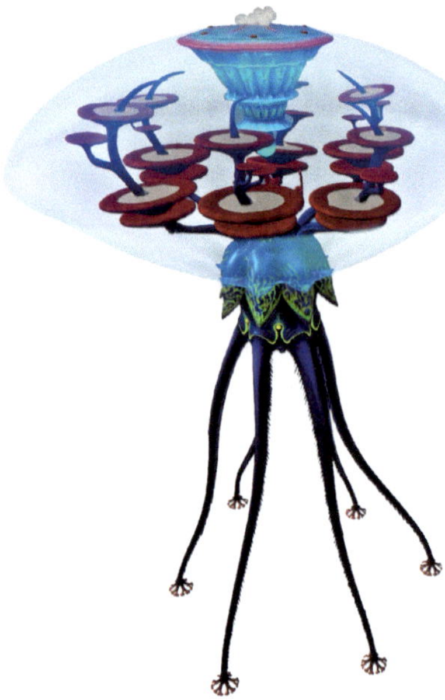

Es gibt 2 Arten von Kolossalquallen. Die Jungtiere schwimmen im Biom *Tree Spires* umher während die ausgewachsenen Tiere fest am Boden verankert sind. Man kann bei den verankerten Kolossalquallen die große Blase an ihrer Unterseite durch eine Öffnung betreten.

Innerhalb der Blase findet man zahlreiche Pflanzen auf den verschiedenen Plattformen. Durch eine Öffnung auf der Oberseite der Blase stößt die Qualle Wasser aus, die den Spieler hochschleudern kann.

Leuchtwal / Glow Whale

Kategorie	Leviathan
Verhalten	Passiv
Leben	10000
Schaden	–
Spawn-Befehl	spawn glowwhale

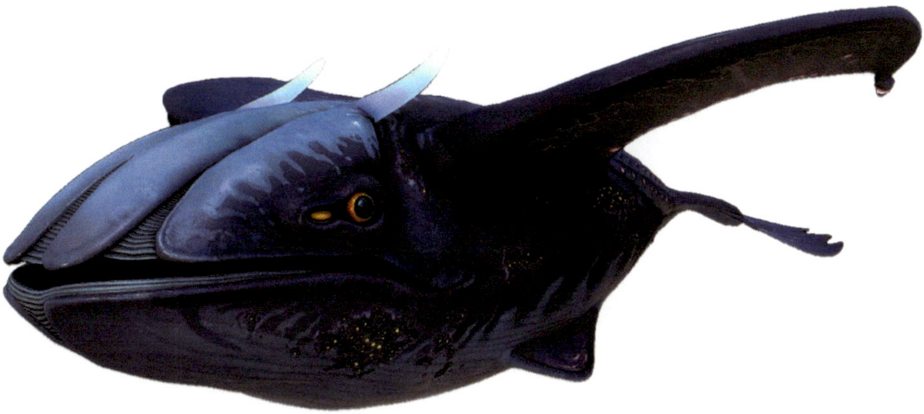

Der *Glow Whale* ist ein walähnliches Meereswesen, das seinen Namen aufgrund der vielen kleinen Leuchtorgane am Körper trägt. Für gewöhnlich sind Glow Whales nicht alleine unterwegs, sondern schwimmen in Gruppen. Sie ernähren sich unter anderem von großen, vorbeiziehenden Fischschulen.

Man kann sich auf ihrem Rücken mitziehen lassen oder sie in der Nähe des Auges streicheln.

Thanatos / Shadow Leviathan

Kategorie	Leviathan
Verhalten	Aggressiv
Leben	5000
Schaden	Beißen. 75 (20 bis 42 an Fahrzeugen)
Spawn-Befehl	spawn shadowleviathan

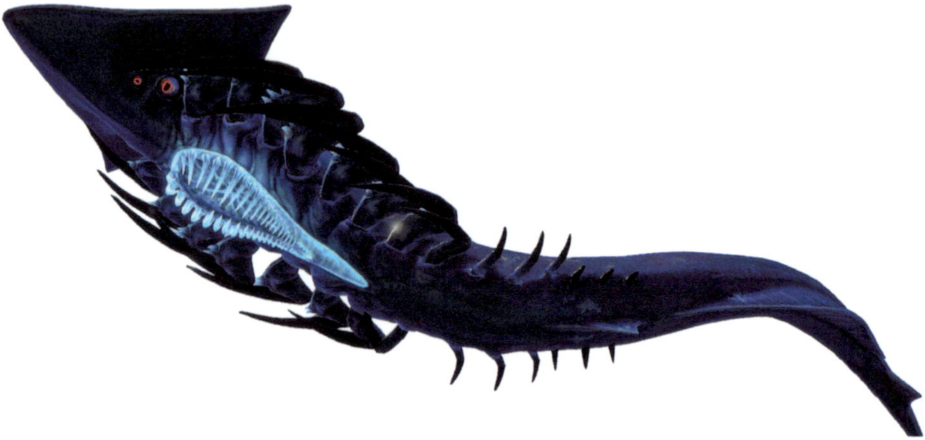

Dieser gefährliche Leviathan trägt seinen Namen zurecht, ist er doch eine der tödlichsten Kreaturen in Below Zero (griechisch Thanatos = Tod). Zum Glück kommt er nur in den *Crystal Caves* vor.

Er greift seine Beute mit seinen langen Krallen, hält sie fest und frisst sie mit seinem glühenden Maul auf der Unterseite seines Körpers. Auch größere Fahrzeuge kann er in kurzer Zeit zerquetschen.

7.4 Cheats für Below Zero

Das Aktivieren der Konsole und die Cheats funktionieren wie im Hauptspiel. Hier einige wichtige Cheats mit ihren Below Zero Werten:

biome name	Teleportiert den Spieler in das angegebene Biom

Die Namen der einzelnen Biome für den *biome* Befehl:

introarea	purplevents	lilypadcrevice
introicecave	treespires	GlacialBay
shallowtwistybridges	miningsite	arcticSpires
twistybridges	deeppurple	crystalcavefissure
lilypads	deltaisland	fabricatorcave
crystalcave	glacialbasin	lilypadisland
deeplilypads	glacialbasinwatercave	sparsearctic
kelp	glacialbasintrees	thermalspirescave
kelpcave	glacialbasindarkcave	westiceberg
deeptwisty	deeppurplevents	easticeberg
thermalspires	purpleventscrevice	

seatruckupgrades	Gibt dem Spieler alle Seebahn Upgrades
precursorkeys	Man erhält je einen Alienschlüssel jeder Farbe
spawn hoverbike	Lässt ein Snowfox Hoverbike erscheinen
spawn seatruck	Spawnt eine Seebahn (Nur Cockpitteil)

Cheats zum Erforschen:

freecam	Man verlässt die Spielfigur und kann sich frei bewegen und durch Wände gehen. Taste 1-5 erhöht die Geschwindigkeit.
ghost	wie Befehl freecam, nur dass die Spielfigur bei erneuter Eingabe des Befehls an die derzeitige Position des "Geists" geholt wird.
fog	Schaltet den Nebel ab und erhöht damit die Sichtweite.

Wetter und Tageszeit

day	Setzt die Zeit auf Tag - Mittagszeit 12:00
night	Setzt die Zeit auf Nacht - Mitternacht 00:00
forcenextweather	startet das nächste Wetterevent
lightning	schaltet Blitze aus / ein
precipitation	schaltet Regen aus / ein
weather	schaltet das Wetter komplett aus / ein
wind	schaltet Wind aus / ein

Nützliche Below Zero Cheats:

item jukeboxdisksall	Man erhält eine Jukeboxdisc mit allen Musiktiteln
shotgun	Man kann jede Kreatur mit Rechtsklick töten
hoverbikevariant1	Rüstet alle vorhandenen Schneefuchs-Hoverbikes mit unbegrenzter Boostpower und erhöhter Sprungkraft aus.

goto name	Teleportiert den Spieler zum angegeben Ort.

Die Namen der einzelnen Orte für den *goto* Befehl:

rocket	icewormarena2	DeltaIslandFirstVisit
twistybridgesvalleyfloor	icewormdebugarea	FirstEncounterPathCheck
shieldbase	purpleventssalvage	FirstEncounterStart
deeppadscache	shipwrecksalvage	MargBaseFirstApproach
arcticspirescache	glacialconnection	GlacialBasinLandBeacon
crystalcastlecache	emergencyCache	precursortechsite1
fabricatorbase	KelpTechsite1	precursortechsite2
sanctuary	TwistyTechsite1	precursortechsite3
miningsite	TwistyTechsite2	precursortechsite4
margbase	TwistyTechsite3	precursortechsite5
outpostomega	stalkerDebugArea	precursortechsite6
shieldbasetop	margGreenhouse	precursortechsite7
HoverbikeBase	outpostzero	precursortechsite8
FrozenCreature	deltabase	precursortechsite9'
GlacialBasinBunker	deltatower	precursortechsite10
RocketAreaRockCave	glacialbasindock	precursortechsite11
bigtreespire	ventgarden	precursortechsite12
crashedship1	westiceberginterior	precursortechsite13
crashedship2	easticeberginterior	precursortechsite14
crashedship3	IntroRespawnLocation	precursortechsite15

7.5 Jukebox und Musikstücke

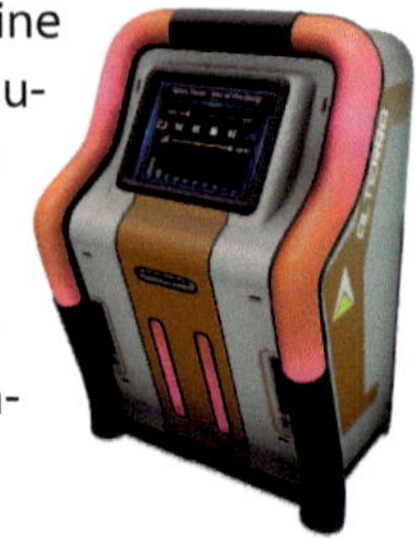

In der *Deltastation* auf der *Deltainsel* kannst du eine *Jukebox* scannen und in deiner eigenen Basis bauen. Mit *Lautsprechern* kannst du dann deine komplette Basis mit Musik beschallen.

Allerdings hast du Anfangs nur ein einziges Musikstück. Weitere Songs finden sich überall auf Datenspeichern verteilt:

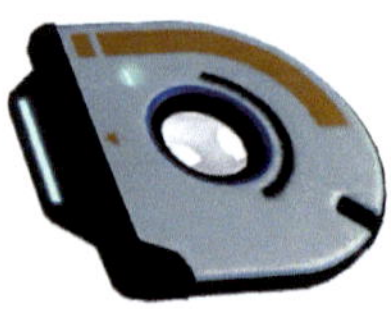

Divide Music Survive	Outpost Zero	-112 15 306
First Sun Die Peacefully	Purple Vents	233 -100 -618
JT Music Take the Dive	Arctic Spires (Architect Teleporter)	-1045 6 58
Rockit Gaming Subnautic Stimulus	Mercury II Bug	276 -242 -1330
Miracle of Sound Deep Blue	Mercury II Antrieb	480 -158 -650
JT Music Don't Hold Your Breath	Glacial Bay	-1020 10 -390
NerdOut Diving In Too Deep	Glacial Basin Phi Robotics Center	-1157 18 -725
TryHardNinja Deep Dive (feat. Zach Boucher)	Glacial Basin Parvan's Bunker	-1600 19 -820
Steve Pardo Rite Of The Deep	Sparse Arctic	82 -16 2

Index

L

M

N

P

R

S

T

V

W

X

Z